普通高等院校"十四五"规划旅游管理专业类精品教材

国家级一流本科专业建设旅游管理专业特色教材

旅游企业财务管理

Financial Management of Tourism Enterprise

主　编◎覃江华

华中科技大学出版社

http://press.hust.edu.cn

中国·武汉

内 容 提 要

本书共十章,主要内容包括旅游企业财务管理概述,财务管理的价值观念,旅游企业筹资管理,旅游企业投资管理,旅游企业流动资产管理,旅游企业固定资产管理,旅游企业其他资产管理,旅游企业成本费用管理,旅游企业营业收入、税金和利润管理,旅游企业财务分析,并根据内容需要,在每章设置了学习目标、本章小结、重要概念、思考题、案例分析、复习自测题等。全书内容系统、简明、实用,并同步配套了丰富的学习资料,列举了很多旅游企业实例,力求做到深入浅出,并注重提高学生对基本财务管理理论的运用能力。

本书既可作为高等院校旅游管理专业教材,也可作为旅游企业管理人员的培训教材,还可以作为其他相关业务人员、科研人员和有关企业经营管理者的学习参考用书。

图书在版编目(CIP)数据

旅游企业财务管理/覃江华主编.—武汉:华中科技大学出版社,2021.7(2024.7 重印)
ISBN 978-7-5680-7344-8

Ⅰ. ①旅… Ⅱ. ①覃… Ⅲ. ①旅游企业-财务管理-研究 Ⅳ. ①F590.66

中国版本图书馆 CIP 数据核字(2021)第 139176 号

旅游企业财务管理 覃江华 主编
Lüyou Qiye Caiwu Guanli

策划编辑:王 乾
责任编辑:刘 烨
封面设计:原色设计
责任编辑:李 弋
责任监印:周治超
出版发行:华中科技大学出版社(中国·武汉) 电话:(027)81321913
　　　　　武汉市东湖新技术开发区华工科技园 邮编:430223
录　　排:华中科技大学惠友文印中心
印　　刷:武汉科源印刷设计有限公司
开　　本:787mm×1092mm　1/16
印　　张:13.75　插页:2
字　　数:326 千字
版　　次:2024 年 7 月第 1 版第 3 次印刷
定　　价:49.80 元

普通高等学校"十四五"规划旅游管理类精品教材
国家级一流本科专业建设旅游管理类特色教材

出版说明

为深入落实全国教育大会和《加快推进教育现代化实施方案(2018—2022 年)》文件精神,贯彻落实新时代全国高校本科教育工作会议和《教育部关于加快建设高水平本科教育 全面提高人才培养能力的意见》、"六卓越一拔尖"计划 2.0 系列文件要求,推动新工科、新医科、新农科、新文科建设,做强一流本科、建设一流专业、培养一流人才,全面振兴本科教育,提高高校人才培养能力,实现高等教育内涵式发展,教育部决定全面实施"六卓越一拔尖"计划 2.0,启动一流本科专业建设"双万计划",并计划在 2019—2021 年期间,建设 143 个旅游管理类国家级一流本科专业点。

基于此,建设符合旅游管理类国家级一流本科专业人才培养需求的教材,将助力旅游高等教育专业结构优化,全面打造一流本科人才培养体系,进而为中国旅游业在"十四五"期间深化文旅融合、持续迈向高质量发展提供有力支撑。

华中科技大学出版社一向以服务高校教学、科研为己任,重视高品质专业教材出版,"十三五"期间,在教育部高等学校旅游管理类专业教学指导委员会和全国高校旅游应用型本科院校联盟的大力支持和指导下,率先组织编纂出版"普通高等院校旅游管理专业类'十三五'规划精品教材"。该套教材自出版发行以来,被全国三百多所开设旅游管理类专业的院校选用,并多次再版。

为积极响应"十四五"期间国家一流本科专业建设的新需求,"国家级一流本科专业建设旅游管理类特色教材"项目应运而生。本项目依据旅游管理类国家级一流本科专业建设要求,立足"十四五"期间旅游管理人才培养新特征进行整体规划,邀请旅游管理类国家级一流本科专业建设院校国家教学名师、资深教授及中青年旅游学科带头人加盟编纂。

该套教材融入思政内容,助力旅游管理教学实现立德树人与专业人才培养有机融合。让学生充分认识专业学习的重要性,激发学生专业知识技能的培养,并使其个人职业发展与国家建设紧密结合,树立正确的价值观。同时,本套教材基于旅游管理类国家级一流本科专业建设要求,在教材内容上体现"两性一度",即高阶性、创新性和挑战度的高质量要求。此外,依托资源服务平台,打造新形态立体教材。华中科技大学出版社紧抓"互联网＋"时代教育需求,自主研发并上线了华中出版资源服务平台,为本套系教材提供立体化教学配套服务,既为教师教学提供教学计划书、教学课件、习题库、案例库、参考答案、教学视频等系列配套教学资源,又为教学管理构建课程开发、习题管理、学生评论、班级管理等于一体的教学生态链,真正打造了线上线下、课内课外的新形态立体化互动教材。

　　本项目编委会力求通过出版一套兼具理论与实践、传承与创新、基础与前沿的精品教材,为我国加快实现旅游高等教育内涵式发展、建成世界旅游强国贡献一份力量,并诚挚邀请更多致力于中国旅游高等教育的专家学者加入我们!

前言
Preface

　　作为高等院校旅游管理专业的专业课教材,本书在内容的选择上注意深度,对基本理论问题不做深奥的论述,而是尽量结合实际案例深入浅出地进行阐述,使复杂的理论更易于理解。每章节后还配有相应的练习,用以提高学生对理论知识的运用能力。

　　本书根据我国旅游企业的特点,借鉴、吸收了国外先进的财务管理理念和方法,以旅游企业资金运动为主线,系统地介绍了财务管理的基本概念、基本理论和基本方法及旅游企业筹资、投资、营运资金、成本费用、收入、税金和利润的管理、财务分析等内容。

　　本书具有以下三个特点:一是突出课程思政主题,本书在编写过程中注重将习近平新时代中国特色社会主义思想"基因式"地融入,推进专业教育和思政教育的有机结合,用"双轮驱动"打破思政教育与专业教育相互隔绝的"孤岛效应",将价值塑造、知识传授和能力培养三者融为一体,培养学生的家国情怀、职业责任和科学精神。二是案例新颖,本书选取了大量旅游企业财务管理实际案例,这些案例均来自近几年的相关新闻报道,弥补了旅游案例陈旧缺憾,力求把复杂、枯燥的财务理论变得更为生动、易懂并紧跟旅游业的发展、变化。三是实用性强,体现在本书配备了大量练习,以提高对所学旅游企业财务管理理论、方法的运用能力。在每章末附有复习自测题二维码,不仅能自测所学知识,而且能重复测试,直到完全掌握,以提高学生的学习积极性和对所学知识的掌握和运用。

　　本书在编写过程中参考了大量教材、专著和新闻报道,在此谨向各位作者表示衷心的感谢。

　　本书在编写过程中还得到了学院领导和同事的大力支持和帮助,在此致以诚挚的谢意。

　　由于编写时间仓促,编者水平有限,书中难免有疏漏,恳请广大读者及同仁批评指正。

编者

2023 年 7 月

目录
Contents

Note

第一章
绪　论

学习目标：

了解旅游企业的资金运动、财务活动、财务关系、财务管理的任务；熟悉旅游企业财务管理的目标、财务管理的内容与原则。对旅游企业财务管理的全貌有初步的了解，为以后章节学习打下基础。

素养目标：

树立民主、法制、诚信、敬业的社会主义核心价值观，不能一味追求利润而损害社会利益，培养学生社会责任感和家国情怀。

第一节　旅游企业财务管理概述

一、旅游企业的资金运动

旅游企业的经营活动，包括供应过程、生产过程和销售过程。旅游企业的资金随着经营活动的进行不断地改变形态，有供应、生产、销售三个过程，周而复始地进行循环和周转。

旅游企业为了向旅客提供"吃、住、行、游、购、娱"等服务，必须筹集一定数量的资金，用于购入固定资产、无形资产、原材料，以及支付员工工资、各种间接费用等。同时随着旅游企业生产的产品或服务销售出去，以货币资金等形式取得收入，用收入补偿各项支出后，剩余部分即为旅游企业利润，再将其实现的利润在国家、旅游企业、员工、投资者之间进行合理的分配。这一切构成了旅游企业的资金运动。

二、财务活动

（一）筹资活动

筹资是通过一定渠道、采取适当方式筹措资金的财务活动，是财务管理的首要环节。企业持续经营与不断拓展必须首先以筹资活动作为先决条件，而筹资活动也是企业经营活动的重要组成部分。企业筹资方式的选择直接影响企业的资本结构、经营模式以及重大经营决策的选择，因此，企业必须结合实际情况选择适当的筹资方式和筹资途径。

一般情况,筹资可分为来自企业内部的筹资和来自企业外部的筹资两大类。来自企业内部的筹资主要指在企业的日常生产经营过程中、在维持原有经营规模的前提下所形成的利益积累,即留存收益部分;而来自企业外部的筹资则渠道广泛,包括股权筹资、吸收直接投资、债券筹资、融资租赁筹资等。

(二)投资活动

投资活动是指企业进行的以盈利为目的的资本性支出活动。企业无论是购买内部所需资产,还是购买各种有价证券,都需要支付资金。而当企业变卖其对内投资形成的各种资产或收回其对外投资时,则会产生资金收入。这种因企业投资而产生的资金收付,便是由投资而引起的财务活动。通过对企业不同时期的资产规模以及变动情况的分析比较,可以了解企业资产规模增减变动的原因,发现投资活动中存在的问题,判定企业资产结构是否合理,并进一步优化企业的资产结构。

(三)营运活动

资金营运活动是指企业日常生产经营中发生的一系列资金收付行为,包括以下几方面内容:企业购入材料或商品,支付工资、营业费用;当企业把商品售出后,取得收入,收回资金;当资金不能满足企业经营需要时,要采取短期借款方式来筹集所需资金。

(四)分配活动

资金分配是指对企业的收入和利润进行分割和分派的过程。企业通过资金的投入和使用取得收入,并实现了资金的增值。企业应将取得的收入扣除生产经营中的各种耗费和损失,最终获得利润。企业的利润首先要依法向国家缴纳所得税,这一部分资金的分配具有强制性;其次要依法提取各种公益金,用于企业风险金和职工的集体福利设施;最后将利润在所有者之间进行分配,这是企业收益分配中的重点,也是资金分配管理的重点。企业应该在遵循国家分配政策的前提下,从企业的长远利益出发,合理确定收益分配的规模和分配方式,使企业获得最大的长远利益。

筹资、投资、营运、分配四项财务活动是相互联系、相互依存的,它们共同构成了企业完整的财务活动,是企业财务管理的基本内容。

三、旅游企业的财务关系

旅游企业在经营过程中与旅游企业相关各方发生的经济利益关系叫作财务关系。旅游企业的财务关系可概括为以下几个方面。

(一)旅游企业与投资者、受资者之间的财务关系

投资者向旅游企业投入资金,旅游企业利用投资者投入的资金及其他资金进行生产经营活动,如果盈利则按各投资者的出资比例进行利润分配,如果亏损则按各投资者的出资比例承担损失。旅游企业也可将自身的法人财产用于对外投资,受资者进行生产经营活动时,如果盈利则按旅游企业的出资比例进行利润分配,如果亏损则按旅游企业的出资比例承担损失。旅游企业与投资者、受资者之间的关系在性质上属于所有权关系。在处理这种财务关系时必须明确产权关系,维护各方的合法权益,明确旅游企业

与投资者、受资者各自之间的权利和义务。

（二）旅游企业与债权人、债务人之间的财务关系

旅游企业要购买材料、销售产品，所以要与购销客户发生货款收支结算关系；在购销活动中由于延期收付款项要与有关单位发生商业信用；当旅游企业资金不足或资金闲置时，则要向银行借款、发行债券或购买其他单位债券。无论由于何种原因，一旦形成债权债务关系，则债务人不仅要还本，而且要付息。旅游企业与债权人、债务人的关系，在性质上属于债权、债务关系。处理这种财务关系，必须按协议、合同的有关条款，认真履行旅游企业与债权人、债务人的义务和责任，并保障各方的权益。

（三）旅游企业与税务机关之间的财务关系

旅游企业应按照国家税法和相关规定缴纳各种税款，包括所得税、流转税和计入成本的税金。国家以社会管理者的身份向一切企业征收有关税金，这些税金是国家财政收入的主要来源。及时、足额地纳税，是生产经营者对国家应尽的义务，旅游企业必须认真履行此项义务。

（四）旅游企业内部各部门之间的财务关系

在旅游企业内部实行经济核算制的条件下，旅游企业内部各部门之间，在相互提供产品、原材料或劳务时，要进行内部计价结算，以明确各自的责任。另外，旅游企业内部各部门与财务部门之间也要发生领款、报销、代收、代付的收支结算关系。在处理这种财务关系时，要制定合理的内部核算制度和经济责任制度，同时，要有效地发挥激励机制和约束机制，严格分清各部门的经济责任，调动各单位的积极性，保证旅游企业经营目标的实现。

（五）旅游企业与员工之间的财务关系

旅游企业要用自身的营业收入，按照员工提供的劳动数量和质量向员工支付工资、津贴、奖金等。这种旅游企业与员工之间的结算关系，体现着员工个人和集体在劳动成果上的分配关系。在处理这种财务关系时，要将职工的经济利益与其岗位责任严格地挂起钩来，建立合理的分配制度，维护职工的合法权益。

四、旅游企业财务管理的任务

（一）依法合理筹集资金，保证旅游企业经营需要

开办旅游企业，应筹集到国家规定的设立旅游企业的注册资本的最低限额。旅游企业在生产经营过程中，当流动资金不足或更新改造出现资金缺口时，也需要筹集资金。在筹集资金时要慎重选择筹资的方式，注意资金成本、资金的时间价值、筹资风险等诸多因素，合理有效地筹集资金，使资金既能满足旅游企业正常生产经营所需，又能降低筹资成本，同时尽量规避筹资给旅游企业带来的风险。

（二）合理配置使用资金，提高资金使用效果

旅游企业筹集到经营所需资金以后，为了使资金充分发挥其效用，应将资金合理地分配到旅游企业的各个部门形成各项资产。资产的结构应根据旅游企业生产经营的特点和每个部门的具体情况合理配置。同时，要使资金充分发挥其效用，努力挖掘资产的使用潜力，合理使用资金，有计划地调度资金、组织资金在数量和时间上的平衡，加速资金的周转，提高资金的利用效果。

（三）正确组织收支，合理分配旅游企业财务成果

旅游企业随着生产经营的进行，形成了旅游企业的各种耗费，旅游企业应合理、节约地使用人力、物力和财力，不断降低成本费用。还应采取灵活多样的经营方式，拓展旅游企业的经营渠道，不断增加旅游企业的收入。当旅游企业的收入抵补旅游企业的支出，实现旅游企业利润后，应在兼顾国家、旅游企业、员工、投资者利益的前提下，合法、合理地进行利润分配。要及时、足额地向国家上缴税金；要按照国家的有关规定提取公积金、公益金，确保旅游企业的长远发展和员工的合法权益。同时，为保护投资者的利益，要在保证旅游企业扩大再生产的资金需要后，再向投资者分配利润。

（四）健全旅游企业财务管理制度，实施财务控制与监督

旅游企业要严格按照国家的财务管理制度规定，结合本旅游企业的具体情况，制定旅游企业的内部管理制度和办法，并以此作为日常财务管理的依据。在实际财务管理中，通过日常控制和监督，及时发现不合理的财务行为并加以纠正，以保证财务收支的正确性。同时，通过更加深入细致的财务分析，发现旅游企业实际完成制度的情况，及时地总结经验，纠正不足，促进旅游企业合理使用资金，以最小的消耗取得最大的经济效益。

第二节　旅游企业财务管理的目标

旅游企业财务管理的目标，是指通过旅游企业的财务管理活动所要达到的根本目的。在现代财务管理的理论体系及理财实践活动中，理财目标是一个逻辑起点，决定着财务管理各种决策的选择，是旅游企业各种理财决策的标准，科学的理财目标有助于旅游企业日常理财的规范化，有助于科学理财观念的树立，有助于提高旅游企业的理财效率和旅游企业的可持续发展能力。旅游企业财务管理是旅游企业管理的一部分，因此，旅游企业财务管理的目标取决于旅游企业的总目标。

一、旅游企业的目标

在当前社会主义市场经济体制中，旅游企业最终目标是盈利。在当前激烈的市场竞争中，旅游企业的盈利是以生存和发展为前提的。旅游企业一开始营业就会面临着

竞争,并始终处于生存和倒闭、发展和衰退的矛盾中,而旅游企业只有生存下去才有获利的可能,只有不断发展才能求得生存。因此,旅游企业的管理目标可以概括为生存、发展和获利。

(一)生存

旅游企业要想生存,就必须寻求生路,也就是要提供满足社会需求的适销对路的产品和服务,不断扩大收入,降低成本费用,实现盈利。否则,旅游企业收不抵支,长期亏损,旅游企业就会面临破产和倒闭。另外,旅游企业如果有大量的债务到期不能偿还,也会面临破产的风险。所以,旅游企业生存的主要威胁来自两个方面:一方面是长期亏损,它是旅游企业终止的内在原因;另一方面是不能偿还到期债务,它是旅游企业终止的直接原因。保持以收抵支和偿还到期债务的能力,减少破产的风险,使旅游企业能够长期、稳定地生存下去,是对旅游企业财务管理的第一个要求。

(二)发展

在当前激烈的市场竞争中,旅游企业如果只是单纯地具备生存能力,而不能发展、壮大,最终也会被市场无情地抛弃。旅游企业要发展,就要根据市场需要不断地推出更多、更好的产品和服务,扩大旅游企业的收入,使旅游企业在竞争中立于不败之地。这就需要筹集到足够的资金,以改善和更新旅游企业的硬件设施,加强员工培训,提高旅游企业的服务质量,同时加大宣传力度,搞好企业的销售,增加旅游企业的收入,促进旅游企业的发展。所以,筹集旅游企业发展所需的资金,是旅游企业财务管理的第二个要求。

(三)获利

任何一个旅游企业都是以盈利为目的,不盈利,旅游企业就没有生存、发展的必要和可能。所以旅游企业要使资金得到合理、有效的利用,从中获取回报。这就要求旅游企业要加强营运资金的管理,加速货币资金的回笼;加强固定资产的管理,提高固定资产的利用率;加强成本费用的管理,降低旅游企业的成本费用;加强旅游企业收益的管理,扩大旅游企业的收入,使旅游企业获利,实现旅游企业的最终目标。所以,通过合理、有效地使用资金使旅游企业获利,是对旅游企业财务管理的第三个要求。

二、财务管理目标的几种观点

财务管理目标,是在特定的理财环境中,通过组织财务活动、处理财务关系而要达到的目的。关于旅游企业财务管理目标的综合表达,有以下三种主要观点。

(一)利润最大化

利润最大化目标是指通过对企业财务活动的管理,不断增加企业利润,使利润达到最大。利润最大化观点在西方经济理论中根深蒂固,西方许多经济学家都是以利润最大化这一概念来分析和评价企业行为和业绩的。20世纪50年代以前,西方财务管理理论界就认为,利润最大化是财务管理的最优目标。目前,我国也有一部分财务管理学

家认为,以利润最大化为目标是财务管理人员的最佳选择。这是因为企业要想取得利润最大化,就必须讲求经济核算。加强管理、改进技术、提高劳动生产率、降低产品成本,这些都有利于经济效益的提高。但将利润最大化作为财务管理的目标存在以下问题:

(1)利润最大化没有考虑利润发生的时间,没能考虑资金的时间价值。

(2)利润最大化没能有效地考虑风险问题,这可能会使财务人员不顾风险去追求最大利润。

(3)利润最大化往往会使企业财务决策带有短期行为的倾向,即只顾实现目前的最大利润,而不顾企业的长远发展。

应该看到,利润最大化的提法,只是对经济效益浅层次的认识,存在一定的片面性,所以,利润最大化并不是财务管理的最优目标。

(二)股东财富最大化

股东财富最大化是指通过财务上的合理经营,为股东带来最多的财富。在股份经济条件下,股东财富由其所拥有的股票数量和股票市场的价格两方面来决定。在股票数量一定时,当股票价格达到最高时,则股东财富也达到最大。所以,股东财富最大化,又演变为股票价格最大化。

1. 股东财富最大化目标的优点

与利润最大化目标相比,股东财富最大化目标有其积极的方面,这是因为:

(1)股东财富最大化目标科学地考虑了风险因素,因为风险的高低,会对股票价格产生重要影响。

(2)股东财富最大化在一定程度上能够克服企业在追求利润上的短期行为,因为不仅目前的利润会影响股票价格,未来的利润也会对企业股票价格产生重要影响。

(3)股东财富最大化目标比较容易量化,便于考核和奖惩。

2. 股东财富最大化目标的缺点

也应该看到,股东财富最大化目标存在一些缺点:

(1)它只适合上市公司,非上市公司则很难适用。

(2)它只强调股东的利益,而对企业其他关系人的利益重视得不够。

(3)股票价格受多种因素影响,这些因素并非都是公司所能控制的,把不可控因素引入理财目标是不合理的。

(三)企业价值最大化

企业价值最大化是指通过企业财务上的合理经营,采用最优的财务政策,充分考虑资金的时间价值和风险与报酬的关系,在保证企业长期稳定发展的基础上使企业总价值达到最大。

1. 企业价值最大化目标的内容

企业价值最大化目标的定义看似简单,实际上包括丰富的内涵,其基本思想是将旅游企业长期稳定发展摆在首位,强调在企业价值增长中满足各方利益,具体内容包括以下几个方面。

（1）强调风险与报酬的均衡，将风险限制在旅游企业可以承担的范围之内。

（2）创造与股东之间的利益协调关系，努力培养安定性股东。

（3）关心本旅游企业员工利益，创造舒适和谐的工作环境。

（4）不断加强与债权人的联系，重大财务决策请债权人参加讨论，培养可靠的资金供应者。

（5）关心客户的利益，在新产品的研制和开发上有较高投入，不断推出新产品来满足顾客的要求，以便保持销售收入的长期稳定增长。

（6）讲求信誉，注意旅游企业形象的宣传。

（7）关心政府政策的变化，努力争取参与政府制定政策的有关活动，争取出台对自己有利的法规，但一旦立法颁布实施，不管是否对自己有利，都应严格执行。

2. 企业价值最大化目标的优点

以企业价值最大化作为财务管理的目标，具有以下优点：

（1）企业价值最大化目标考虑了取得报酬的时间，并用时间价值的原理进行了计量。

（2）企业价值最大化目标科学地考虑了风险与报酬的联系。

（3）企业价值最大化能克服企业在追求利润上的短期行为，因为不仅目前的利润会影响企业的价值，未来的利润对企业价值的影响所起的作用更大。

进行企业财务管理，就是要正确权衡报酬增加与风险增加的得与失，努力实现二者之间的最佳平衡，使企业价值最大化。

（四）利益相关者财富最大化

利益相关者财富最大化观点认为：现代企业是一个由多个利益相关者组成的集合体，财务管理是正确组织财务活动、妥善处理财务关系的一项经济管理工作，财务管理目标应从更广泛、更长远的角度来找到一个更为合适的理财目标，这就是利益相关者财富最大化。但此观点也有明显的缺点。

（1）企业在特定的经营时期，几乎不可能使利益相关者财富最大化。

（2）所设计的计量指标中销售收入、产品市场占有率是企业的经营指标，已超出了财务管理的范畴。

从利润最大化到股东财富最大化到企业价值最大化，再到利益相关者财富最大化，无疑是认识上的飞跃，但它们都存在一个共同的缺点：只考虑了财务资本对企业经营活动的影响，而忽略了知识资本对企业经营活动的作用。

第三节　旅游企业财务管理的内容与原则

一、旅游企业财务管理的内容

旅游企业的财务活动表现为旅游企业再生产过程中周而复始、循环往复的资金运动。旅游企业资金运动从经济内容上观察,可以划分为筹资活动、投资活动、资金耗费、资金收回和股利分配活动等环节,因此,旅游企业财务管理的基本内容包括筹资管理、投资管理、资产管理、成本费用管理、利润及其分配的管理等。

(一)筹资管理

筹资是为了满足旅游企业对于资金的需要而筹措和集中资金的经济行为。筹资管理表现为对旅游企业资金需求量的确定、对筹资方式的选择、对旅游企业权益资本与长期负债比例的规划等方面。

筹资决策的核心问题是确定旅游企业的资本结构。资本结构是指长期负债与权益资本二者之间的比例关系。

资本结构决策的首要问题是确定旅游企业资产负债率的高低,即在旅游企业资本总额中安排多高比例的负债。确定旅游企业的股权结构也是资本结构决策的一个重要问题。

筹资方式的选择是筹资决策的一个重要问题。不同的筹资方式具有不同的特点,对旅游企业的影响也不一样。通常旅游企业在筹集资本时,会有多种筹资方式可供选择,不同的筹资方式会导致旅游企业的财务风险程度、资本成本水平等多方面的不同。因此,财务管理人员必须在清楚每一种筹资方式特点的基础上,结合旅游企业自身的特点,做出合理的抉择,以使旅游企业获得代价最低的资本来源。

(二)投资管理

投资是旅游企业为了获取经济资源的增值而将其货币投放于各种资产形态上的经济行为。依据投资的形式可将投资划分为实物投资与金融投资。

实物投资是对旅游企业生产经营实际应用的实物资产进行的投资,如购置与更新设备,兼并企业进行生产经营规模的扩充,对新的投资项目进行的投资,由于旅游企业经营规模的扩充而对营运资本进行的投资等。

金融投资是对金融性资产所进行的投资,如购买股票、债券等。由于最近数十年间,经济金融化是现代经济发展的趋势,因此,同原始经济中旅游企业主要进行实物投资形式不同,在现代经济中,大部分投资都属于金融投资。

投资决策首要考虑的问题是如何合理确定旅游企业资产的结构,即旅游企业资产负债表的左方所显示的现金、应收账款、存货、固定资产等的构成比例以及各投资项目的构成比例。旅游企业经营的获利能力及由此相伴的风险程度是由旅游企业的投资结构所构成的。例如,固定资产等长期资产占较高构成比例的企业可能会获取较高的收益,但同时也必须承担流动资产比例较低所导致的资产转化为现金的能力弱、支付能力差、到期不能还债的高财务风险。旅游企业投资结构应该是能够创造最大经济价值的资产结构,要么在既定风险下得到最大收益,要么是在既定收益水平下承担最小的风险。收益与风险相均衡,是进行投资决策所必须遵循的一项原则。

投资项目财务可行性的评价是投资决策的主要内容。确定一个投资项目财务可行性的重要标准是看该投资项目是否拥有正的净现值,投资项目只有能够带来正的净现值,才能够增加旅游企业的经济价值,才具备财务上的可行性。旅游企业对实物资产和

金融资产的投资可行性的评价原则都是以净现值为依据的。

(三) 资产管理

旅游企业的固定资产、流动资产、无形资产、递延资产和其他资产,共同构成了旅游企业日常财务管理的重要内容。旅游企业资产管理的重点是固定资产、流动资产的管理。

旅游企业的固定资产一般在总资产中占有很高的比例(70%左右),只有深入了解固定资产,合理计提固定资产折旧,加强固定资产的日常管理,不断挖掘固定资产的使用潜力,才能提高固定资产的利用效率。

旅游企业的流动资产在总资产当中占有一定的比例,流动资产好比旅游企业的血液,在不断地由货币资金到货币资金的循环周转过程中,完成资金的增值。只有严格加强对流动资金的管理,加速流动资金的循环周转,不断扩大企业的营业收入,减少企业的资金占用,才能提高企业的经济效益。

(四) 成本费用管理

旅游企业的成本费用是指旅游企业在向旅客提供产品和劳务的过程中发生的各项直接支出和耗费。旅游企业的营业成本费用按经济内容可以分为主营业务成本、营业费用、管理费用、财务费用四大部分。旅游企业要进行成本费用的管理,首先要确定成本费用管理的目标,并在此基础上编制出成本费用预算,明确旅游企业成本费用管理的方向。为了保证成本费用预算的实现,旅游企业还要进行成本费用的控制,并对成本费用的实际耗费情况进行考核分析,发现问题,及时纠正,最终保证旅游企业成本费用达到旅游企业的预算目标。

对成本费用的管理也就是对资金耗费的管理,旅游企业内部每一个部门都有耗费,因此,成本费用的管理是一项全员、全过程、全方位的综合性管理。搞好成本费用管理是提高旅游企业竞争力、增加旅游企业盈利的重要途径。

(五) 利润及其分配的管理

旅游企业实现利润以后,要按照国家的有关规定,向国家缴纳所得税,剩余部分就形成了旅游企业的净利润。净利润要在旅游企业、员工、投资者之间进行分配,旅游企业要提取法定的盈余公积金,用于弥补亏损和转增资本;还要提取法定的公益金,用于员工福利和奖励,改善员工集体福利设施等;其余利润进行投资者的收益分配,或暂时留存旅游企业,作为投资者的追加投资。这一切就构成了旅游企业利润及其分配的管理。

旅游企业要搞好收入管理、利润管理和利润分配管理,必须努力做好销售预测和决策,广开销售渠道,扩大客源,使旅游企业收入不断增加。认真做好利润预测和预算,确保旅游企业利润目标的实现,并在兼顾国家、旅游企业、员工、投资者的利益,正确处理眼前利益和长远利益的前提下,合理进行利润分配,以实现财务管理的目标。

二、旅游企业财务管理的原则

旅游企业财务管理原则是经过多年的财务实践和财务管理理论研究,归纳总结并

用以组织旅游企业财务活动,处理旅游企业财务关系的基本准则。它主要包括以下几个原则。

(一)资金合理配置原则

资金合理配置就是要通过资金活动的组织和调节来保证各项物质资源具有最优的结构比例关系。资金合理配置是旅游企业持续、高效经营的必不可少的条件。在财务管理中,资金的配置情况是否合理,会给旅游企业带来不一样的效益。例如,一家新建的旅游企业将大量的资金用于固定资产投资,开业后由于缺乏足够的营运资金,正常的经营活动受到了影响,最终会直接影响旅游企业的经济效益。所以资金的合理配置,对于旅游企业来说至关重要。

(二)依法理财的原则

作为旅游企业,应以国家规定的法律规范为依据,建立健全旅游企业内部的财务管理制度,依法合理筹集资金,有效投资、使用资金,严格遵守各项财务开支规定,正确计算旅游企业的财务成果,努力处理好财务活动中的各种关系,按照国家规定合理进行利润的分配。依法理财可以使旅游企业获得良好的信誉,它有助于旅游企业财务目标的实现,并给旅游企业带来长久的生命力。

(三)成本效益均衡原则

在市场经济的条件下,旅游企业的目标是获取收益即效益。为此,它必须投入各种资源。而资源的取得必然要形成旅游企业的耗费即成本,如果旅游企业成本发生以后未取得收益,或发生的成本大于收益,则旅游企业的目标就无法实现。因此,成本效益均衡原则是指旅游企业在成本一定的条件下应取得尽可能大的效益;或是在收益一定的条件下最大限度地降低成本,以保证旅游企业财务管理目标的实现。成本效益均衡原则是投入产出原则的价值体现,是旅游企业再生产活动得以延续和发展的基本条件。旅游企业在资金的筹集、投入和使用过程中应充分考虑到这一原则,以降低成本,提高资金效益。

(四)收益风险均衡原则

在市场经济中,旅游企业任何经营活动的开展都存在着一定的不确定性和不可预测性,即风险。随着旅游企业市场竞争的加剧,旅游企业在获取收益的同时也会面临更大的风险。收益风险均衡原则是指旅游企业不能承担超过收益限度的风险,在收益一定的条件下,应最大限度地降低风险。因为风险越大,收益可能也越高;风险越小,收益也可能会越低。但这种因果关系是指一种可能性。这就要求旅游企业在财务管理过程中要考虑收益与风险的对应关系,在收益既定的情况下,应尽量规避风险;要适度冒险,以使旅游企业获取更大的收益。努力权衡利弊得失,合理分散风险,做到趋利避害。

(五)利益关系协调原则

旅游企业在资金的运动过程中,会与投资者、债权人、国家、员工乃至客户和供应商

产生关系,这种关系说到底是一种经济利益关系。这种关系因种种原因经常会出现不协调甚至会使双方产生矛盾的情况,如果不能及时解决,轻则会影响各方的积极性,重则对各方的经济利益都会产生不利的影响。利益关系协调原则是指旅游企业在财务管理过程中要妥善协调和处理国家、企业、员工、投资者、债权人、客户、供应商等各方的经济利益关系,维护各方的合法权益。这一原则要求旅游企业从全局出发,正确处理好各方的利益关系,以便其协调发展。

三、旅游企业财务管理的环节

旅游企业财务管理的环节是指旅游企业财务管理的工作步骤与一般程序。一般来说,旅游企业财务管理包括以下几个环节。

(一)财务预测

财务预测是财务决策的基础,也是编制财务预算的前提。财务预测是指旅游企业在认识和掌握资金运动规律的基础上,根据有关历史资料和收集的各种经济信息,结合旅游企业内外部的现实条件,运用科学的预测方法,对旅游企业未来财务活动及其发展趋势所做的预计和测算。财务预测环节主要包括明确预测目标、收集相关资料、建立预测模型、确定财务预测结果等步骤。

(二)财务决策

旅游企业在财务预测的基础上,要进行财务决策。财务决策是指根据财务目标的要求,从若干个可供选择的方案中,选出最优方案的分析判断过程。财务决策是财务管理的核心,决策正确与否直接影响旅游企业的生存和发展。财务决策主要包括筹资决策、投资决策、成本费用决策、收益决策等。较重要的是筹资决策和投资决策,其中投资决策尤其重要。财务决策环节主要包括确定决策目标、提出备选方案、选择最优方案等步骤。

(三)财务预算

财务预算是落实财务决策的一种行动计划。财务预算是指以财务决策的结果和财务预测情况为依据,运用科学的技术手段,以货币为主要量度,对旅游企业未来财务活动发展状况按照事物发展趋势进行合乎客观规律的规划,以指导旅游企业经营活动的开展。财务预算的编制一般包括以下步骤:分析财务环境,确定预算指标;协调财务能力,组织综合平衡;选择预算方法,编制财务预算。

(四)财务控制

财务控制是在财务管理过程中,以财务预算、定额、标准为依据,利用有关信息和手段,对旅游企业的财务活动进行干预和调节,以实现财务预算所规定的各种目标的一种管理方法。财务控制一般要经过以下步骤:制定控制标准,分解落实责任;实施追踪控制,及时调整误差;分析执行情况,做好考核奖惩。

(五)财务分析

财务分析是运用财务报表及其他相关信息,通过对一定的财务指标进行对比,评价旅游企业过去的财务状况和经营成果,并揭示其未来财务活动趋势及规律的一种方法。财务分析包括以下步骤:占有资料,掌握信息;指标对比,揭露矛盾;分析原因,明确责任;提出措施,改进工作。

本章小结

本章根据旅游企业经营的特点,主要阐述以下内容:旅游企业财务管理的基本知识,包括资金及其运动、财务关系、财务管理的任务等;旅游企业的目标、财务管理目标;旅游企业财务管理的基本内容,包括筹资管理、投资管理、资产管理、成本费用管理、利润及其分配的管理等;旅游企业财务管理应遵循的原则;旅游企业财务管理包括财务预测、财务决策、财务预算、财务控制和财务分析五个环节。

重要概念

资金运动　财务关系　财务管理目标　财务管理原则　财务管理环节

思考题

1. 什么是财务关系?旅游企业财务关系包括哪几个方面?
2. 什么是财务管理目标?有哪几种代表性观点?各自的优缺点有哪些?
3. 旅游企业财务管理的内容包括哪几个方面?
4. 旅游企业财务管理的原则有哪些?
5. 旅游企业财务管理的环节有哪些?

在线答题

案例分析

负债 10 亿申请破产　太阳马戏团"日落"

来源:北京商报　时间:2020-09-01

小丑、魔术、哑剧、特技、飞翔、潜水……太阳马戏团曾将无数瑰丽、魔幻的梦境带给全球观众,但当梦境醒来,"世界马戏团传奇"的光环黯淡,迎接它的却是一片狼藉。太阳马戏团的大幕已经几个月没有拉开了,紧随而来的就是现金流中断、负债累累、

Note

被迫裁员,甚至破产。北京时间 2020 年 6 月 30 日,太阳马戏团母公司太阳马戏团娱乐集团(以下简称"太阳马戏团集团")发表声明,称已正式向法庭提交破产保护申请。

传奇陨落

20 世纪 80 年代,一个从加拿大魁北克市的一个小村庄走出的小表演剧团,经过近 40 年的发展,已经成为全球家喻户晓的马戏团品牌。如今,这个一度风光无限、被誉为"世界旅游演艺界传奇"的太阳马戏团,却还是没能逃过破产的结局。在最新的公告中,太阳马戏团集团宣布,该公司已于当地时间 6 月 29 日向法院申请破产保护。业界还有消息称,为了重组资本,太阳马戏团集团还裁掉了约 3500 名员工。根据声明,太阳马戏团将破产原因归咎于新冠肺炎疫情,疫情导致其所有演出被迫停止,收入为零。在声明中,太阳马戏团表示该集团已与现有的投资者私募股权基金 TPG Capital、中国的复星国际有限公司(以下简称"复星国际")和加拿大魁北克养老基金就接管太阳马戏团的债务并投资 3 亿美元支持其重启达成协议。

"新冠肺炎疫情导致我们所有节目被迫停止,公司收入为零,管理层必须果断采取行动保护公司的未来。"太阳马戏团集团 CEO 丹尼尔·拉马尔谈及破产原因时似乎充满了无奈。他还说:"在过去的 36 年,太阳马戏团一直是成功且盈利的。"不过,对于丹尼尔·拉马尔的说法,业界人士却并不完全认同。"不可否认,疫情肯定是太阳马戏团集团破产的重要诱因,国内文旅圈对于这样一个有着多年历史的世界知名企业破产也充满惋惜。"北京第二外国语学院中国文化和旅游产业研究院副教授吴丽云坦言,这样一个行业巨头,走到今天这一步,势必与其管理者的经营思路、企业形成的商业模式也有着一定的关联。而景鉴智库的创始人周鸣岐也坦言,疫情其实只是压垮太阳马戏团这只骆驼的最后一根稻草而已。

冰冻三尺,非一日之寒。实际上,多份报告都显示,太阳马戏团集团身上已扛有近 10 亿美元的巨额债务。除了疫情带来的影响,还有不少人将其破产归咎于过去几年公司的过度"负重扩张",以及长期的收入结构单一等。

公开信息显示,2012 年就是太阳马戏团首个没有盈利的年份。而后,信用评级机构穆迪也曾发布数据:2015 年太阳马戏团全球收入出现了 10% 的负增长。在这种情况下,2017 年开始,太阳马戏团仍然在"买买买"的道路上一骑绝尘,先后斥巨资收购了多家演艺企业、演出制作企业等,其身上背负的债务也愈发沉重。2018 年,穆迪明确表示,太阳马戏团集团以增加债务为代价的扩张策略将加大核心业务的财务负担。但即便如此,根据彼时丹尼尔·拉马尔的表态,太阳马戏团集团却并不打算停止收购脚步,大有孤注一掷的意味,而这也被一些专家视作太阳马戏团出现破产危机的一条重要导火索。

接盘仍存变数

随着太阳马戏团破产一事甚嚣尘上,"接盘侠"花落谁家也成为业界关注度较高的话题之一。

根据该集团的声明,目前公司已与主要股东达成了"假马协议",即"假马竞标"。根据这种拍卖方式,申请破产保护的企业将选定一个买家提出最初的公开竞拍底价。而所有买家只能按照规则向上加价。这也能在一定程度上避免太阳马戏团被迫接受较低的出价。

同时，还有消息显示，目前分别拥有太阳马戏团集团 60％、20％、20％股份的 TPG Capital、复星国际有限公司和加拿大魁北克养老基金已经签署协议，接管该集团的负债，并投资 3 亿美元用于重启。此外，太阳马戏团集团还在声明中表示，复星集团将与上述其他两个股东一同设立一笔 1500 万美元的员工基金，为此前解雇的员工提供经济援助。

对于上述情况，复星集团相关负责人表示对此事暂不进行评论。还有知情人士表示，在当前疫情形势还不明朗的时期，收购事宜可能随时会出现变数。

不过，即便如此，太阳马戏团集团一方对于重组还是相对乐观的。"我们知道，根据目前摆在桌面上的提案，马戏团得救了。我相信，在这一过程的最后，9 月中旬，我们会迎来新主人。"丹尼尔·拉马尔表示，目前有五六个集团对收购太阳马戏团感兴趣，但他们收购公司必须满足的条件之一就是总部必须留在蒙特利尔。与此同时，业内还有消息称，太阳马戏团的创始人盖伊·拉利伯特也已公开表态有意回购该公司。

据悉，作为重组的交换条件，未来的"接盘侠"除拥将有 45％ 的股份，还将获得 5000 万美元的无担保债务。有消息称，这意味着太阳马戏团集团现有股东的股份将发生调整，TPG Capital、复星集团和加拿大魁北克养老基金的占比将变为 33％、11％ 和 11％。

"不可否认，太阳马戏团这个品牌对于全球旅游演艺界都有着非常重要的意义，而它当前正处于一个'抄底'的佳期，即使只是这块牌子、这个 IP，可能也会有不少资本、企业'蠢蠢欲动'。"周鸣岐表示。

不破不立

有人"接盘"并不意味着太阳马戏团能迅速恢复往日的荣光。事实上，对于这一老牌旅游演艺企业的前景，部分业界专家仍给出了"不明朗"的预测。在吴丽云看来，破产后的太阳马戏团，势必要经历另一个"不破不立"的过程，高昂的演出成本、过度单一的收入结构，尤其是对演出售票过于依赖的传统模式，已经不再符合当前的市场发展规律。

上述知情人士告诉北京商报记者，对于太阳马戏团，同行已经达成了一个共识，就是该剧团的所有演出都是不惜成本的，"太阳马戏团在追求艺术上做得非常极致，他们的道具、舞台、演出人员成本都非常高，经济性相对较弱"。

这一方面意味着太阳马戏团的线下演出产品确实拥有很强的不可替代性，但另一方面也显示出太阳马戏团的演出效益相对较低，一次内容创作可形成的收益范围相对较窄。

"从当前国际疫情防控的形势来看，全球的旅游演艺、室内演出在短时间内都很难恢复到疫情前的水平，太阳马戏团要继续走以前的老路子可能行不通了，只有开拓线上业务才能形成多轮收益，增强企业的抗风险能力。"吴丽云表示，当前，很多文旅企业都在保持主业不变的前提下向多维度经营模式转型，如果太阳马戏团的经营者能改变思路，比如通过收购擅长线上传播的企业强化网络播放、直播这些新业务板块，也许不仅能扛过这次危机，还能闯出一条适合自己的新路来。

不过，周鸣岐表示，对于一部分有意接手太阳马戏团的企业来说，这一品牌的调性是其最看重的部分，这类企业或许不会轻易改变太阳马戏团的产品体系，而且当前

太阳马戏团大规模裁员可能也导致其无法生产新的产品,"因此,如果抱持这种想法的企业成为'接盘侠',那么很可能会暂时手握品牌、观望市场,尽可能减少对该企业的后续投入,缩减不必要的成本开支,等旅游演艺市场逐步恢复之后再借助 IP 重建太阳马戏团"。

(收录时略有改动)

【思考题】

1.从财务分析指标的角度,谈谈你对太阳马戏团濒临破产原因的认识。

2.太阳马戏团的濒临破产给我国旅游企业带来的理财启示是什么?

第二章
财务管理的价值观念

学习目标：

理解时间价值的含义；理解单利、复利和年金，以及三者的区别；掌握复利终值和现值的计算；掌握年金的终值和现值计算；能区分复利和年金，并通过终值和现值的计算，把不同时点的资金换算为同一时点进行比较、决策。

素养目标：

树立正确的价值观，培养学生风险控制的审慎精神、社会责任感和使命担当。

第一节　资金的时间价值

一、货币时间价值的含义

货币的时间价值，又称资金的时间价值，对于概念的理解主要有以下几种观点：

关于这一概念，西方国家的传统说法是即使在没有风险和通货膨胀的情况下，今天1元钱的价值也大于一年以后1元钱的价值，这就是货币的时间价值，即今天的1元钱永远比明天的1元钱要值钱。所以，在不考虑风险因素和通货膨胀的条件下，只要将货币有目的地进行投资，货币在不同时间的价值就不等，它会随时间的推移而发生增值。

现在，西方经济学家一般将货币的时间价值与消费心理因素联系在一起。他们认为，投资者进行投资必然推迟消费，对投资者推迟消费应该给予报酬，这种报酬的量与推迟的时间成正比。因此，单位时间的这种报酬与投资的百分比就是时间价值。

我国关于货币时间价值概念的一般表述为，货币时间价值是扣除风险报酬和通货膨胀贴水后的真实报酬率。

银行存款利率、贷款利率、各种债券利率、股票的股利率都可以看作投资报酬率，他们与货币的时间价值是有区别的，只有在没有风险和通货膨胀的情况下，时间价值才与上述各种报酬率相等。一般在研究时间价值问题时，假定没有风险和通货膨胀，以利率代表时间价值，本书以此假设为基础。

二、相关概念

(一)单利和复利

货币的时间价值一般都是按照复利的方式计算的。单利和复利是两种计息方法。单利是指只对本金按照规定的利率计算利息,计息期的利息不再累加到本金中重复计算利息,即本金不会增加。复利是指不仅对本金计算利息,而且也要把以前各期的利息加到下一期的本金中计算利息,即本金在不断增加,俗称"利滚利"。

(二)终值和现值

由于资金具有时间价值,同一笔资金在不同的时间具有不同的价值量,不同时点上的资金量也就不能直接进行比较和计算,因此,必须将其换算到同一时点上才具有可比性,才能进行比较和计算。把资金换算到同一时点可以采取计算资金终值或资金现值的方法。

终值,是指按照一定的利率来计算的、未来某一时点的资金价值,又称本利和。

现值,又称本金,是指未来某一时点上的一定量现金,折合到现在的价值。这一计算过程称为折现,在折现时使用的利息率称为折现率。(见图 2-1)

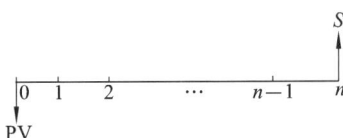

图 2-1　终值与现值示意图

(三)年金

年金是指在一定时期内等时间等金额的收入或者支出。年金的形式有折旧、利息、租金、保险费等。按照资金收入或支出的时间点的不同,年金可分为先付年金、后付年金(普通年金)、递延年金和永续年金。

1.先付年金

先付年金是指一定时期内每期期初发生等额的收入或支出。(见图 2-2)

图 2-2　先付年金示意图

2.后付年金(普通年金)

后付年金(普通年金)是指一定时期内每期期末发生等额的收入或支出。此种形式最为多见,故又称为普通年金。(见图 2-3)

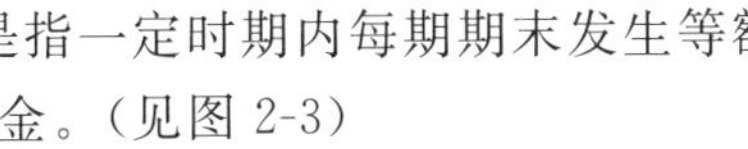

图 2-3　后付年金(普通年金)示意图

3.递延年金

递延年金是指在一定时期内,前 m 期没有收入或支出,后 n 期每期期末有等金额的收入或支出。(见图2-4)

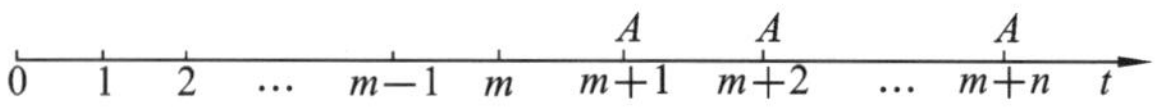

图 2-4   递延年金示意图

4.永续年金

永续年金是后付年金的特殊形式,是指资金收入或支出没有终止期限的后付年金,如优先股的股利。

三、计算

(一)单利的计算

货币的时间价值一般都是按照复利的方式计算的。此处介绍单利的计算是为了更好地理解复利的计算。

这是按本金计算利息,每期利息并不加入本金中增算利息的一种方法。

设:S——终值,即本利和;

PV——现值,即本金;

I——利息;

i——利率;

n——计息期数。

则
$$I = PV \cdot i \cdot n$$
$$S = PV + I$$
$$= PV \cdot (1 + i \cdot n)$$
$$PV = \frac{S}{(1 + i \cdot n)}$$

(二)复利终值和现值的计算

1.复利终值的计算

复利终值是指现在的一笔资金按照复利计算在未来的某个时间点的价值。(见图2-5)

图 2-5   复利终值示意图

【例 2-1】 某饭店将100万元资金存入银行,银行当期存款利率为10%,按照复利计算,三年后到期本息和是多少?

第一年年初本金:100万元

第一年年末本息和 S_1：$100 \times (1+10\%) = 110$（万元）

第二年年初本金：110 万元

第二年年末本息和 S_2：$110 \times (1+10\%) = 121$（万元）

第三年年初本金：121 万元

第三年年末本息和 S_3：$121 \times (1+10\%) = 133.1$（万元）

$$S_3 = 100 \times (1+10\%) \times (1+10\%) \times (1+10\%)$$
$$= 100 \times (1+10\%)^3$$

∴复利终值 $S_n = PV \times (1+i)^n$

其中，$(1+i)^n$ 为复利终值系数，可查复利终值系数表获得。

【例 2-2】 某饭店存入银行 10 万元，银行利率为 5%，按照复利计算，五年后终值是多少？

$$S_5 = 10 \times (1+5\%)^5$$
$$= 12.763（万元）$$

复利终值与利息率和计息期数成正比，即利息越高，复利终值越大，计息期数越多，复利终值越大。

【例 2-3】 某饭店将 100 万元的资金存入银行，当期银行存款利率为 12%，一年复利一次，三年后复利终值是多少？ 如果半年复利一次，三年后复利终值又是多少？

一年复利一次：

$$年利率\ i_1 = 12\%$$
$$S_3 = PV \times (1+i_1)^3$$
$$= 100 \times (1+12\%)^3$$
$$= 140.49（万元）$$

半年复利一次：

$$半年利率\ i_2 = \frac{12\%}{2} = 6\%$$
$$三年复利的次数 = 2 \times 3$$
$$= 6（次）$$
$$S_3 = 100 \times (1+6\%)^6$$
$$= 141.85（万元）$$

∴一期复利 m 次的复利终值：$S_n = PV \times \left(1+\dfrac{i}{m}\right)^{mn}$

由此可以看出，一定时期内同样利息，复利次数越多，复利终值越大，如半年复利一次的复利终值就大于一年复利一次的复利终值。

当利息在一期内（一般为一年）多次计息，年利率就有了名义利率和实际利率之分。其公布的年利率为名义利率，用 i 表示；按复利次数实际得到的利率称为实际利率，即在一年内实际所得利息总额与本金之比，用 r 表示。实际利率表示每 1 元实际负担的利息额，即

$$r = \left(1+\frac{i}{m}\right)^m - 1$$

式中，r——实际年利率；

i——名义年利率；

m——每年计息次数。

利用复利终值的计算公式,不仅可以在已知 i 和 n 时计算复利终值,也可以在已知 i 和复利终值时计算 n,或在已知 n 和复利终值时计算 i。

【例2-4】 某饭店计划用1000万元对外投资一项目,预计该项目的投资报酬率为10%,经过多少年能使现有资金增加1倍?

$$S_n = PV \times (1+i)^n$$
$$1000 \times 2 = 1000 \times (1+10\%)^n$$
$$\rightarrow (1+10\%)^n = 2$$

查复利终值系数表,在 $i=10\%$ 的项目下寻找最接近2的复利终值系数,结果是 $n=7$,对应的复利终值系数是1.9487。

【例2-5】 某饭店现有资金500万元,欲通过投资一项目使其十年后达到原来的5倍,该项目的投资报酬率至少是多少?

$$S_n = PV \times (1+i)^n$$
$$500 \times 5 = 500 \times (1+i)^{10}$$
$$\rightarrow (1+i)^{10} = 5$$

查复利终值系数表,在 $n=10$ 的项目下寻找最接近5的复利终值系数,结果是 $i=18\%$,对应的复利终值系数是5.2338;$i=17\%$,对应的复利终值系数为4.8068,这两项都接近于5,故无法做出判断。于是可以采取更加精确的方法确认 i 的值,即采用插值法来计算。

假设 $i-17\%=x\%$,那么

$$
\left.\begin{array}{l}
17\% \\
i \\
18\%
\end{array}\right\} x\% \left.\begin{array}{l}

\end{array}\right\} 1\% \quad
\left.\begin{array}{l}
4.8068 \\
5 \\
5.2338
\end{array}\right\} 0.1932 \left.\begin{array}{l}

\end{array}\right\} 0.427
$$

$$\frac{x\%}{1\%} = \frac{0.1932}{0.427}$$
$$\rightarrow x \approx 0.45$$
$$\rightarrow i = 17\% + 0.45\%$$
$$= 17.45\%$$

2. 复利现值的计算

由复利终值公式可以推出复利现值: $PV = S_n \times \dfrac{1}{(1+i)^n}$

其中 $\dfrac{1}{(1+i)^n}$ 为复利现值系数,可查复利现值系数表获得。（见图2-6）

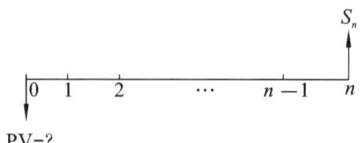

图2-6　复利现值示意图

【例 2-6】　某饭店预计三年后获得 2000 万元对某项固定资产进行更新，假设投资报酬率为 8%，那么该饭店现在应投入资金多少？

$$PV = 2000 \times \frac{1}{(1+8\%)^3}$$
$$= 2000 \times 0.7938$$
$$= 1587.6(万元)$$

(三)年金终值和现值的计算

1.普通年金终值的计算

普通年金终值，指在每期期末收入或支出的系列等额款项，按照复利计算的未来总价值，即每次收入或支出的款项的复利终值之和。

【例 2-7】　从现在开始每年年末存入银行 1000 元，银行存款利率为 10%，三年后可以从银行取出的本利和是多少？

第 1 年年末存入的 1000 元，到第 3 年年末 $S_1 = 1000 \times (1+10\%)^2 = 1210(元)$

第 2 年年末存入的 1000 元，到第 3 年年末 $S_2 = 1000 \times (1+10\%) = 1100(元)$

第 3 年年末存入的 1000 元，到第 3 年年末 $S_3 = 1000(元)$

∴普通年金终值：

$$S_A = S_1 + S_2 + S_3$$
$$= 1000 \times (1+10\%)^2 + 1000 \times (1+10\%) + 1000$$
$$= 1210 + 1100 + 1000$$
$$= 3310(元)$$

以此类推，假设每年年末收支额为 A，即年金，利率为 i，期数为 n，则普通年金终值计算公式为

$$S_A = A + A \times (1+i) + A \times (1+i)^2 + A \times (1+i)^3 + \cdots + A \times (1+i)^{n-1}$$
$$= A \times \frac{(1+i)^n - 1}{i}$$

其中，$\frac{(1+i)^n - 1}{i}$ 称为利率为 i、期数为 n 的年金终值系数。

在实际工作中，旅游企业可根据要求在贷款期内建立偿债基金，以保证在期满时有足够的现金偿还贷款的本金或兑现债券。此时的债务实际上等于年金终值 S_A，每年提取的偿债基金等于分次付款的年金 A，也可以说，年偿债基金的计算实际上是年金终值的逆运算。

其计算公式如下：

$$A = \frac{S_A}{\frac{(1+i)^n - 1}{i}} = S_A \times \frac{1}{普通年金终值系数}$$

其中，$\frac{1}{\frac{(1+i)^n - 1}{i}}$ 为偿债基金系数，可利用普通年金终值系数的倒数计算出来。

【例 2-8】　假设某公司有一笔五年后到期的借款，数额为 1000 万元，为此要设置偿债基金，年利率为 10%，到期一次还清借款，问每年年末应存入的金额是多少？

$$A = \frac{1000}{\dfrac{(1+10\%)^5 - 1}{10\%}} = \frac{1000}{6.1051} \approx 163.797481（万元）$$

2. 普通年金现值的计算

普通年金现值,是指每期期末收入或支出的系列等额款项,按复利计算的现在价值,即每次收入或支出款项的复利现值之和。

【例 2-9】 某饭店计划投入 250 万元建设一项目,预计从今年开始连续三年每年年末可以获利 100 万元,当期银行利率为 10%,试决策。

第一年年末的 100 万元,折现:$PV_1 = 100 \times \dfrac{1}{1+10\%} = 90.91$（万元）

第二年年末的 100 万元,折现:$PV_2 = 100 \times \dfrac{1}{(1+10\%)^2} = 82.64$（万元）

第三年年末的 100 万元,折现:$PV_3 = 100 \times \dfrac{1}{(1+10\%)^3} = 75.13$（万元）

三年收入的复利现值之和即年金现值:$PV_A = PV_1 + PV_2 + PV_3 = 248.68$（万元）

$\because$ 248.68 万元 < 250 万元

$\therefore$ 该项目不可行

以此类推,假设每年收支款项为 A,利率为 i,期数为 n,则年金现值计算公式如下:

$$PV_A = A \times \frac{1}{1+i} + A \times \frac{1}{(1+i)^2} + A \times \frac{1}{(1+i)^3} + \cdots + A \times \frac{1}{(1+i)^n}$$

$$= A \times \frac{1 - (1+i)^{-n}}{i}$$

其中,$\dfrac{1 - (1+i)^{-n}}{i}$ 称为利率为 i、期数为 n 的年金现值系数。

年金现值的逆运算是年资本回收额的计算。资本回收额是指在给定的年限内等额回收或清偿初始投入的资本或所欠的债务。年资本回收额的计算公式如下:

$$A = PV_A \times \left[\frac{i}{1 - (1+i)^{-n}} \right]$$

其中,方括号内的数值称作资本回收系数,可利用年金现值系数的倒数求得。

【例 2-10】 某旅游企业现在借入 1000 万元,约定在六年内按年利率 10% 均匀偿还,则每年应还本付息的金额为:

$$A = \frac{1000}{\dfrac{1 - (1+10\%)^{-6}}{10\%}} = \frac{1000}{4.3553} \approx 229.605308（万元）$$

3. 先付年金终值的计算

先付年金与普通年金的区别在于系列收支款项发生的时点不同,前者在期初,后者在期末。由于后付年金是最常用的,因此对比期数为 n 的普通年金的终值计算公式,可以推导出先付年金终值的计算公式如下:

$$S_A = A \times (1+i) + A \times (1+i)^2 + A \times (1+i)^3 + \cdots + A \times (1+i)^{n-1} + A \times (1+i)^n$$

$$= A \times \frac{(1+i)^{n+1} - 1}{i} - A$$

$$= A \times \left[\frac{(1+i)^{n+1} - 1}{i} - 1 \right]$$

查普通年金终值系数表，n 多查一年，查出来的 S_A 系数应减去 1。

【例 2-11】　某饭店计划从现在起连续三年每年年初存入银行 100 万元，以便在第三年年末购买一台新设备，银行存款利率为 10％，计算该设备售价。

$$S_A = 100 \times \left[\frac{(1+10\%)^{3+1}-1}{10\%} - 1 \right]$$

$$= 100 \times (4.6410 - 1)$$

$$= 364.1（万元）$$

4. 先付年金现值的计算

先付年金现值的计算公式同样可根据普通年金现值的计算公式推导出来：

$$PV_A = A + A \times \frac{1}{1+i} + A \times \frac{1}{(1+i)^2} + \cdots + A \times \frac{1}{(1+i)^{n-1}}$$

$$= A \times \frac{1-(1+i)^{-(n-1)}}{i} + A$$

$$= A \times \left[\frac{1-(1+i)^{-(n-1)}}{i} + 1 \right]$$

查普通年金现值系数表，n 少查一年，查出来的 PV_A 系数应加上 1。

5. 递延年金终值的计算

递延年金是普通年金的特殊形式，即前 m 期无收支，后 n 期每期期末有等额收支，因此无论前 m 期有多长，后 n 期的递延年金终值与普通年金的年金终值的计算是一样的，即

$$S_A = A \times \frac{(1+i)^n-1}{i}$$

6. 递延年金现值的计算

递延年金的现值有两种计算方法。

第一种计算思路是先假设前 m 期每年年末也有等额收支，计算 $(m+n)$ 年的普通年金现值，之后再减去前 m 年的年金现值，余额即是递延年金的现值。计算公式如下：

$$PV_A = A \times \frac{1-(1+i)^{-(m+n)}}{i} - A \times \frac{1-(1+i)^{-m}}{i}$$

第二种计算方法的思路是先用普通年金的现值计算公式计算后 n 期的年金现值（该现值的时点为后 n 期的第一年年初），之后再用复利现值公式折现到现在。计算公式如下：

$$PV_A = A \times \frac{1-(1+i)^{-n}}{i} \times \frac{1}{(1+i)^m}$$

7. 永续年金终值的计算

因为永续年金没有终止期限，故永续年金的终值无法计算。

8. 永续年金现值的计算

永续年金的现值可根据普通年金现值公式推导出来：

$$PV_A = A \times \frac{1-(1+i)^{-n}}{i}$$

$\because n \to +\infty$ 时，$(1+i)^{-n} \to 0$

$\therefore PV_A = \dfrac{A}{i}$

四、时间价值的应用

在现实的经济生活中,资金时间价值的计算具有非常重要的现实意义,在财务管理中有广泛的用途。正确树立资金时间价值观念,能够帮助企业做出正确的经济决策。在项目投资决策中,资金时间价值观念可以帮助企业选择合理的投资评价方案,做出正确的投资决策;在证券投资决策中,可以帮助旅游企业进行债券、股票的估价;在旅游企业购并时对被购并的旅游企业进行科学的企业价值评估;在旅游企业筹集资金时判断资金成本的高低;帮助旅游企业进行税务筹划、协助确定固定资产租金的高低等。

(一)在项目投资决策分析中的应用

旅游企业进行的项目投资,通常是长期的固定资产投资。这种投资具有投入资金时间长、投资金额大、收益缓慢的特点,因此,这种投资对于旅游企业的经营带来了重大的影响。项目投资一旦失败,可能会使旅游企业遭受重创,甚至破产。

由于资金具有时间价值,不同时点上的资金实际经济价值不等,必须对投资项目全过程内的现金流量进行科学预测,并且考虑现金流量发生的不同时点,采用动态评估法来评价投资项目。如果不考虑资金时间价值,而采用静态分析法来评价项目投资,就会忽视从投入到产出这个时间差因素对资金价值带来的影响,使项目投资的分析评价缺乏科学性和合理性。因此,资金的时间价值对投资项目的评价非常关键。

(二)在证券估价中的应用

资金时间价值在旅游企业进行资金筹集以及资金投放过程中,对证券的估价具有重要的经济意义。从资金筹集的角度来考虑,如果旅游企业需要通过发行证券从资本市场上筹集资金,首先要对发行的证券的价格进行确定。一旦定价不准确,不论是偏高或偏低都会给企业的资金筹集活动带来一定的负面影响。从资金投放的角度来观察,如果旅游企业将资金用于证券投资,证券的价值对于投资人来说非常重要,决定了投资是成功还是失败。

【例 2-12】 某旅游企业拟发行三年期债券筹集资金。债券面值 1000 元,票面利率 10%,每年支付一次利息,到期一次还本。发行时市场利率为 8%,发行价格是多少?

债券的发行价格取决于今后的现金流出量,即债券发行人在今后向债券持有人支付的利息与偿还的本金,以及债券期限和市场利率。

$$每年债券利息 = 1000 \times 10\% = 100(元)$$

$$债券的发行价格 = 100 \times \frac{1}{1+8\%} + 100 \times \frac{1}{(1+8\%)^2} + 100 \times \frac{1}{(1+8\%)^3}$$

$$+ 1000 \times \frac{1}{(1+8\%)^3}$$

$$= 100 \times 0.9259 + 100 \times 0.8573 + 100 \times 0.7938 + 1000 \times 0.7938$$

$$= 1051.5(元)$$

或

$$债券发行价格 = 100 \times \frac{1-(1+8\%)^{-3}}{8\%} + 1000 \times \frac{1}{(1+8\%)^3}$$

$$= 100 \times 2.5771 + 1000 \times 0.7938$$
$$\approx 1051.5(\text{元})$$

由于债券发行时市场利率低于票面利率,对投资者有吸引力,债券可以以高于票面价值的 1051.5 元的价格来发行。如果定价高于 1051.5 元,债券将无法发行,会导致发行失败,无法筹集到相应的资金;如果定价低于 1051.5 元,将会使筹资人的资金筹集数量遭受损失。

【例 2-13】　某饭店计划发行一种两年期带息债券,面值为 100 元,票面利率为 6%,每半年付息一次,到期一次偿还本金,市场利率为 8%,求当该债券的价格为多少时,投资者才会购买?

该债券半年付息一次,　利息 $= 100 \times 6\% \div 2 = 3(\text{元})$

$$\text{半年期的市场利率} = 8\% \div 2 = 4\%$$

$$\text{债券价格} = 3 \times \frac{1 - (1 + 4\%)^{-4}}{4\%} + \frac{100}{(1 + 4\%)^4} \approx 96.37(\text{元})$$

即只有在该债券价格低于或等于 96.37 元时,投资者才会购买。

第二节　风险价值

一、风险的含义

风险是在一定条件和一定时期内可能发生的各种结果的变动程度,也可以说是未来收益与预期收益的偏离程度。风险是客观存在的,是现代企业财务管理的每一个环节都不可避免的。人们通常认为风险就是不好的,总是带来损失的,这是对风险的片面理解。实际上,这种偏离可能是未来收益高于预期收益,也可能是未来收益低于预期收益,即机会与风险并存。

在激烈的市场竞争中,由于市场环境的变化和旅游企业经营决策的变动,以及旅游企业的各项财务活动难以预料或无法控制的因素,实际收益与预计收益之间会发生背离,从而使旅游企业蒙受经济损失。为此,旅游企业财务部门和人员不能厌恶风险、躲避风险,而应充分估计旅游企业可能发生的风险,运用科学的手段衡量和分析风险,采用科学的决策组合尽量规避风险。

二、风险的类别

(一)市场风险和企业特有风险

从投资主体的角度划分,风险分为市场风险和企业特有风险两类。

1.市场风险

市场风险是指那些影响所有企业的因素引起的风险,如战争、经济衰退、国家宏观经济政策的变动、通货膨胀等产生的风险。这类风险会影响所有的投资对象,不能够通过多元化投资来分散,因此又称为系统风险或不可分散风险。例如,一个人投资股票,不论他买哪一只股票,都要承担世界金融危机带来的股票价格不同程度下跌的市场风险。

2.企业特有风险

企业特有风险,是指个别企业的特有事件造成的风险。比如罢工、新产品开发失败、投资失败、无力偿还债务、诉讼失败等造成的风险。这类风险是随机发生的,可以通过多元化投资来分散,因此又称为非系统风险或可分散风险。例如,一个人投资股票,买几只不同的股票比只买一只股票的风险要小。

(二)经营风险和财务风险

从企业经营本身划分,风险分为经营风险和财务风险。

1.经营风险

经营风险是指生产经营的不确定性带来的风险,它是任何商业活动都有的,也叫商业风险。比如原材料价格上涨、产品没有销路、设备事故、新技术出现等都会给企业带来一定的风险,这些风险使企业的盈利变得不明确。

2.财务风险

财务风险是指因负债筹资带来的风险,也称筹资风险。企业由于举债筹资,需要按照约定支付利息和偿还本金,从而产生还债压力,一旦企业不能按期支付利息或无法偿还本金,不仅信誉受损,还可能会有诉讼失败或破产的危险。

三、风险价值的计量

(一)风险与报酬的关系

风险价值或风险报酬是指投资者因冒险进行投资而获得的超过时间价值的额外收益。通常风险越高,投资者要求的风险报酬就越大;风险越低,投资风险报酬相应也越低。在不考虑通货膨胀的情况下,投资报酬率就是时间价值率与风险报酬率之和。货币的时间价值率是无风险的最低报酬率。

因此,风险和期望的投资报酬率之间的关系可以表示为

$$期望投资报酬率＝无风险报酬率＋风险报酬率$$

其中的无风险报酬率是最低的社会平均报酬率,也就是时间价值率。风险报酬率是风险的函数,假设风险报酬率与风险的大小成正比,风险报酬率可以表示为

$$风险报酬率＝风险价值系数×风险程度$$

风险价值系数的大小取决于投资者对待风险的态度,如果愿意冒险,风险价值系数就可定得小一些;反之,如果不愿意冒险,则可将其定得大一些。

(二)风险价值的计算

风险价值的计算是一个比较复杂的过程。现只做简单介绍。

1.确定概率分布

一个事件的概率是指该事件发生可能性大小的数量描述,记为 P_i。事件的概率是

客观存在的,它具有以下特点:

(1)任何事件的概率不大于1,不小于零,即 $0 \leq P_i \leq 1$。

(2)所有可能结果的概率之和等于1。

(3)必然事件的概率等于1,不可能事件的概率等于0。

【例2-14】 某旅游企业进行一项投资,在不同的情况下,获得的利润额和取得该利润的概率如表2-1所示。

表 2-1　概率分布表

可能获得的利润额(X_i)	概率(P_i)
600 万元	20%
300 万元	50%
50 万元	20%
-200 万元	10%

2.计算投资报酬率的期望值

投资报酬率的期望值是指各种可能的报酬率按其概率加权计算的平均报酬率。它表示在一定风险条件下,期望得到的平均报酬率。其计算公式为

$$\overline{E} = \sum_{i=1}^{n} X_i P_i$$

式中,$\overline{E}$——投资报酬率的期望值;

X_i——第 i 种可能结果的报酬率;

P_i——第 i 种结果的概率;

n——可能结果的个数。

根据表2-1的数据可计算出该投资项目的期望利润为

$$\overline{E} = 600 \times 20\% + 300 \times 50\% + 50 \times 20\% + (-200) \times 10\% = 260(万元)$$

3.计算标准离差

标准离差是各种可能的报酬率偏离期望报酬率的综合差异,是反映离散程度的一种量度,是对投资风险的绝对值的度量,用 δ 表示。在期望值相同的情况下,通常标准离差越大,风险越大;反之,风险越小。标准离差可按下列公式计算:

$$\delta = \sqrt{\sum_{i=1}^{n} (X_i - \overline{E})^2 \times P_i}$$

$$= \sqrt{(600-260)^2 \times 20\% + (300-260)^2 \times 50\% + (50-260)^2 \times 20\% + (-200-260)^2 \times 10\%}$$

$$\approx 232.163735(万元)$$

四、证券投资组合的风险

证券是指票面载有一定金额,代表财产所有权或债权,可以有偿转让的凭证。证券投资是旅游企业投资管理的重要组成部分,科学地进行证券投资管理,能增加旅游企业收益,减少风险,有利于财务管理目标的实现。

投资者在进行证券投资时,一般并不把其所有资金投资于一种证券,而是同时持有多种证券,同时投资于多种证券的方式,称为证券的投资组合,简称证券组合或投资组

合。由于投资组合能够降低风险,绝大多数法人投资者如工商企业、投资信托公司、投资基金等都同时投资多种证券,即使是个人投资者,一般也是持有证券的投资组合而不只是投资某一个公司的股票或债券。所以,旅游企业财会人员必须了解证券投资组合的风险与报酬率。

证券投资组合的风险可以分为两种性质完全不同的风险,即非系统性风险和系统性风险。

(一)非系统性风险

非系统性风险又称为可分散风险或企业特有风险,是指某些因素对单个证券造成经济损失的可能性,如个别公司工人的罢工、公司在市场竞争中的失败等。这种风险可通过证券持有的多样化来抵消,即多买几家公司的股票,其中某些公司的股票报酬上升,另一些股票的报酬下降,从而将风险抵消。因此,这种风险也可称为可分散风险。

当两种股票完全负相关($r=-1.0$)时,所有的风险都可以被分散掉;当两种股票完全正相关($r=+1.0$)时,从降低风险的角度来看,分散持有股票没有好处。实际上,大部分股票都是正相关,但不是完全正相关,一般来说,随机取两种股票相关系数为$+0.6$左右的最多,而对绝大多数两种股票而言,r将位于$+0.5$—$+0.7$。在这种情况下,把两种股票组合成证券组合能降低风险,但不能消除全部风险,不过,如果股票种类较多,则能分散掉大部分风险,而当股票种类足够多时,几乎能把所有的可分散风险分散掉。

(二)系统性风险

系统性风险又称为不可分散风险或市场风险,是指由于某些因素,给市场上所有的证券都带来经济损失的可能性,如宏观经济状况的变化、国家税法的变化、国家财政政策和货币政策的变化、世界能源状况的改变等都会使股票收益产生波动。这些风险影响到所有的证券,因此,不能通过证券组合分散掉。换句话说,即使投资者持有的是经过适当分散的证券组合,也会遭受这种风险。因此,对投资者来说,这种风险是无法消除的,故称为不可分散风险。但这种风险对不同的企业也有不同的影响。

不可分散风险的程度,通常用β系数来计量。β系数有多种计算方法,实际计算过程十分复杂,但一般情况下β系数不需投资者自己计算,而由一些投资服务机构定期计算并公布。表 2-2 列示了美国几家公司 2017 年度的β系数,表 2-3 列示了我国几家上市公司 2017 年度的β系数。

表 2-2　美国几家上市公司 2017 年度的 β 系数

公司名称	β 系数
通用汽车公司	1.66
微软	1.48
雅虎	1.63
摩托罗拉	0.36
IBM 公司	1.07
美国电话电报公司	0.51
苹果公司	1.31

资料来源:Yahoo Finance(https://finance.yahoo.com).

表 2-3　我国几家上市公司 2017 年度的 β 系数

股票代码	公司名称	β 系数
000037	深圳南山热电股份有限公司	1.30
000039	中国国际海运集装箱(集团)股份有限公司	1.72
000045	深圳市纺织(集团)股份有限公司	2.09
000060	深圳市中金岭南有色金属股份有限公司	1.75
600637	上海广电信息产业股份有限公司	0.74
600641	上海万业企业股份有限公司	1.21
600644	乐山电力股份有限公司	1.42
600650	上海锦江在线网络服务股份有限公司	1.70

资料来源:国泰安数据库。

作为整体的证券市场的 β 系数为 1。如果某种股票的风险情况与整个证券市场的风险情况一致,则这种股票的 β 系数也等于 1;如果某种股票的 β 系数大于 1,说明其风险大于整个市场的风险;如果某种股票的 β 系数小于 1,说明其风险小于整个市场的风险。

证券投资组合风险总结如下:

(1)一只股票的风险由两部分组成,它们是可分散风险和不可分散风险。

(2)可分散风险可通过证券组合来降低,而大部分投资者正是这样做的。可分散风险随证券组合中股票数量的增加而逐渐减少。

(3)股票的不可分散风险由市场变动所产生,它对所有股票都有影响,不能通过证券组合来消除。不可分散风险是通过 β 系数来测量的,一些标准的 β 值如下:

① $\beta=0.5$,说明该股票的风险只有整个股票市场平均风险的一半;

② $\beta=1.0$,说明该股票的风险等于整个股票市场的平均风险;

③ $\beta=2.0$,说明该股票的风险是整个股票市场平均风险的两倍。

五、证券投资组合的风险报酬

投资者进行证券组合投资与进行单项投资一样,都要求对承担的风险进行补偿,股票的风险越大,要求的报酬就越高。但是,与单项投资不同,证券组合投资要求补偿的风险只是不可分散风险,而不要求对可分散风险进行补偿。因此,证券组合的风险报酬是指投资者因承担不可分散风险而要求的超过时间价值的那部分额外报酬,可用下列公式计算:

$$R_p = \beta_p (K_m - R_f)$$

式中,R_p——证券组合的风险报酬率;

β_p——证券组合的 β 系数;

K_m——所有股票的平均报酬率,也就是由市场上所有股票组成的证券组合的报酬率,简称市场报酬率;

R_f——无风险报酬率,一般用政府公债利息率来衡量。

【例 2-15】　某旅游企业持有由甲、乙、丙三种股票构成的证券组合,它们的 β 系数分别是 2.0、1.0 和 0.5,它们在证券组合中所占的比重分别为 60%、30% 和 10%,股票的市场报酬率为 14%,无风险报酬率为 10%,试确定这种证券组合的风险报酬率。

(1)确定证券组合的 β 系数:

$$\beta_p = 60\% \times 2.0 + 30\% \times 1.0 + 10\% \times 0.5$$
$$= 1.55$$

(2)计算该证券组合的风险报酬率:

$$R_p = \beta_p(K_m - R_f)$$
$$= 1.55 \times (14\% - 10\%)$$
$$= 6.2\%$$

从以上计算中可以看出,在其他因素不变的情况下,风险报酬率取决于证券组合的 β 系数,β 系数越大,风险收益就越大;反之亦然。

六、风险和报酬率的关系

在西方金融学和财务管理学中,有许多模型论述风险和报酬率的关系,其中一个最重要的模型为资本资产定价模型(capital asset pricing model,CAPM),这一模型为

$$K_i = R_f + \beta_i(K_m - R_f)$$

式中,K_i——第 i 种股票或第 i 种证券组合的必要报酬率;

R_f——无风险报酬率;

β_i——第 i 种股票或第 i 种证券组合的 β 系数;

K_m——所有股票或所有证券的平均报酬率。

【例 2-16】　某公司股票的 β 系数为 2,无风险利率为 10%,市场上所有股票的平均报酬率为 13%,那么,该公司股票的报酬率应是多少?

$$K_i = R_f + \beta_i(K_m - R_f)$$
$$= 10\% + 2 \times (13\% - 10\%)$$
$$= 16\%$$

也就是说,当该公司股票的报酬率达到或超过 16% 时,投资者才会进行投资,如果低于 16%,投资者则不会购买该公司的股票。

> **本章小结**
>
> 　　本章阐述了旅游企业财务管理的两大基础观念:资金时间价值观念和风险价值观念。
>
> 　　本章介绍了资金的时间价值、单利、复利、年金、现值、终值等基本概念,为时间价值的计算打下基础;并重点介绍了时间价值的计算。不同时点上的资金价值不同,必须将不同时点的资金,按照一定的利率计算其终值或现值,将其换算到同一时点上,才能进行比较以及相加、相减的计算。本章还介绍了风险价值观念,并简单介绍了采用概率法对风险进行衡量。

重要概念

时间价值　复利　年金　现值　终值　风险价值

思考题

在线答题

1.如何理解资金的时间价值？

2.复利和年金有何区别？

3.风险有哪些类别？

计算题

1.某旅游企业计划六年后偿还 1000 万元贷款，当期银行存款利率为 8%，该旅游企业每年年末需提存多少偿债基金才能如期还贷？

2.某公司准备推广一款新的旅游设备，向买方提供了以下 3 种付款方式：①在购买日，一次性支付 120 万元；②从购买日起，第五年年末一次性支付 200 万元；③从购买日起，每年年末支付 18 万元，共支付 10 年。

要求：(1)如果折现率为 10%，计算或确定上述三种付款方式在购买日的现值；

(2)说明哪种付款方式对买方更为有利。

3.某债券面值为 1000 元，票面利率为 12%，期限六年，每年年末付息一次，到期偿还本金，投资者要求的收益率为 10%。

要求：(1)计算该债券年利息；

(2)计算该债券的价值；

(3)如果该债券发行价格是 1050 元，判断该债券是否值得投资，并说明理由；

(4)如果投资者要求的收益率为 12%，判断该债券的价值。

4.某旅游饭店购置设备需借款 100 万元，年利率为 8%，建设工期为两年，第三年投产时开始还款，第六年年末还清，平均每年应还款多少？

5.某人决定分别在 2015 年、2016 年、2017 年、2018 年和 2019 年每年的 1 月 1 日存入 10000 元，存款利率为 6%，每年复利一次，2019 年 12 月 31 日的余额是多少？

6.某旅游企业拟租赁一间库房，期限是十年，假设年利率是 8%，出租方提出以下几种付款方案：

Note

(1)立即付全部款项共计25万元；

(2)从第三年开始每年年初付款4万元，至第十年年初结束；

(3)第一至八年每年年末支付3万元，第九年年末支付5万元，第十年年末支付6万元。

该旅游企业应选择哪一种付款方案比较合算？

7.某旅游企业有甲、乙两个投资项目，计划投资额均为800万元，其收益率的概率分布如表2-4所示：

表2-4 投资项目收益率

市场状况	概率	甲项目收益率	乙项目收益率
好	0.4	20%	25%
一般	0.3	10%	10%
差	0.3	6%	-3%

(1)分别计算甲、乙两个项目收益率的期望值；

(2)分别计算甲、乙两个项目收益率的标准离差；

(3)比较甲、乙两个投资项目风险的大小；

(4)如果无风险收益率为8%，甲项目的风险价值系数为20%，计算甲项目投资的预期收益率。

8.某证券投资组合由甲、乙、丙三只股票组成，三只股票的β系数分别为1.8、1.0和0.6，三只股票在投资组合中的比重分别是50%、30%和20%，证券市场的平均收益率为12%，无风险收益率为5%。

要求：(1)计算该证券投资组合的β系数；

(2)计算该证券投资组合的风险收益率和投资者要求的必要收益率；

(3)如果甲、乙、丙三只股票在投资组合中的比重改变为20%、30%和50%，判断投资组合β系数的变化和投资组合风险的变化。

案例
分析

在我国，个人住房贷款可以采用等额本息偿还和等额本金偿还两种偿还方式。前者又称等额法，即借款人每月以相等的金额偿还贷款本息；后者又称递减法，即借款人每月等额偿还本金，贷款利息随本金逐月递减，还款额逐月递减。许多借款者认为等额本金法支付的利息总额较少，可以降低借款成本，因而选择这种还款方式。以下为按贷款额10万元，年利率6.15%，期限为三年，测算出的两种还款方式的月还款额。

【思考题】

1. 两种还款方式发生差异的原因是什么？

2. 不同的还款方式有什么特点？分别适用于哪种收入的人群？

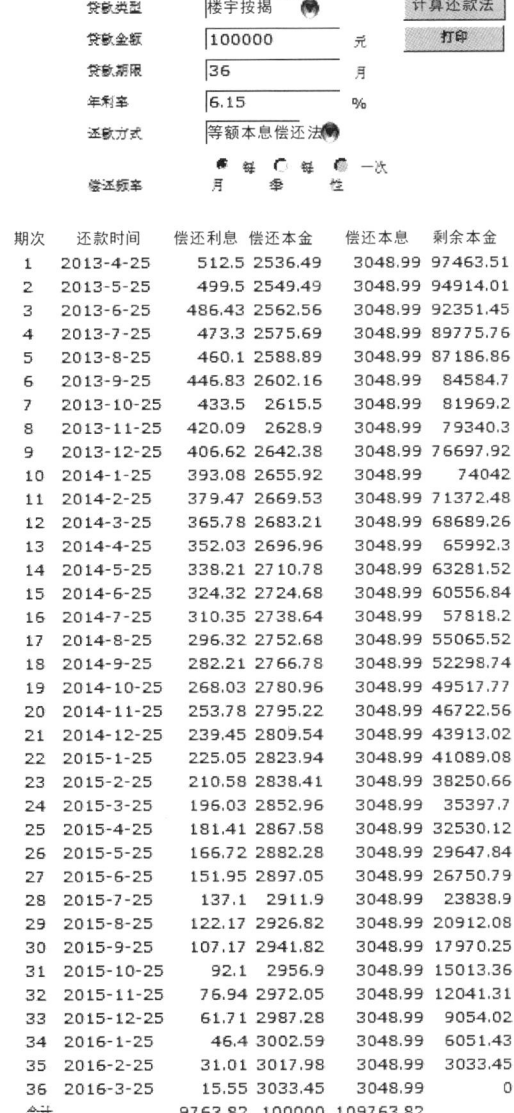

期次	还款时间	偿还利息	偿还本金	偿还本息	剩余本金
1	2013-4-25	512.5	2536.49	3048.99	97463.51
2	2013-5-25	499.5	2549.49	3048.99	94914.01
3	2013-6-25	486.43	2562.56	3048.99	92351.45
4	2013-7-25	473.3	2575.69	3048.99	89775.76
5	2013-8-25	460.1	2588.89	3048.99	87186.86
6	2013-9-25	446.83	2602.16	3048.99	84584.7
7	2013-10-25	433.5	2615.5	3048.99	81969.2
8	2013-11-25	420.09	2628.9	3048.99	79340.3
9	2013-12-25	406.62	2642.38	3048.99	76697.92
10	2014-1-25	393.08	2655.92	3048.99	74042
11	2014-2-25	379.47	2669.53	3048.99	71372.48
12	2014-3-25	365.78	2683.21	3048.99	68689.26
13	2014-4-25	352.03	2696.96	3048.99	65992.3
14	2014-5-25	338.21	2710.78	3048.99	63281.52
15	2014-6-25	324.32	2724.68	3048.99	60556.84
16	2014-7-25	310.35	2738.64	3048.99	57818.2
17	2014-8-25	296.32	2752.68	3048.99	55065.52
18	2014-9-25	282.21	2766.78	3048.99	52298.74
19	2014-10-25	268.03	2780.96	3048.99	49517.77
20	2014-11-25	253.78	2795.22	3048.99	46722.56
21	2014-12-25	239.45	2809.54	3048.99	43913.02
22	2015-1-25	225.05	2823.94	3048.99	41089.08
23	2015-2-25	210.58	2838.41	3048.99	38250.66
24	2015-3-25	196.03	2852.96	3048.99	35397.7
25	2015-4-25	181.41	2867.58	3048.99	32530.12
26	2015-5-25	166.72	2882.28	3048.99	29647.84
27	2015-6-25	151.95	2897.05	3048.99	26750.79
28	2015-7-25	137.1	2911.9	3048.99	23838.9
29	2015-8-25	122.17	2926.82	3048.99	20912.08
30	2015-9-25	107.17	2941.82	3048.99	17970.25
31	2015-10-25	92.1	2956.9	3048.99	15013.36
32	2015-11-25	76.94	2972.05	3048.99	12041.31
33	2015-12-25	61.71	2987.28	3048.99	9054.02
34	2016-1-25	46.4	3002.59	3048.99	6051.43
35	2016-2-25	31.01	3017.98	3048.99	3033.45
36	2016-3-25	15.55	3033.45	3048.99	0
合计		9763.82	100000	109763.82	

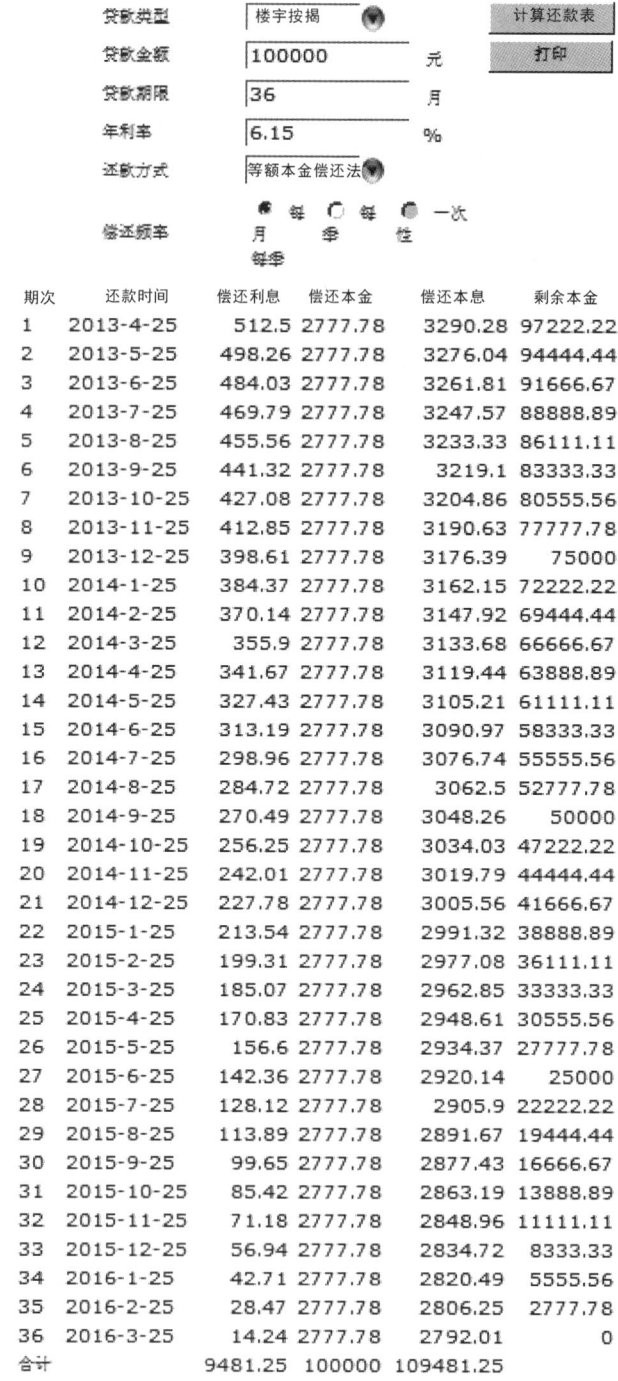

期次	还款时间	偿还利息	偿还本金	偿还本息	剩余本金
1	2013-4-25	512.5	2777.78	3290.28	97222.22
2	2013-5-25	498.26	2777.78	3276.04	94444.44
3	2013-6-25	484.03	2777.78	3261.81	91666.67
4	2013-7-25	469.79	2777.78	3247.57	88888.89
5	2013-8-25	455.56	2777.78	3233.33	86111.11
6	2013-9-25	441.32	2777.78	3219.1	83333.33
7	2013-10-25	427.08	2777.78	3204.86	80555.56
8	2013-11-25	412.85	2777.78	3190.63	77777.78
9	2013-12-25	398.61	2777.78	3176.39	75000
10	2014-1-25	384.37	2777.78	3162.15	72222.22
11	2014-2-25	370.14	2777.78	3147.92	69444.44
12	2014-3-25	355.9	2777.78	3133.68	66666.67
13	2014-4-25	341.67	2777.78	3119.44	63888.89
14	2014-5-25	327.43	2777.78	3105.21	61111.11
15	2014-6-25	313.19	2777.78	3090.97	58333.33
16	2014-7-25	298.96	2777.78	3076.74	55555.56
17	2014-8-25	284.72	2777.78	3062.5	52777.78
18	2014-9-25	270.49	2777.78	3048.26	50000
19	2014-10-25	256.25	2777.78	3034.03	47222.22
20	2014-11-25	242.01	2777.78	3019.79	44444.44
21	2014-12-25	227.78	2777.78	3005.56	41666.67
22	2015-1-25	213.54	2777.78	2991.32	38888.89
23	2015-2-25	199.31	2777.78	2977.08	36111.11
24	2015-3-25	185.07	2777.78	2962.85	33333.33
25	2015-4-25	170.83	2777.78	2948.61	30555.56
26	2015-5-25	156.6	2777.78	2934.37	27777.78
27	2015-6-25	142.36	2777.78	2920.14	25000
28	2015-7-25	128.12	2777.78	2905.9	22222.22
29	2015-8-25	113.89	2777.78	2891.67	19444.44
30	2015-9-25	99.65	2777.78	2877.43	16666.67
31	2015-10-25	85.42	2777.78	2863.19	13888.89
32	2015-11-25	71.18	2777.78	2848.96	11111.11
33	2015-12-25	56.94	2777.78	2834.72	8333.33
34	2016-1-25	42.71	2777.78	2820.49	5555.56
35	2016-2-25	28.47	2777.78	2806.25	2777.78
36	2016-3-25	14.24	2777.78	2792.01	0
合计		9481.25	100000	109481.25	

第三章
旅游企业筹资管理

学习目标：

通过本章的学习,掌握旅游企业筹资的原则、种类、方式;掌握旅游企业资金筹集的方式与资金成本的确定;掌握旅游企业资金结构决策方法。

素养目标：

树立正确的价值观,培养良好的诚信意识,依法筹资,培养风险意识和责任担当。

第一节　旅游企业资金筹集概述

资金筹集是旅游企业根据经营需要,通过金融市场,采用合理的融资方式,获得企业经营所需资金的一种财务活动。筹集适当的资金是旅游企业生存和发展的基础。对于新创建的旅游企业来说,需要筹集一定量的资金用于购建如客房、餐厅等房屋建筑物,需要购买设备设施以及维持企业经营周转的原材料、商品等物资,需要垫付员工薪金,并需要支付企业创建期的各种创办费用;对于现存旅游企业维持正常经营来说,需要筹集一定量的资金用于不断更新固定资产,以维持或扩大企业的经营能力,需要储备足够的原材料、商品并支付职工工资薪金,为客户提供服务,需要及时清偿债务,以维持企业的信誉等。

一、企业筹资的原则

企业资金筹集应根据企业经营管理的需要,遵循下列基本原则。

(一)适度原则

企业筹资应确定合理的资金需求量,要根据企业经营需要合理预测企业资金需求量。资金不足,将会影响企业正常的经营;资金过剩,闲置不用,又会影响企业资金的使用效率。所以适度筹资,要既能保证企业经营需要,又能提高企业资金使用效率。

(二)及时原则

旅游企业是季节性经营的企业,在旅游旺季,企业对资金的需求量较大,而在旅游淡季,企业对资金的需求量可能相对较小。因此,企业在筹资过程中,需要对资金供求现状进行深入细致的调查,合理预测企业的资金需求量,及时筹措所需资金,以满足企业经营所需。

(三)效益原则

企业筹资必须讲求效益,以尽可能小的成本,取得尽可能大的收益。这就要求企业一方面尽量选择资金成本低的筹资渠道和筹资方式,降低资金综合成本;另一方面合理确定资金投资方向,通过有限的资金获取最大的投资收益。

(四)结构合理原则

企业筹资必须考虑各种筹资渠道和筹资方式的合理比例结构,注意举债规模要与资本结构和偿债能力相适应,避免不应有的财务风险。为此,企业需要从全局出发、从长远出发,合理安排企业的资本结构,既充分利用现有资金,又尽可能在合理的范围内利用社会资金,扩大企业经营规模。

(五)合法原则

企业筹资要遵循国家法律法规,尤其是向社会筹资时,要严格按国家规定执行,严格遵循申报程序和操作规程,严禁违法筹资,保障国家金融秩序的稳定。

(六)计划原则

企业筹资必须实行计划管理。企业需要首先做出周密详细的计划,预测所筹资金的未来经济效益,确定所筹资金的数额、使用方向、使用时间、资金使用预计收益、还本付息时间等,以保证所需资金顺利获得。

二、企业筹资的种类

企业可以依据不同的标准,对筹资进行分类。

(一)按所筹资金的性质分为自有资金和借入资金

自有资金指旅游企业投资者投入并拥有所有权的那部分资金,包括资本金、资本公积金、留存收益;借入资金指由旅游企业债权人拥有所有权的那部分资金,包括长期负债和短期负债。合理安排两者之间的比例关系,是筹资管理的一个核心问题。

(二)按所筹资金的占用时间分为短期筹资和长期筹资

长期筹资占用时间在一年以上,主要包括资本金、资本公积金、留存收益及长期负债等;短期筹资占用时间在一年以内,主要来源是流动负债。合理安排资金的期限结构,有利于实现旅游企业资金的最佳配置和筹资组合。

(三)按筹资对象的范围分为内部筹资和外部筹资

外部筹资指从金融市场、银行或非银行金融机构及其他单位筹集资金;内部筹资指

通过企业量存收益转增资本、折旧及内部职工入股等形式筹集资金。合理安排内外部筹资比例,有利于控制资金成本。

(四)按所筹资金是否以金融机构为媒介分为直接筹资和间接筹资

直接筹资指不经过银行等金融机构,直接与资金供应者协商借贷;间接筹资指借助银行等金融机构而开展的筹资活动。合理安排两者间的比例关系,有助于旅游企业合理利用金融机构服务,控制筹资风险。

第二节　旅游企业资金的筹集

旅游企业筹集资金可以通过自有资金筹资和借入资金筹资两种方式进行。自有资金筹资方式主要有留存收益、吸收直接投资、发行股票等。借入资金筹资方式主要有发行债券、长期借款、短期借款、融资租赁、商业信用等。

一、自有资金的筹集

自有资金筹资所筹集到的资金能增强企业的偿债能力,而且支付报酬的方式较为灵活,通常是企业经营状况好,支付的报酬多;企业经营状况不好,则可以少支付甚至不支付报酬,有利于降低企业的财务风险。但由于自有资金筹资支付的报酬是在税后支付的,一般资金成本较负债融资高,而且股权过于分散,原股东容易丧失对企业的控制权。

(一)吸收直接投资

吸收直接投资是指企业以协议等形式吸收国家、其他企业、个人和外商等直接投入资金,形成企业资本金的一种筹资方式。吸收直接投资不以股票为媒介,适用于非股份制企业。它是非股份制企业筹措自有资本的一种基本方法。

1.吸收直接投资的种类

1)吸收国家投资

吸收国家投资是国有企业自有资金的主要来源,主要是指国家财政拨款形成的国家资本金。

2)吸收法人投资

吸收法人投资是指吸收企业、事业单位等法人的直接投资。目前主要是指法人单位在进行横向经济联合和相互之间购买股票的投资。

3)吸收个人投资

吸收个人投资是指吸收企业内部职工和社会个人的直接投资,由此形成个人资本金。个人投资具有与法人投资相同的目的,即参与企业的利润分配,而且参加投资的人数较多,但每个人投资的数额相对较少。

4)吸收外商投资

吸收外商投资是指外国投资者及我国港、澳、台地区投资者投入的资金。

2.吸收直接投资的形式

吸收直接投资主要有以下几种形式。

1)吸收现金投资

企业有了货币资金,可用以购置各种资产,支付各种费用,比较灵活方便。因此,企业应尽量动员投资者采用现金方式投资。外国公司法或投资法中一般都对现金投资在资金总额中的份额有一定规定。我国《有限责任公司规范意见》中规定,现金出资不得少于公司法定注册资本最低限额的50%。其他各种组织形式的企业,需要在投资过程中由出资各方协商确定。

2)吸收实物投资

吸收实物投资即投资者以房屋、建筑物、设备等固定资产和材料、燃料、产品等流动资产作价投资。一般来说,企业的实物投资应符合以下条件:

(1)确系企业生产、经营所需;

(2)技术性能良好;

(3)价格公平、合理。

3)无形资产投资

无形资产投资是指投资者以专利权、商标权、商誉、非专利技术、土地使用权等无形资产作价投入的资本。我国现行法律规定,企业吸收无形资产投资比例一般不得超过注册资本的20%,但特殊情况除外。

3.吸收直接投资的优缺点

1)吸收直接投资的优点

(1)吸收直接投资所筹集的资金属于企业的自有资金,能增强企业的资信和借款能力,对扩大企业规模、壮大发展实力具有重要意义。

(2)出资形式多种多样。不仅可以筹取现金,而且能够直接获得所需要的先进设备和技术,有利于尽快形成生产能力,开拓市场。

(3)吸收直接投资的财务风险较低。企业根据自己的经营状况向投资者支付报酬,支付的多少与企业经营状况的好坏存在直接的关系,比较灵活。

2)吸收直接投资的缺点

(1)吸收直接投资通常成本较高。因为向投资者支付的报酬是根据其出资数额和企业经营状况的好坏来确定的,所以在企业盈利多时,支付资金成本较高。

(2)吸收直接投资不利于产权流动。

(3)吸收直接投资由于没有证券作媒介,产权关系有时不清晰,也不便于进行产权交易。

(二)股票筹资

发行股票筹资是股份公司获取自有资金的基本方式。股票是股份公司发给股东证明其在公司投资入股并借以取得股息的一种有价证券,它代表持股人在公司中拥有的所有权。公司股东作为出资人按投入公司的资本额享有所有者的资产受益、公司重大决策和选择管理者的权利,并以其所持股份为限对公司承担责任。由于股票持有者从发行股票的股份公司那里获得一定的股息收入,因此,股票属于有价证券,可以在资本

市场上自由转让和流通。

1.股票的特征

1)无期性

无期性指股票投资的长期性。投资者一旦购买某一公司的股票,一般不能在中途随意要求退股。

2)风险性

风险性指股票投资存在一定风险。股票一般不能退还本金,若发行股票的公司经营亏损甚至破产,或股票市价波动,便形成股票投资的风险。

3)流通性

流通性指企业股票作为一种有价证券,在资本市场上可以自由转让和流通。股票具有较强的变现性,其流通促进了社会资金的合理配置和高效利用。

4)参与性

参与性指股票的持有者具有参与股份公司股利分配和承担有限责任的权利和义务。股东拥有权利义务的大小取决于其拥有公司股票数额的比例。比例越大,权利和义务越大。

2.股票的基本种类

股份公司根据投资者对风险的承受能力及需要,发行各种不同的股票。股票可以采用不同的方法和标准进行分类。

1)按股东的权利和义务分类

股票按股东的权利和义务,可划分为普通股股票和优先股股票。普通股股票是公司发行的代表着股东享有平等的权利、义务,不加特别限制、股利不固定的股票。普通股是最基本的股票,是公司资本中的基本部分,当公司只发行一种股票时,通常是普通股。

(1)普通股筹资。

利用普通股筹资有以下优点:

第一,普通股没有固定的费用负担。公司对普通股没有一定支付股利的义务。如果公司盈利,董事会认为可以支付股利,就宣布分配和支付股利;如果盈利少,或公司内部扩大经营需要资金,可以少付或不付普通股股利。这样,当公司财务状况不佳时,公司的压力较小。

第二,普通股易于销售,筹资速度快。因为普通股的预期收益一般高于优先股和债券,同时普通股代表公司资产的所有权,在通货膨胀的情况下,公司不动产的增值会使普通股的价值随之提高,使投资者的投资得到保值,从而减少货币贬值造成的损失。

利用普通股筹资的不利之处表现在:

第一,削弱原有股东对公司的控制权。由于普通股具有表决权,增加普通股就会使部分控制权转移给新股东。同时,普通股份增加以后,表决权分散,不易控制。

第二,普通股筹资成本高。利用普通股筹集资金,虽无财务风险,但是购买分散,筹资费用高,股利支出较多,因此,其成本比采取其他方式筹资要高。

第三,发行过多的普通股对公司不利。如果公司的盈利不能呈正比例增加,则会使税后得利由更多的股份分享,降低每股获利能力,进而会对股票的市场转卖价格产生不

良影响,特别是在股票市价跌落时会加剧跌落。

（2）优先股筹资。

优先股股票是公司发行的优先于普通股股东分取股利和公司剩余财产的股票,多数国家《公司法》规定,优先股可以在公司设立时发行,也可以在本公司增发新股时发行。但有些国家的法律则规定,优先股只能在特殊情况下,如公司增发新股时才准发行。

利用优先股筹资有以下优点:

第一,不会削弱原有股东的控制权。优先股股东没有表决权,不参加公司的经营管理,增发优先股对原有股东的权益没有影响,不会削弱原有股东的控制权。同时,权益资本的扩大,提高了企业未来借款的能力,为企业未来增加资金创造了条件。

第二,优先股的股利是固定的,具有财务杠杆作用。

第三,如果企业经营状况不佳,出现亏损,企业可以停发股息而不会导致公司面临破产或法律清偿的后果,与负债相比,风险相对较小。

发行优先股筹资的不利之处在于:

第一,跟债券相比,优先股股息在税后支付,增加了企业所得税负担,因而筹资成本较高。

第二,优先股的股息一般情况下是固定的,当企业盈利较少时,仍要支付较高的股息（比普通股的红利高）。

2）按票面是否记名分类

股票按票面是否记名,分为记名股票和无记名股票。

（1）记名股票。

记名股票是在股票上记载股东姓名或名称的股票。对各种股票要同时附发股权手册,股东只有同时具备股票和股权手册才能领取股利。

我国《公司法》规定,公司向发起人、国家授权投资的机构、法人发行的股票,应为记名股票;向社会公众发行的股票,记名与无记名都可以。记名股票的转让、继承必须办理过户手续。

（2）无记名股票。

无记名股票是在股票上不记载股东姓名或名称的股票,股东姓名或名称一般也不记入公司的股东名册,只记载股票数量、编号及发行日期。凡是持有无记名股票的人,即成为公司的股东。无记名股票转让、继承无需办理过户手续,只需将股票交给受让人,受让人即成为公司的股东,实现股权的转移。

3）按票面是否标明面值分类

股票按票面是否标明面值,划分为有面值股票和无面值股票。

（1）有面值股票。

有面值股票,是指股票票面上标明一定金额的股票,如股票票面上标明100元、200元等。股票面值的主要功能是确定每股股票在公司中所占的份额。我国《公司法》规定,股票应当标明票面面值。

（2）无面值股票。

无面值股票,是指股票票面上不标明每股金额的股票。无面值股票仅表示每一个

股东在公司全部股本中所占有的比例,亦称股份,其价值随公司财产价值的增减而增减。在企业经营过程中,股份的实际价值与股票发行时的值往往不一致,应根据股票股权来确定股份的实际价值。

4)按投资主体分类

股票按投资主体分类,可分为国家股、法人股、个人股和外资股。

5)按发行时间的先后分类

股票按发行时间的先后,可分为始发股和新股。

始发股是公司建立之初发行的股票。

新股是公司增资时发行的股票。始发股和新股的股东在权利和义务上是一致的。

6)按发行对象和上市地区分类

股票按发行对象和上市地区,可划分为 A 种股票、B 种股票和 H 种股票,简称 A 股、B 股、H 股。

A 股股票即人民币股票,供我国个人或法人买卖,以人民币标明票面价值并以人民币认购和交易。

B 股即人民币特种股票,以人民币标明票面值,供外国和我国港、澳、台地区的投资者以外币认购和交易。B 股在上海、深圳两地的证券交易所挂牌上市。

H 股和 B 股相似,但 H 股在香港上市。

3.股票发行价格

股票的发行价格是股票发行时所使用的价格,也就是投资者认购股票时所支付的价格。股票发行价格通常由发行公司根据股票面额、股市行情和其他有关因素决定。以募集设立方式设立公司首次发行的股票价格,由发起人决定,公司增资发行新股的股票价格,由股东大会做出决议。

股票的发行价格一般有三种。

1)等价

等价就是以股票的票面额为发行价格,也称为平价发行。这种发行价格,一般在股票的初次发行或在股东内部分摊增资的情况下采用。等价发行股票容易推销。

2)时价

时价也称市价,即以公司原发行同种股票的现行市场价格为基准来选择增发新股的发行价格。选用时价发行股票,考虑了股票的现行市场价值,可促进股票的顺利发行。美国已完全推行时价,德国、法国也经常采用。

3)中间价

中间价是取股票市场价格与面额的中间值作为股票的发行价格。

选择时价或中间价发行股票,可能属于溢价发行,也可能属于折价发行。溢价发行是指按超过股票面额的价格发行股票;折价发行是指以低于股票面额的价格发行股票。如属溢价发行,则发行公司获得发行价格超过股票面额的溢价款列入资本公积金。

按照国际惯例,股票通常采取溢价发行或等价发行,很少折价发行,即使在特殊情况下折价发行,也必须施加严格的折价幅度和时间等限制。我国《公司法》规定,发行股票可以等价发行,也可以溢价发行,但不得折价发行。在美国,很多州规定折价发行股票为非法行为。

(三)留存收益

留存收益是指旅游企业从历年实现的利润中提取或形成的留存于企业内部的积累,包括提取的盈余公积金(法定盈余公积金、任意盈余公积金)、公益金及未分配利润。

1.盈余公积金

盈余公积金是从税后利润中按一定比例提取的,分为法定盈余公积金和任意盈余公积金。

法定盈余公积金是国家规定必须提取的,比例为税后利润的10%,当其累积额已达注册资本的50%时可以不再提取.

任意盈余公积金是由企业决定是否提取及提取比例。

企业可以将盈余公积金用于弥补企业亏损或转增资本,但转增资本后剩余的盈余公积金额不得少于转增前注册资本的25%。

2.公益金

公益金是专门用于旅游企业职工福利设施支出的,按企业税后利润的5%—10%比例提取。

3.未分配利润

未分配利润是旅游企业留待以后年度进行分配的结存利润,也可以转增资本金。

二、借入资金的筹集

借入资金是指旅游企业向银行、其他金融机构、其他企业单位等吸收的资金,又称为负债资金。一般来说,可以通过银行借款、商业信用、发行债券、融资租赁等方式筹集借入资金。借入资金融资的利息是在税前支付的,资金成本相对较低;同时,负债筹资能使股东保留对企业的控制权;但负债筹资需要定期偿还本金和利息,财务风险较高,而且筹资时受限制的条款较多,筹资额有限。

(一)短期银行借款

短期银行借款是指旅游企业向银行借入的偿还期在一年以内的借款。

按借款目的和用途分类,有经营周转性借款、结算借款及各种临时借款。

按偿还方式分类,有一次性偿还借款和分期偿还借款。

按利息支付方式分类,有收款法借款、贴现法借款和加息法借款。

这里需要注意两个问题,即票据贴现和抵押担保借款问题。票据贴现是指持票人把未到期的应收票据转让给银行,在贴付一定利息的前提下取得银行资金的一种借贷行为。这种方式既给予了购买单位临时的资金融通,又在自身需要资金时获得了银行资金支持,因此灵活性较强。

要进行票据贴现,必须明确以下几个概念:

(1)贴现期限。

贴现期限即从贴现之日起到汇票到期日为止的期间长度。

(2)贴现利息。

贴现利息是根据汇票金额、贴现期限和贴现率计算的应付利息额。贴现率由中国

人民银行统一规定。

（3）贴现金额。

贴现金额是票据到期本息和扣除贴现利息后的余额。

具体计算公式如下：

$$贴现金额 = 票据到期本息和 - 贴现利息$$
$$= 票据到期本息和 \times (1 - 贴现率 \times 贴现期限)$$

【例 3-1】　某酒店持有一张经承兑的不带息商业汇票，票面面额为 100 万元，期限为 3 个月，20 天后因急于用款，向开户银行申请贴现，月贴现率为 9‰，计算该酒店实收贴现金额是多少？

$$贴现息 = 100 \times 9‰ \times \frac{90-20}{30} = 2.1（万元）$$

$$贴现金额 = 100 - 2.1 = 97.9（万元）$$

结果表明该酒店由于提前 70 天支取该笔资金而只能得到 97.9 万元。上面是不带息汇票，如果是带息票据进行贴现，则还需计算票据到期本息和，若该票据票面利率为月利 3‰，则

$$票据到期本息和 = 100 \times (1 + 3‰ \times 3) = 109（万元）$$

$$贴现息 = 109 \times 9‰ \times \frac{90-20}{30} = 2.289（万元）$$

$$贴现金额 = 109 - 2.289 = 106.711（万元）$$

票据贴现实际上是酒店向银行借入的一种短期借款，其贴现息与流动负债的利息一样，计入酒店的财务费用。

关于抵押担保借款问题要注意：抵押之物一定要拥有所有权。如果旅游企业到期不偿还借款本息，银行有权处理担保品，并以处理所得抵还借款本息，因此，旅游企业必须充分论证，降低抵押担保借款风险。另外，由于抵押品种类不同，涉及抵押品的价格问题，对此也需慎重对待和处理，争取以有利的条件获得所需要的资金。

1. 短期银行借款的成本

按照国际惯例，短期银行借款的利率会因借款企业的类型、借款金额及时间的不同而有所不同。例如，银行对信用好、贷款风险低的企业只收取较低利率，而向信用差、贷款风险高的企业收取较高的利率。贷款形式和利息支付方式不同，会导致名义利率和实际利率存在极大差异。因此，在考虑借款成本的时候，仅仅考虑名义利率是不够的，必须重视实际利率。短期借款实际利率计算方法除单利法外还有以下几种。

1）贴现法

如果银行给予企业的是贴现贷款，则企业在借款时实际得到的借款数额小于其举借的数额。这样会提高贴现借款的实际利率。在贴现利率的情况下，银行预先扣除贷款的贴现息，而以贷款面值与贴现利息的差额贷给企业。

【例 3-2】　某旅游企业从银行取得借款 10000 元，期限为 1 年，年利率（名义利率）为 8％，利息额为 800（10000×8％）元；按照贴现法付息，旅游企业实际可利用的贷款为 9200（10000-800）元，该项贷款的实际利率为

$$\frac{800}{10000-800} \times 100\% = 8.7\%$$

2）加息法

加息法是银行发放分期等额偿还贷款时采用的利息收取方法。在分期等额偿还贷款的情况下，银行要将根据名义利率计算的利息加到贷款本金上，计算出贷款的本息和，要求企业在贷款期内分期偿还本息之和的金额。由于贷款分期均衡偿还，借款企业实际上只平均使用了贷款本金的半数，却要支付全额利息。这样企业所负担的实际利率便高于名义利率大约 1 倍。

【例 3-3】　某旅游企业向银行借款名义利率为 8%，期限 1 年的短期借款 10 万元，采用分期偿还方式，旅游企业每月归还贷款本金的 1/12，则其实际利率计算为

$$\frac{10\times8\%}{10\div2}\times100\%=16\%$$

3）补偿余额法

补偿性余额是银行要求借款企业将借款的 10%—20% 的平均存款余额留存银行。从银行的角度看，补偿性余额可降低贷款风险，补偿遭受的贷款损失。对于借款企业来讲，补偿性余额则提高了借款的实际利率，其计算公式为

$$实际借款利率=\frac{利息费用}{借款金额-补偿性余额}\times100\%$$

【例 3-4】　某企业按年利率 8% 向银行借款 10 万元，银行要求维持贷款限额 10% 的补偿性余额，那么该项借款的实际利率则为

$$\frac{10\times8\%}{10-10\times10\%}\approx8.89\%$$

2. 短期银行借款筹资的优缺点

短期银行借款与其他短期筹资方式、长期借款两种方式相比，具有一定的优点，主要表现在：

(1) 筹资效率较高，企业获得短期借款所需时间要比长期借款短得多，因为银行发放长期贷款前，通常要对借款企业进行比较全面的调查分析，花费时间较长。

(2) 筹资的弹性大，借款企业可以按需随时借款，在现金充裕时及早偿还，便于企业灵活安排。

短期银行借款筹资突出的缺点是成本较高。

(二）长期借款

长期借款指企业向银行或其他非银行金融机构借入的使用期超过一年的贷款，主要用于购建固定资产和满足长期流动资金占用的需要。

1. 长期借款的种类

长期借款的种类很多，各企业可根据自身的情况和各种借款条件来选用。我国各种金融机构的长期借款主要有：

1）按照用途分

按照用途分，长期借款可分为固定资产投资借款、更新改造借款、科技开发和新产品试制借款等。

2）按提供借款的机构分

按提供借款的机构分，长期借款可分为政策性银行借款、商业银行借款等。

3)按有无担保分

按有无担保分,长期借款可分为担保借款和无担保借款。

2.取得长期借款的条件

我国金融部门对企业发放贷款的原则是按计划发放、择优扶植、有物资保证、按期归还。

企业申请贷款一般应具备的条件有:

(1)独立核算、自负盈亏、有法人资格。

(2)经营方向和业务范围符合国家产业政策,借款用途属于银行贷款办法规定的范围。

(3)借款企业具有一定的物资和财产保证,提保单位具有相应的经济实力。

(4)具有偿还贷款的能力。

(5)财务管理和经济核算制度健全,资金使用效益及企业经济效益良好。

(6)在银行设有账户,办理结算。

3.长期借款的优缺点

1)长期借款的优点

长期借款的优点有以下几个方面:

(1)借款所需时间较短。长期借款的手续比发行债券简单得多,得到借款所花费的时间较短。

(2)借款成本较低,利用长期借款筹资,利息可以在税前支付,因此可减轻企业利息负担,比股票筹资成本要低得多。同债券相比,如果借款数额小,则成本比债券低。

(3)借款弹性大。公司与银行可以直接接触,可通过直接商谈来确定贷款的时间、数量和利息。在借款期间,如果公司的情况发生了变化,也可与银行再进行协商,修改借款数量及条件,这比与债券持有人协商要方便得多。

2)长期借款的缺点

长期借款的缺点有以下几个方面:

(1)风险大。与债券一样,必须定期还本付息,在企业经营不利时,可能会产生不能偿付的风险。

(2)限制条件较多。银行长期借款都有许多限制条款,这些条款可能会限制企业的活动或影响今后筹资的能力。

(3)筹资数量有限。银行一般不愿借巨额的长期借款。当企业财务状况不好时,借款很困难,有时甚至根本不可能借到款项。

(三)商业信用

商业信用是指商品交易中的延期付款或预收货款而形成的借贷关系,是企业之间的一种直接信用行为。它是企业短期资金的重要来源。商业信用是由商品交换中货与钱在空间和时间上的分离而产生的。在西方一些国家里,90%的商品销售方式是商业信用。在我国,随着商品经济的不断发展,商业信用也正迅猛发展,已经成为企业短期筹资的一种重要方式。

1.商业信用的主要表现形式

1)应付账款

买卖双方发生商品交易,买方收到商品后不立刻支付现金,可延至一定时间以后付款。在这段时间内,等于买方向卖方借了钱。这种方式可以弥补企业暂时的资金短缺,对于卖方来说,也有利于把商品推销出去。但买方并不提供正式的具有法律效力的借据,卖方仅以买方签发的订货单和交易时产生的发票、账单为收款收据。买卖双方分别在会计账簿上记录"应付账款"和"应收账款",完全依靠企业之间的信用来维护。一旦买方资金紧张,就会造成拖欠。所以卖方要对买方的信用和财务状况做充分的了解后才能采用这种方式。

2)应付票据

应付票据是企业进行延期付款商品交易时开具的表明债权债务关系的票据。卖方要求买方开出正式的商业汇票,卖方也可自己开出,但必须由买方承诺在未来一定时间偿还贷款。双方依此票据作为债权债务的法律依据。在会计账簿和资产负债表上,买方列为"应付票据",卖方列为"应收票据"。使用商业汇票,可以起到约期结算、防止拖欠的作用。

3)预付货款

预付货款是指销货企业按照合同或协议规定,在交付货物之前向购货单位预先收取部分或全部货款的信用形式。它等于销货单位向购买单位先借一笔款项,然后用商品归还,这是另一种典型的商业信用形式。通常购货单位对于紧俏商品愿意采用这种形式,以便取得期货。对于生产周期长、售价高的商品,如电梯、轮船等,生产者经常要向订货者分项预收货款,以缓解本企业资金占用过多的问题。

2.商业信用筹资的优缺点

1)商业信用筹资的优点

商业信用筹资的优点如下:

(1)非常方便,容易取得。商业信用是一种"自然性筹资",伴随商品交易产生,无需另外办理正式筹资手续。

(2)成本相对较低。如果没有现金折扣,或者企业不放弃现金折扣,以及使用不带息应付票据,则企业采用商业信用筹资不发生实际成本。

(3)限制条件较少。

2)商业信用筹资的缺点

商业信用筹资的缺点如下:

(1)期限较短。

(2)在放弃现金折扣时所付出的成本较高。

(四)发行债券

债券是经济主体为筹集资金而发行的,用以记载和反映债权、债务关系的有价证券。由企业发行的债券称为企业债券或公司债券。这里所说的债券,指的是期限超过一年的公司债券,其发行通常是为了建设大型项目筹集大笔长期资金。

1.债券的分类

公司债券有很多形式,大致有如下分类。

1）按发行方式分类

债券按发行方式分为记名债券和不记名债券。记名债券是在债券名册上登记债务人姓名,凭名册姓名偿还本金或支付利息,债券转让时要办理过户手续;不记名债券是债券上没有姓名,凭券还本付息,流动转让无需过户。

2）按有无担保分类

债券按有无担保分为抵押债券和信用债券。抵押债券是以企业的不动产、证券等作抵押而发行的债券,如不能按期还本付息或破产清算,可以进行抵押品拍卖补偿;信用债券是无抵押品担保,全凭公司良好的信誉而发行的债券。

3）按能否转换为公司股票分类

债券按能否转换为公司股票分为可转换债券和不可转换债券。若公司债券能转换为公司股,为可转换债券;反之为不可转换债券。一般来讲,前种债券的利率要低于后种债券。我国《公司法》规定,发行可转换债券的主体只限于股份有限公司中的上市公司。

4）按利率的不同分类

债券按利率的不同分为固定利率债券和浮动利率债券。将利率明确记载于债券上,按这一固定利率向债权人支付利息的债券,为固定利率债券;债券上明确利率,发放利息时利率水平按某一标准(如政府债券利率、银行存款利率)的变化而同方向调整的债券,为浮动利率债券。

5）按偿还方式分类

债券按偿还方式分为到期一次债券和分期债券。发行公司于债券到期日一次性集中清偿本金的,为到期一次债券;一次发行而分期、分批偿还的债券为分期债券。

6）按能否上市分类

债券按能否上市分为上市债券和非上市债券。可在证券交易所挂牌交易的债券为上市债券;反之为非上市债券。上市债券信用度高、价值高,且变现速度快,故而较吸引投资者。但上市条件严格,并要承担上市费用。

2.债券发行价格

公司债券的发行价格是发行公司(或其承销机构代理,下同)发行债券时所使用的价格,亦即债券投资者向发行公司认购其所发行债券时实际支付的价格。公司在发行债券之前,必须依据有关因素,运用一定的方法,确定债券的发行价格。

1）决定债券发行价格的因素

公司债券发行价格的高低主要取决于以下四个因素:

（1）债券面额。

债券的票面金额是决定债券发行价格的最基本因素。债券发行价格的高低从根本上取决于债券面额的大小。一般而言,债券面额越大,发行价格越高。但是,如果不考虑利息因素,债券面额是债券的到期价值,是债券的未来价值而不是债券的现在价值,即发行价格。

（2）票面利率。

债券的票面利率是债券的名义利率,通常在发行债券之前已确定,并在债券票面上注明。一般而言,债券的票面利率越高,发行价格越高;反之,发行价格越低。

（3）市场利率。

债券发行时的市场利率是衡量债券票面利率高低的参照系，两者往往不一致，因此共同影响债券的发行价格。一般而言，市场利率越高，债券的发行价格越低；反之，发行价格越高。

（4）债券期限。

同银行借款一样，债券的期限越长，债权人的风险越大，要求的利息报酬越高，债券的发行价格就可能越低；反之，发行价格可能越高。

债券发行价格是以上四种因素共同作用的结果。

2）债券的发行价格

由于资金市场上的供求关系及利率的变化，有时债券的价格会与面值相背离，会高于或低于面值，但差额通常不会很大。因此，债券发行的价格有三种：等价发行、溢价发行、折价发行。等价发行是按债券面值发行；溢价发行是以高于债券的面值发行；折价发行是以低于债券的面值发行。

3.债券的发行方式

企业债券发行方式有委托发行和自行发行。

委托发行即委托银行、投资公司或其他金融机构向社会公众发行债券。委托发行主要有代理发行、承销发行和包销发行三种形式。

自行发行是指企业不经过金融机构，由债券发行的公司直接配售给投资个人和单位。这种发行没有承销人，可节约发行费用，手续简便，资金收取快。但这样做的缺点是工作量很大，风险也很大，发行的范围不够广泛。

4.发行债券集资的优缺点

1）发行债券集资的优点

（1）资金成本较低。利用债券集资的成本要比股票集资的成本低。这主要是因为债券的发行费用较低，利息在税前支付。

（2）保证控制权。债券持有人无权干涉公司的管理事务，如果现有股东担心控制权旁落，可进行债券集资。

（3）财务杠杆作用。不论公司赚多少钱，债券持有人只收回固定的、有限的收入，而更多的收益可分配给股东，增加其财富，或留归企业以扩大经营。

2）发行债券集资的缺点

（1）风险高。债费有固定的到期日，并定期支付利息。利用债券集资要承担还本付息的义务。当公司营业不景气时，向债券持有人还本付息，会给公司带来更大的困难。

（2）限制较多。发行债券的契约书中往往有一些限制条款，这种限制比优先股及短期债券严格得多，可能会影响公司的正常发展和以后的筹资能力。

（3）筹资的有限性。利用债券集资有一定的限度，当公司的负债比率超过了一定程度后，债券集资的成本会迅速上升，有时甚至会发行不出去。

（五）融资租赁

融资租赁筹资是企业的一种特殊的筹资方式，它适用于各类企业。

1.租赁的含义

租赁（leasing）是出租人以收取租金为条件，在契约或合同规定的期限内，将资产租借给承租人使用的一种经济行为。租赁行为在实质上具有借贷属性，但其直接涉及的是物而不是钱。在租赁业务中，出租人主要是各种专业租赁公司，承租人主要是其他各类企业，租赁物大多为设备类的固定资产。

租赁活动由来已久。现代租赁已经成为企业筹集资产的一种方式，用于补充或部分替代其他筹资方式。在租赁业务发达的条件下，它为企业所普遍采用，是企业筹资的一种特殊方式。

2.租赁的种类及特点

现代租赁的种类很多，通常按性质分为经营租赁和融资租赁两大类。

1）经营租赁

经营租赁（operating leasing）又称营运租赁、服务租赁，是由出租人向承租企业提供租赁设备，并提供设备维修保养和人员培训等服务性业务，经营租赁通常为短期租赁。承租企业采用经营租赁的目的主要不是融通资本，而是获得设备的短期使用权，以及为出租人提供的专门技术服务。从承租企业无须先筹资再购买设备即可享有设备使用权的角度来看，经营租赁也具有短期筹资的功效。

经营租赁的特点主要有：

（1）承租企业根据需要可随时向出租人提出租赁资产。

（2）租赁期较短，不涉及长期而固定的义务。

（3）在设备租赁期内，如有新设备出现或不需用租入设备时，承租企业可按规定提前解除租赁合同，这对承租企业比较有利。

（4）出租人提供专门服务。

（5）租赁期满或合同中止时，租赁设备由出租人收回。

2）融资租赁

融资租赁（financing leasing）又称资本租赁、财务租赁，是由租赁公司按照承租企业的要求融资购买设备，并在契约或合同规定的较长期限内提供给承租企业使用的信用性业务，是现代租赁的主要类型。承租企业采用融资租赁的主要目的是融通资本。一般融资的对象是资本，而融资租赁集融资与融物于一体，具有借贷的性质，是承租企业筹集长期借入资本的一种特殊方式。

融资租赁通常为长期租赁，可满足承租企业对设备的长期需要，故有时也称为资本租赁。其主要特点有：

（1）一般由承租企业向租赁公司提出正式申请，由租赁公司融资购进设备租给承租企业使用。

（2）租赁期限较长，大多为设备使用年限的一半以上。

（3）租赁合同比较稳定，在规定的租期内非经双方同意，任何一方不得中途解约，这有利于维护双方的权益。

（4）由承租企业负责设备的维修保养和投保事宜，但无权自行拆卸改装。

（5）租赁期满时，按事先约定的办法处置设备，一般有续租、留购或退还三种选择，通常由承租企业留购。

3.融资租赁的方式

融资租赁按其业务的不同特点，可细分为三种具体方式。

1)直接租赁

直接租赁是融资租赁的典型形式,通常所说的融资租赁是指直接租赁形式。

2)售后租回

在这种形式下,制造企业按照协议先将其资产卖给租赁公司,再作为承租企业将所售资产租回使用,并按期向租赁公司支付租金,采用这种融资租赁形式,承租企业因出售资产而获得了一笔现金,同时因将其租回而保留了资产的使用权。这与抵押贷款有些相似。

3)杠杆租赁

杠杆租赁是国际上比较流行的一种融资租赁形式。它一般涉及承租人、出租人和贷款人三方当事人。从承租人的角度来看,它与其他融资租赁形式并无区别,同样是按合同的规定,在租期内获得资产的使用权,按期支付租金,但对出租人而言,出租人只垫付购买资产所需现金的一部分(一般为20%—40%),其余部分(为60%—80%)则以该资产为担保向贷款人借款支付,因此,在这种情况下,租赁公司既是出租人又是借款人,既要收取租金又要偿还借款,由于这种融资租赁形式的租赁收益一般大于借款成本支出,出租人可获得财务杠杆利益,故被称为杠杆租赁。

4.融资租赁筹资的优缺点

1)融资租赁筹资的优点

(1)迅速获取所需资产。租赁往往比借款后购置资产更迅速、更灵活。因为租赁是筹资与设备购置同时进行,可以缩短设备的购进、安装时间,使企业尽快形成生产能力,有利于企业发展。

(2)租赁筹资限制较少。企业运用股票、债券、长期借款等方式筹资,都会受到相当多的条件制约,而租赁筹资没有太多的限制。

(3)保存企业的借款能力。利用租赁等方式筹资不会使企业负债增加,不会改变企业的资本结构,不会直接影响承租企业的借款能力。

(4)租金在整个租期内分摊,不用到期归还大量资金。

(5)租金费用可在税前扣除,承租企业能享受税收上的优惠。

(6)避免设备陈旧过时的风险。随着科学技术的不断进步,设备陈旧过时的风险很高,而产权租赁协议规定由出租人承担,承租企业可避免这一风险。

2)融资租赁筹资的缺点

(1)成本较高。这是租赁筹资的主要缺点,租金总额一般要比设备价值高30%。承租企业在经济不景气、财务困难时,固定的租金支付会成为沉重的财务负担。

(2)难以改良资产。承租企业未经出租人同意,不得擅自对租赁资产加以改良。

企业筹资是需要综合考虑各种因素、权衡利弊的复杂过程,企业需要正确选择筹资渠道、比较各种筹资方式的利弊,使筹资成本尽量降低、筹集资金及时到位、资本结构逐步优化,并尽量避免所有权或控制权发生变更。

第三节　旅游企业资金成本

资金成本是指资金使用者为筹集和占用资金支付给资金所有者的报酬和资金筹集费用,称为筹集和使用资金而付出的代价。付给资金所有者的报酬指资金时间价值和投资风险报酬,如利息、股息、资金占用费等,即资金占用成本。资金筹集费用指资金使用者在筹集资金过程中(如发行债券、股票)所支付的代办费、印刷费、注册费和银行贷款的手续费等,即筹资成本。

资金成本是资金使用者筹集资金、权衡资金效益的标准和最低界限,为了便于对比分析,通常用资金成本率表示。资金成本率是指企业使用资金所负担的费用同筹集资金净额的比率,其基本公式如下:

$$K = \frac{D}{P-F} \times 100\%$$

式中,K——资金成本率;

P——筹集资金总额;

D——占用成本(利息/股息);

F——筹资成本(代办费/注册费/手续费)。

资金成本按成本习性来划分,有变动资金成本和固定资金成本。变动资金成本指与筹资金额、占用时间有直接联系的资金成本,如利息、股息等;固定资金成本指一般不与筹资金额、占用时间直接相联系的资金成本,如委托银行筹资的代办费、注册费(向银行借款的手续费)等。

按筹集资金的渠道和方式来划分,有内部资金成本、借入资金成本、产权资金成本等。内部资金成本指企业内部集资的资金成本;借入资金成本主要是银行借款、发行债券的资金成本;产权资金成本主要是发行股票的资金成本。

一、资金成本的作用

资金成本是企业筹资管理的一个重要概念,国际上将其视为一项财务标准。资金成本对企业筹资管理、投资管理,乃至整个财务管理和经营管理都有重要的作用。

(一)资金成本是选择筹资方式、进行资本结构决策和选择追加筹资方案的依据

1.个别资金成本率是企业选择筹资方式的依据

一个企业长期资本的筹集往往有多种筹资方式可供选择,包括长期借款、发行债券、发行股票等。这些长期筹资方式的个别资金成本率的高低不同,可作为比较、选择各种筹资方式的一个依据。

2.综合资金成本率是企业进行资本结构决策的依据

企业的全部长期资本通常是由多种长期资本筹资类型组合构成的。企业长期资本的筹资有多个组合方案可供选择。不同筹资组合的综合资金成本率的高低,可以作为

比较各个筹资组合方案、做出资本结构决策的一个依据。

3.边际资本成本率是比较、选择追加筹资方案的依据

企业为了扩大生产经营规模,往往需要追加筹资。不同追加筹资方案的边际资本成本率的高低,可以作为比较、选择追加筹资方案的一个依据。

(二)资金成本是评价投资项目、比较投资方案和进行投资决策的经济标准

一般而言,一个投资项目,只有当其投资报酬率高于其资金成本率时,在经济上才是合理的;否则,该项目将无利可图的,甚至会发生亏损。因此,国际上通常将资金成本率视为一个投资项目必须赚得的最低报酬率或必要报酬率,视为是否采纳一个投资项目的取舍率,作为比较、选择投资方案的一个经济标准。

在企业投资评价分析中,可以将资金成本率作为折现率,用于测算各个投资方案的净现值和现值指数,以比较、选择投资方案,进行投资决策。

(三)资金成本可作为评价企业整体经营业绩的依据

企业的整体经营业绩可以用企业全部投资的利润率来衡量,并与企业全部资本的成本率相比较。如果利润率高于资金成本率,可以认为企业经营有利;反之,如果利润率低于资金成本率,则可认为企业经营不利,业绩不佳,需要改善经营管理,提高企业全部资本的利润率和降低资金成本率。

二、资金成本的计算

企业资金来源的渠道不同,其资金成本也不同,为了比较不同资金来源的资金成本的高低,可以通过税后资金成本来比较,下面介绍几种主要资金来源的资金成本率的计算方法。

(一)银行贷款资金成本率

银行贷款基本上没有筹资费用,通常银行贷款的资金成本就是指利息,因而资金成本率可用贷款利率来表示。因为贷款利息计入产品成本或商品流通费,在税前扣除,抵销了一部分应税收益,企业实际负担的资金成本低于贷款利率。为了调整其课税影响,使其同其他资金成本有可比性,计算银行贷款资金成本率时,应将它换算为税后成本。其计算公式如下:

$$C_{(借款)} = i(1-T)$$

式中,$C_{(借款)}$——银行贷款资金成本率;

i——债券总额中每年的利息率;

T——所得税税率。

(二)长期债券资金成本率

企业发行长期债券资金成本需要支付债券利息和债券发行费用。发行债券通常要事先规定债券利率。根据我国现行规定,债券利息也从税前利润中支付。长期债券资金成本率计算公式如下:

$$C_{(债券)} = \frac{I(1-T)}{Q(1-F)}$$

式中，$C_{(债券)}$——长期债券资金成本率；

　　I——债券总额中每年利息支出；

　　T——所得税税率；

　　Q——债券发行总额；

　　F——筹资费用率。

【例 3-5】 某旅游企业溢价发行长期债券，债券面额 300 万元，票面利率为 10％，发行价 350 万元，筹资费用率为 2％，所得税税率为 25％，则：

$$长期债券资金成本率 = \frac{300 \times 10\% \times (1-25\%)}{350 \times (1-2\%)} \approx 6.56\%$$

(三)优先股资金成本率

优先股股东比普通股东有优先分配股息的权利，且股息是确定的。在法律上，优先股票的地位仅次于债券而优于普通股票。企业发行优先股需要支付股息和筹资费，如注册费、代销手续费等。股息从税后净利中支付，因此，优先股资金成本率的计算公式如下：

$$C_{(优先股)} = \frac{D_P}{P_P(1-F)}$$

式中，$C_{(优先股)}$——优先股资金成本率；

　　D_P——优先股总额的每年股息支出额；

　　P_P——优先股股金总额；

　　F——筹资费用率。

【例 3-6】 某旅游企业发行优先股，股票面额为 500 万元，筹资费用率为 4％，年股息为 15％，则：

$$优先股资金成本率 = \frac{500 \times 15\%}{500 \times (1-4\%)} = 15.63\%$$

(四)普通股资金成本率

普通股资金成本同优先股一样，包括股息和筹资费两部分。确定普通股成本率的方法，基本与优先股相同，但普通股的股利不固定，一般是逐年增长的，如果每年以固定比率增长，则普通股资金成本率可在优先股资金成本的基础上，加上普通股股息增长率，用下列公式表示：

$$C_{(普通股)} = \frac{D_A}{P_A(1-F)} + G$$

式中，$C_{(普通股)}$——普通股资金成本率；

　　D_A——第一年发放的普通股股利；

　　P_A——普通股股金总额；

　　F——筹资费用率；

　　G——普通股股利每年增长率。

【例 3-7】 某旅游企业发行普通股股票面额为 400 万元,筹资费用率为 2.5%,下一年的股利率为 14%,预计以后每年增长 3%,则:

$$普通股资金成本率 = \frac{400 \times 14\%}{400 \times (1 - 2.5\%)} + 3\% = 17.36\%$$

(五)留存收益成本

留存收益成本是指股东因未分配股利而丧失对外投资的机会损失,留存收益的成本率就是普通股东要求的投资收益率。由于留存收益成本是一种机会成本,而不是实际发生的费用,所以只能对其进行估算。

留存收益是企业缴纳所得税后形成的,其所有权属于股东。股东将这一部分未分派的税后利润留存于企业,实质上是对此追加投资。如果企业将留存收益用于再投资所获得的收益低于股东自己进行另一项风险相似的投资的收益,企业就不应该保留留存收益而应将其分派给股东。

留存收益成本的计算方法较多,以下主要介绍股利增长模型法。

这种计算方法与普通股成本的计算近似,只是不再需要考虑普通股中的筹资费用。具体的计算公式如下:

$$留存收益成本 = \frac{预计第一年发行的每股股利}{普通股每股市价} + 股票收益的年增长率$$

【例 3-8】 某旅游企业年末留存利润 400 万元,公司普通股每股市价为 20 元,本年发行股利 1.6 元,预计年增长率 10%,计算留存收益成本。

$$留存收益成本 = \frac{1.6 \times (1 + 10\%)}{20} + 10\% = 18.8\%$$

(六)企业综合加权平均资金成本率

企业的资金来源是多渠道的,在有些情况下,需要考虑各种筹资的综合资金效益,需要计算各种筹资方案的综合加权平均资金成本率,将综合资金收益率与综合平均资金成本率相比较,如其差额为正值,则说明企业筹资可以获得经济效益。正差越大,经济效益越大,筹资方案越可取;反之,则不可取。

企业综合加权平均资金成本率的计算公式如下:

$$\overline{C} = \sum_{i=1}^{n} W_j C_j$$

式中,$\overline{C}$——加权平均资金成本率;

W_j——第 j 种资金来源占全部资金的比率;

C_j——第 j 种资金来源的资金成本率。

【例 3-9】 某旅游企业的资金来源渠道有五种:银行贷款、发行债券、发行优先股、普通股及其他来源。各种渠道筹资的数额分别为 300 万元、200 万元、250 万元、150 万元、100 万元,总额为 1000 万元的资金成本率分别为 10%、12%、13%、11%、8%。该企业的综合资金成本率为多少?

$$\overline{C} = 10\% \times \frac{300}{1000} + 12\% \times \frac{200}{1000} + 13\% \times \frac{250}{1000} + 11\% \times \frac{150}{1000} + 8\% \times \frac{100}{1000}$$
$$= 11.1\%$$

计算结果显示,该企业的综合资金成本率为11.1%。企业综合资金成本的高低取决于个别资金成本的高低和各种渠道筹资数额占资金总额的比重。因此,企业在选择筹资渠道时,除单项资金成本尽可能降低外,还要考虑提高低资金成本率的比重,从而使综合资金成本率降低。

第四节 旅游企业资金结构决策

资金结构是指企业各种资金的构成及其比例的关系,是企业筹资决策的核心问题。在筹资决策中,企业应确定最佳资金结构,并在以后追加筹资中继续保持最佳结构。通常情况下,企业资本结构是否科学、合理,直接决定企业资金成本率的高低,并直接影响企业筹资和投资风险的大小。若企业现有的资金结构不合理,则应通过筹资活动来调整,使其达到优化。

一、财务杠杆与筹资风险

财务管理中的杠杆原理,是指由于固定成本(包括生产经营方面的固定成本和财务方面的固定成本)的存在,当业务量发生比较小的变化时,利润会产生比较大的变化。这种由于杠杆原理而产生的收益称之为杠杆利益,但同时又存在相关的风险。资金结构决策就需要在杠杆利益与其相关的风险之间进行合理的权衡。这里将主要分析财务杠杆及筹资风险的关系,为资金结构决策打下基础。

(一)财务杠杆的含义

无论企业息税前利润为多少,债务的利息和优先股的股息是固定不变的。当息税前利润增大时,每一元利润所负担的固定财务费用就会相对减少;反之,当息税前利润减少时,每一元利润所负担的固定财务费用就会相对增加。这样就会在很大程度上减少普通股的利润。这种由于固定财务费用的存在,普通股每股利润的变动幅度大于息税前利润的变动幅度的现象,叫作财务杠杆。

运用财务杠杆,企业可以获得一定的财务杠杆利益,同时也承受一定的财务风险,这可以用财务杠杆系数来表示。

(二)财务杠杆的计算

财务杠杆利益是指利用债务筹资这个杠杆,给企业股东或企业所有者带来的额外收益。财务杠杆利益分析如表3-1所示。

表3-1　财务杠杆利益分析　　　　　　　　　　　　单位:万元

息税前利润	债务利息	所得税(25%)	税后利润
2	2	0	0
2.4	2	0.1	0.3

续表

息税前利润	债务利息	所得税（25%）	税后利润
3	2	0.25	0.75
4	2	0.5	1.5

由上表可见，在资金结构一定、债务利息保持不变的条件下，随着息税前利润的增长，税后利润将以更快的速度增长。当然，与经营杠杆不同，财务杠杆影响的是企业的税后利润。

（三）财务杠杆与筹资风险

筹资风险，是指与企业筹资相关的风险，尤其指利用财务杠杆导致公司股东或企业所有者收益变动的风险，甚至可能导致企业破产的风险。由于财务杠杆的作用，当息税前利润下降时，税后利润下降得更快，从而给企业带来筹资风险。

影响筹资风险的主要因素有：

（1）资本供求变化。

（2）利率水平变动。

（3）获利能力的变化。

（4）资金结构的变化，即财务杠杆利用程度。

其中，财务杠杆对筹资风险的影响最大。企业所有者要想获得财务杠杆利益，需要承担由此引起的筹资风险，因此，必须在财务杠杆利益与筹资风险之间做出合理选择。

（四）财务杠杆系数

财务杠杆系数又称财务杠杆程度，它是指普通股每股税后利润变动率相对于息税前利润变动率的倍数，也就是每股利润的变动对息税前利润变动的反应程度。筹资风险的大小及其给企业带来的杠杆利益程度，通常用财务杠杆系数来加以衡量。财务杠杆系数越大，表明财务杠杆作用越大，筹资风险也就越大；财务杠杆系数越小，表明财务杠杆作用越小，筹资风险也就越小。财务杠杆系数的计算公式如下：

$$财务杠杆系数 = \frac{每股利润变动率}{息税前利润变动率}$$

或

$$= \frac{息税前利润}{息税前利润 - 利息}$$

$$DFT = \frac{EBIT}{EBIT - I}$$

式中，DFT——财务杠杆系数；

EBIT——息税前利润；

I——债务利息。

【例3-10】　某企业全部资本为1000万元，负债比率为30%，负债利率为10%，当销售额为500万元时，息税前利润为80万元，则：

$$财务杠杆系数 = \frac{80}{80 - 1000 \times 30\% \times 10\%} = 1.6$$

上述结果表明,当该企业的息税前利润增加 1 倍时,普通股每股利润将提高 1.6 倍;反之,当该企业的息税前利润降低 1 倍时,普通股每股利润也将降低 1.6 倍。

在有优先股的条件下,由于优先股股利通常也是固定的,但应在税后支付,因此,上述公式应为

$$DFT = \frac{EBIT}{EBIT - I - PD/(1-T)}$$

式中,PD——优先股股利;

T——所得税税率。

从财务杠杆系数的计算公式可知,当资金结构、利率、息税前利润等因素发生一定变化时,财务杠杆系数也会变动,从而不同程度地影响财务杠杆利益和筹资风险。

二、最佳资金结构标准

所谓最佳资金结构,是指企业在一定时期使其综合资金成本最低,同时企业价值最大的资金结构。根据资本结构理论分析来看,企业最佳资本结构是存在的,在资本结构的最佳点上,企业的加权平均资金成本达到最低,同时企业的价值达到最高。

三、资金结构决策的方法

资金结构决策的方法分为两大类:一是定量分析法;二是定性分析法。定性分析方法是企业财务人员在进行定量分析的同时,首先要认真考虑影响资金结构的各种因素,并通过财务人员对这些因素的判断,来确定企业的资金结构的一种方法。它是以定量分析方法为基础的。定量分析法可以采用比较资金成本法和每股利润无差别点法。

(一)比较资金成本法

比较资金成本法是通过计算不同的资金组合的综合资金成本,并以其中资金成本最低的组合为最佳的一种方法。它以资金成本的高低作为确定最佳资金结构的唯一标准。

其操作过程为:第一步,确定不同筹资方案的资金结构;第二步,计算不同方案的综合资金成本;第三步,选择资金成本最低的资金组合,即最佳资本结构。

【例 3-11】 某旅游企业拟筹资组建一分公司,投资总额为 500 万元,有三个方案可供选择。相关资料如表 3-2 所示,试分析何种方案的资金结构最佳。

表 3-2　某旅游企业投资方案

资金来源	资本成本率/(%)	筹资数额/万元		
		甲方案	乙方案	丙方案
长期借款	6	50	100	150
公司债券	10	100	150	200
普通股	15	350	250	150
合计		500	500	500

首先,计算各方案的综合资金成本。

甲方案的综合资金成本如下:

$$\frac{50}{500} \times 6\% + \frac{100}{500} \times 10\% + \frac{350}{500} \times 15\% = 13.1\%$$

乙方案的综合资金成本如下:

$$\frac{100}{500} \times 6\% + \frac{150}{500} \times 10\% + \frac{250}{500} \times 15\% = 11.7\%$$

丙方案的综合资金成本如下:

$$\frac{150}{500} \times 6\% + \frac{200}{500} \times 10\% + \frac{150}{500} \times 15\% = 10.3\%$$

其次,根据计算结果,最佳筹资方案为丙方案,其综合资金成本最低。

如果假设预计投资利润率为 10%,则三个方案都不选。

(二)每股利润无差别点法

每股利润无差别点法就是将息税前利润和每股利润作为分析确定企业资金结构的两大要素,分析资金结构与每股利润之间的关系,进而确定最佳资金结构的方法。

该方法测算每股利润无差异点的计算公式如下:

$$\frac{(\overline{EBIT} - I_1) \times (1-T) - D_1}{N_1} = \frac{(\overline{EBIT} - I_2) \times (1-T) - D_2}{N_2} = EPS$$

式中,$\overline{EBIT}$——每股利润无差异点处的息税前利润;

I_1、I_2——两种增资方式下的年利息;

D_1、D_2——两种增资方式下的优先股股利;

N_1、N_2——两种增资方式下的流通在外的普通股股数;

EPS——每股利润;

T——所得税税率。

每股利润无差别点的息税前利润计算出来以后,可与预期的息税前利润进行比较,据以选择筹资方式。当预期的息税前利润大于无差异点息税前利润时,应采用负债筹资方式;当预期的息税前利润小于无差别点息税前利润时,应采用普通股筹资方式。

【例 3-12】 某旅游企业现有资金 400 万元,其中普通股和债券各为 200 万元,普通股每股 10 元,债券利息率为 8%,公司适用的所得税税率为 25%。现拟追加筹资 200 万元,有增发普通股和发行债券两种方案可供选择。计算每股利润无差别点。

将【例 3-12】中的资料代入公式,则增发普通股和发行债券两种增资方式下的每股利润无差别点如下:

$$\frac{(\overline{EBIT} - 200 \times 8\%) \times (1-25\%)}{20+20} = \frac{(\overline{EBIT} - 400 \times 8\%) \times (1-25\%)}{20}$$

$$\overline{EBIT} = 48(万元)$$

即当息税前利润为 48 万元时,增发普通股和发行债券的每股利润相等。

将该结果代入上式可得无差别点的每股利润 EPS 为 0.48 元。

$\overline{EBIT}$ 为 48 万元的意义在于:在息税前利润大于 48 万元时,发行债券筹资比增发普通股有利;当息税前利润小于 48 万元时,则不再发行债券。可见,旅游企业发行债券

筹资也不是没有止境的,当债务增加到一定程度之后,企业的信誉会下降,债务利率会上升,而且还本付息的风险很大,再增加债务就不利了。

【例 3-13】 根据资料,该旅游企业息税前利润有 40 万元和 60 万元两种情况,每股利润的计算如表 3-3 所示。试计算增发普通股和发行债券后的每股利润。

表 3-3　每股利润计算表　　　　　　　　　　　　单位:万元

项目	息税前利润 40 万元		息税前利润 60 万元	
	增发普通股	发行债券	增发普通股	发行债券
息税前利润(EBIT)	40	40	60	60
减:利息	16	32	16	32
税前利润	24	8	44	28
减:所得税(25%)	6	2	11	7
税后利润	18	6	33	21
普通股股数(万股)	40	20	40	20
每股利润(EPS)	0.45	0.3	0.825	1.05

由表 3-3 可以看出,当该公司息税前利润高于 48 万元,达到 60 万元时,发行债券追加筹资,普通股每股利润有显著提高,达到 1.05 元;而当该公司息税前利润低于 48 万元,降为 40 万元时,发行债券追加筹资,普通股每股利润则明显下降,只有 0.3 元,低于增发普通股的 0.45 元。因此,可利用每股利润无差别点来决定筹资或追加筹资应该采用何种方案。

本章小结

　　本章结合旅游企业的经营特点,主要阐述了旅游企业筹集的基本知识,包括资金筹集的原则、种类、渠道、方式;在资金筹集过程中,首先要合理预测资金的需求量,其次需要选择合理的筹资方式;资金成本是旅游企业筹资的代价,旅游企业筹资必须以保证资金成本最低为原则;各种不同筹资方式的资金成本的计算方法,以及旅游企业采用多种筹资方式的综合资金成本的客观评价。

重要概念

　　筹资　筹资原则　资金成本　财务杠杆　筹资结构　每股利润无差别点

在线答题

思考题

1. 企业筹资的基本原则是什么？
2. 简述股票的特征及种类。
3. 什么是融资租赁？它与经营租赁有什么不同？
4. 什么是资金成本？资金成本有什么作用？

计算题

1. 某旅游企业在初创时准备筹集长期资本 6000 万元，现有 A、B 两个备选筹资方案，有关资料如表 3-4 所示。

表 3-4　某旅游企业筹资方案

资金来源	A 方案		B 方案	
	筹资数额/万元	个别资金成本率/(%)	筹资数额/万元	个别资金成本率/(%)
长期借款	1000	8	800	7.5
公司债券	1500	10	1000	9
普通股	3500	14	4200	14
合计	6000		6000	

要求：分别测算该企业甲、乙两个筹资方案的综合资金成本率，并据以比较、选择筹资方案。

2. 某旅游企业 2020 年资本总额为 1000 万元，其中：长期借款为 400 万元，年利率为 10%，每年付息一次；普通股 600 万元，每股市价为 10 元。2019 年发放现金股利为每股 1 元，预计年股利增长率为 5%，不考虑筹资费用，适用的所得税税率为 25%。

要求：(1) 分别计算长期借款和普通股的资金成本；

(2) 分别计算长期借款和普通股在资本总额中所占比重；

(3) 计算该公司加权平均资金成本。

3. 某旅游企业欲筹集资金 600 万元，筹集新资金的方式可用增发普通股或长期借款方式；若增发普通股，则计划以每股 10 元的价格增发 60 万股；若采用长期借款方式，则以 10% 的年利率借入 600 万元。已知该公司现有资产总额为 2000 万元，负债比率为 40%，年利率 8%，普通股 100 万股。假定增加资金后预期息税前利润为 400 万元，所得税税率为 25%，试采用每股利润无差别点法计算并分析应选择何种筹资方式。

Note

案例
分析

OTA 太烧钱，盘点 2016 年在线旅游过亿融资案

从 2015 年下半年"寒冬"骤降伊始，很多行业纷纷受创，大公司市值狂跌，创投圈已无昔日的热闹繁荣。旅游业是其中受创较为严重的一个，投融资锐减，在线旅游创业迎来倒闭热潮，一批同质化严重、商业模式不健康、资金链短缺的公司倒在了创业的路上，再没有机会到达终点。

本文盘点 2016 年在线旅游领域里金额过亿的投融资案例，看看这些钱究竟是怎么"烧"没的。

1. 途牛旅游网 IPO 上市，融资 5 亿美元

2016 年 1 月 23 日，途牛旅游网 IPO 上市，北京首都航空有限公司（以下简称"首航"）以 33.297 亿元人民币收购途牛旅行网（以下简称"途牛"）23.5% 的股权，成为其第一大股东。据悉，途牛 10 年融资近 19 亿美元。

很多业内人士表示，现有的途牛模式并非一个可持续发展的方向，对于途牛公司的战略规划以及发展前景都持观望态度。途牛和首航将携手合作共享机票及旅游目的地资源，深耕旅游市场，这应该是途牛在编织航线网络，准备深耕旅游市场，不断细分消费者需求。与此同时，途牛在目的地资源、区域拓展、服务品质等方面也不断进行产品优化，为即将到来的暑期旅游季做好充分的准备。但是，投入了巨大的推广成本，对于拉动销售起到了推波助澜的作用了吗？

2. 半年两次融资近 15 亿，驴妈妈成资本市场"香饽饽"

景域文化自挂牌以来，资本动作频频。上半年刚获得华策影视、小村资本等机构近 5 亿元投资，7 月对旗下子公司上海驴妈妈兴旅国际旅行社有限公司（以下简称"驴妈妈"）和上海景域旅游投资有限公司分别增资 3.5 亿元和 1.4 亿元。在这个资本的"寒冬"，驴妈妈被投资方持续看好，已成为旅游资本市场名副其实的"香饽饽"。

2016 年 9 月 5 日，驴妈妈母公司景域文化发布其挂牌后第二次融资方案，南京丰盛产业控股集团有限公司等投资机构拟以 10 亿元投资景域文化。届时景域文化已拥有锦江资本、红杉资本、鼎晖创投、华策影视、小村资本等多个投资方。景域集团董事长、驴妈妈旅游网创始人洪清华在员工内部信中表示：本轮融资不仅仅是一次单纯的资本行为，而是继今年上半年 4.6 亿元定增后，景域集团战略升级进程中又一次具有深远意义的合纵连横。

3. 真旅网获 6 亿元 C 轮融资，B2B 市场趋于细分化

2016 年 3 月 22 日，由毅达资本、联创资本（联合创业资本管理集团）、金浦创新消费（上海金浦创新消费股权投资基金管理有限公司）和光大富尊（光大富尊投资有限公司）等多家机构投资真旅网 6 亿元人民币，此次融资获得的资金将重点用于天地行 B2B 平台。中国航信旗下德付通的强大战略支持，可以帮助代理人更高效地解决航司开票，解决上游结算及票证的一系列问题。由此可以看出，真旅网此后将主打 B2B 平台，在旅游 B2B 领域深耕细作。

此次融资获得的资金将重点用于天地行 B2B 平台，主要包括：①加大航空、邮轮

等上游资源采购,如包机、切位、团队机票的投入,全球 GDS 与特殊运价等大交通资源的整合等;②加快东北、华北、华东、西南、华南地区的属地化服务落地,夯实全国服务能力;③增加分销技术研发及移动应用创新投入,全方位优化用户体验。

4. 美团点评完成 33 亿美元融资,创未上市公司融资金额新高

1 月 18 日,有投行人士向网易科技透露,新美大已经完成 33 亿美金的新一轮融资,且融资金额已全部到账。33 亿美金也将创下未上市公司融资金额的新高,此前该记录的保持者是滴滴快的的 30 亿美金。本轮的投资方尚不明确,但根据已有信息,美团点评合并后腾讯承诺将增加投资,而美团点评的共同投资人红杉资本也将继续跟投。

据悉,此轮融资或将用于加大对外卖领域的投资。有行业人士称,随着众包物流平台达达开始进入外卖配送领域并推广自己的送餐业务,过去依靠达达配送的美团外卖、饿了么等平台都可能重新招募配送团队来完善"最后一公里"的服务。而美团外卖目前也仍面临饿了么、百度外卖和口碑外卖等竞争对手的强有力竞争。

此外,美团点评还于去年 12 月和酒店 PMS 提供商"别样红"达成战略合作,共同建设酒店互联网开放平台,美团点评也对"别样红"进行了战略投资,具体金额未透露。美团点评 CEO 王兴对此表示,将通过平台建设来融汇自身在用户端(C 端)和商户端(B 端)的能力,通过生态建设将平台能力分享给行业中的合作伙伴。

5. 欣欣旅游完成亿元级别 B 轮融资

2016 年 6 月 17 日,欣欣旅游近日完成了亿元级别的 B 轮融资。2014 年 10 月,腾邦以 1.95 亿元获得了欣欣 65% 的股份,估值 3 亿元人民币;据悉本轮估值至少已经翻倍。

欣欣创立于 2009 年,总部位于厦门;旗下有"欣欣旅游"和"欣欣同业"两个网站,前者是面向游客的产品预订平台,后者是旅游同业交易平台;与之相对应的移动端有"旅游顾问"和"同业助手"两款 App。

目前,欣欣是国内唯一一个打通旅游全产业链的 B2B 交易平台,在这样的旅游全产业链里会有非常丰富的金融场景。在供应链金融大发展的环境下,投资人看中的可能就是欣欣的金融场景。欣欣也早已建立了金融团队,融资到位之后应该会有新的动作,可以看到它更清晰的战略意图。

6. 穷游完成 5700 万美元 D 轮融资,众信领投

2016 年 1 月 6 日,穷游网完成 D 轮融资,融资金额为 3.795 亿元人民币。投资方为众信旅游(香港众信国际旅行社有限公司)、SIG 海纳亚洲、优投金鼎。

早在众信旅游 11 月 16 日停牌之后,就多次传出众信收购穷游的消息,记者也获悉,作为穷游与淘在路上的投资方,阿里正在极力促成两家的合并,而穷游与众信的合作,意在为自身增加筹码。

OTA 行业竞争激烈,多家企业亏损。但投资公告中披露的穷游网财报数据显示,穷游网 2014 年的营收超过 1616 万元人民币,净利润为 52.5 万元人民币;2015 年 1—9 月的营收超过 1898 万元人民币,净利润则为 41.8 万元人民币。

穷游网创始人兼 CEO 肖异表示,穷游网将与众信旅游实现资源、渠道等方面的对接整合,提高用户转化率,丰富产品线,加大对大数据及人才的投入,而对于众信旅

游来说,也将增强其出境游板块的实力。

众信旅游的相关负责人表示:"穷游网是中国较大的出境旅游社区,通过与穷游网达成战略合作,借助穷游网庞大的用户和数据基础,能够提升众信旅游产品和服务的质量,增强众信旅游定制游及自由行板块产品丰富度——增强线上业务体验,助力完整业务体系的搭建。本次合作是落实众信旅游发展战略,在现阶段产业格局下加强众信旅游出境游主营业务,增强主营业务实力的一项重要举措。通过本次合作及未来其他的战略合作、布局目的地资源等方式,将持续增强众信旅游出境游产品的丰富度,完善定制游及自由行产业链布局,进一步巩固众信旅游出境游服务提供商的行业地位。未来,众信旅游与穷游网计划成立合资公司,发挥各自优势,进一步深耕出境自由行市场。"

7.周末游平台要出发D轮融资5.5亿,李开复代言

2016年4月18日,要出发旅行网(以下简称"要出发")完成D轮融资,融资全额为5.5亿元人民币,投资方为架桥资本(深圳架桥资本管理股份有限公司)、众信旅游、金鼎投资、中信建投资本。天使轮投资方创新工场董事长李开复表示:"要出发"确实在周末周边游这个细分市场做到了行业最佳,并且依靠中国巨大的人口红利,能够实现创业中的垂直领域里的深耕。

完成此轮5.5亿元融资后,"要出发"将联合投资方众信旅游着手开拓海外市场,并且围绕泛休闲,要出发还将和金鼎投资联合成立"城市休闲消费投资基金",规模为2亿元,主要围绕"旅游+生活",对城市居民消费升级领域的创业公司和品牌进行投资。

8.旅游B2B平台"驰誉旅游"完成A轮融资3亿

6月15日,旅游B2B平台驰誉旅游向创业邦确认,完成来自望银基金领投、济海投资跟投的A轮融资,本次融资为一笔纯财务投资。

驰誉旅游创始人兼CEO李刚向记者表示,该轮融资将主要应用于三个方面:第一,资源端的深度开发,例如各个细分旅游领域的资源挖掘、整合;第二,市场教育,继续帮助传统旅行社、地接社"上网";第三,专业人才的招募。

驰誉旅游做的是"To B"业务,这有别于传统C端接触更多的OTA(在线旅行社)企业。驰誉旅游通过搭建平台来帮助近5万家企业用户和5000多家旅游元素提供商(如合众人寿保险、锦江华亭迪士尼店等)提供交易撮合的平台。2B市场的新兴公司,瞄准的目标就是进一步渗透剩余90%的旅游市场。驰誉希望成为一个全品类覆盖平台,下辖国内长线、周边短线、出境游、自由行、邮轮、保险等,未来还将开展酒店、门票、团餐等新细分门类。

9.旅游B2B平台八爪鱼在线旅游,获腾邦等1.7亿元战略投资

8月23日,深圳市腾邦国际商业服务集团股份有限公司拟联合厦门市腾邦梧桐投资合伙企业(有限合伙)与八爪鱼在线旅游发展有限公司(以下简称"八爪鱼")及其原股东签署投资协议,以增资方式对"八爪鱼"投资人民币1.7亿元,其中腾邦国际出资人民币5000万元,获得"八爪鱼"的4.17%股权。从公告中公布的数据推算,"八爪鱼"的此轮估值在12亿元人民币左右。

从此次投资"八爪鱼"来看,腾邦国际与"八爪鱼"的协同主要体现在以下四个

方面。

（1）在旅游目的地资源上。

腾邦国际可以将旗下的腾邦国旅和此前投资的公司，与"八爪鱼"建立更为密切的协同，共同开发上游的景区、酒店、机票等资源，帮助八爪鱼增强对上游资源的控制力，同时强化八爪鱼在旅游 B2B 领域的竞争力。作为平台方，向上游延伸能够增强自身对资源的把控力，而直采资源的弊端在于，可能会引发平台中批发商的不满。那么，对于八爪鱼来说，如何在直采和平台的策略上进行平衡，就显得尤其关键。

（2）腾邦国际在大交通领域有着多年的积累，可以将其航空领域的资源植入八爪鱼平台，这样做一方面，八爪鱼能够获得更为优质的机票资源；另一方面，对于腾邦国际来说，也增加了一个机票分销的通道。

（3）八爪鱼能够与腾邦国际此前投资的欣欣旅游、八千翼在产品资源、分销渠道、落地网络、服务体系、系统搭建和大数据分销等多方面展开全面的合作。

通过合作，体系内的各个版块可以实现协同互补。八爪鱼平台处于腾邦大旅游生态圈供应链环节，可以为体系内资源整合、产品生产创新、渠道开拓以及供应链金融变现提供成熟的通道。

（4）八爪鱼主要提供的服务是平台实时交易和现金流管理。

从各家旅游 B2B 平台的发展经验来看，在这门生意中赚钱的方式无外乎，要么收取技术服务费，要么通过旅游金融服务。当然，平台方通过直采，自己包销，也是一种方式。

10.同程旅游获 10 亿元战略投资，万达集团领投

2016 年 10 月 10 日，同程旅游完成战略投资，涉及金额 10 亿元人民币，投资方为万达集团、携程、腾讯产业共赢基金/腾讯。在融资完成当天，便传出消息：万达旅业将并入同程，于 12 日确定整合方案。业内人士称，促成此次整合的另一个原因或许是避免同业竞争。

同程旅游有线下同程旅行社，与万达旅业业务高度重合。但另有业内人士表示，以 OTA 业务起家的同程旅游网在线下资源端一直比较弱，仅有同程旅行社的同程旅游网与万达旅行社是可以形成良性互补的。

在 2015 年宣布 35.8 亿元人民币入资同程后，万达与携程共同成为同程第一大股东，同程团队占有 20% 左右股份，但万达委托了部分投票权给同程团队，目前同程团队仍占有最多投票权。

2015 年 5 月 26 日，同程旅游网任命马和平为公司总裁，并将在年内启动 A 股 IPO 计划。相关业内人士表示，"万达旅业的进入可以在很大程度上增加同程的资产，加快上市进程"。

11.航班管家公布 C 轮融资 9.33 亿元，民航海航参投

4 月 11 日，航班管家的母公司深圳市活力天汇科技股份有限公司（以下简称"活力天汇"）正式宣布完成 C 轮融资，此轮融资由民航股权投资基金、民航合源投资中心、凯撒旅游（股票代码：000796）、大鹏航空、宁波凯撒、经纬中国等共同出资 9.33 亿元人民币，华兴资本担任本次融资的独家财务顾问。

据悉，本轮资金最大的使用途径是拆分 VIE 架构，这部分费用大概有 5 亿元人

民币,4 亿元左右人民币将注入新公司运营及投资等方面。经过此轮融资,民航、海航成为航班管家最大的两个机构股东,民航投资和民航合源都有着民航局的背景,这将使得航班管家在同航空公司的产品、服务对接方面具有天然优势。

　　据悉,2016 年全国范围内,共跟踪到 142 起在线旅游投融资事件,总融资额达148 亿元,在线旅游市场里的资本动作令人侧目,B 端市场崭露头角,非标领域成新"蓝海"。然而,OTA 市场远非表面那么风光。

　　随着消费升级,互联网的流量红利已经在消逝;如果说从前各家 OTA 企业面对低成本的流量红利还能躺着数钱,那么现在它们已经在花大笔的钱买流量了。曾有业内人士分析,OTA 企业不过是在为了融资而融资。

　　(资料来源:https://www.sohu.com/a/122660975_180038,迈点网讯,邵思远、高亮,2016 年 12 月,收录时略有改动。)

【思考题】

　　在线旅游企业应该如何合理筹资?

第四章
旅游企业投资管理

学习目标：

通过本章的学习，理解企业投资的基本原则、种类；掌握旅游企业项目投资静态与动态分析指标，能灵活运用投资指标进行项目投资分析与决策；掌握旅游企业证券投资基本理论与决策，掌握债券价值与股票价值的计算。

素养目标：

树立正确的消费观念、理财观念，培养学生守法诚信的职业道德。

第一节　旅游企业投资概述

旅游企业筹集资金的目的是将资金投资出去，获得投资报酬。旅游企业为了保证自身在激烈的市场竞争中生存下去，并不断获得发展，不断创造财富，需要将资金投放于一定的人、财、物上，以获得相应的资金流入，这就是旅游企业的资金投放，也是旅游企业的投资活动。

一、投资的定义

投资是指以收回投入资金并取得收益为目的的资金流出。旅游企业的每一项资产都是旅游企业资金的占用，也就是"投资"，都要从中获得回报，使旅游企业获利。对投资活动的管理是旅游企业财务管理的核心，是旅游企业进行资金筹集的目的。旅游企业投资项目的成败，极大地影响着旅游企业的经营，甚至可以说会影响到旅游企业的生存。

二、投资的分类

旅游企业投资按不同的标准有不同的分类。

(一)按照投资回收时间的长短分类

按照投资回收时间的长短，投资可以分为短期投资和长期投资。

短期投资，指能够随时变现并且持有时间不准备超过一年的投资，如存货投资、短期有价证券投资。在旅游企业经营过程中会出现现金流入大于现金流出的情况,这时就会出现资金的闲置,闲置的资金可以增强偿债能力,却降低了旅游企业的盈利能力,解决办法之一就是购买短期有价证券。在国外,短期有价证券投资是一种最基本的短期投资方式。在我国,随着证券市场的健全和完善,这种投资方式将成为旅游企业投资的重要形式。

长期投资,指短期投资以外的投资,如固定资产投资、无形资产投资、长期有价证券投资。就长期有价证券投资而言,如债券,有的到期期限较长,可以长达数十年之久,普通股票则根本没有到期的时间。在进行长期投资分析时,不仅要考虑投资的收益率和风险,还要从多种角度分析,做出最优的投资决策。

(二)按照资金投放的范围分类

按照资金投放的范围,投资可以分为对内投资和对外投资。

对内投资指将资金投放于旅游企业内部,以保证旅游企业正常的生产经营,包括流动资产投资、固定资产投资。

对外投资指旅游企业以现金、实物、无形资产或有价证券等方式向其他单位的投资。对外投资的目的很多,但根本目的还是追求利益。随着旅游企业横向经济联合的开展,对外投资将越来越重要。

(三)按照与旅游企业业务经营的关系分类

按照与旅游企业业务经营的关系,投资可以分为直接投资和间接投资。

直接投资是旅游企业将资金投放于生产经营性资产,以获取利润的投资。

间接投资,又称证券投资,是指旅游企业将资金投放于证券等金融市场,获得利息或股利收入的投资。我国规范的证券投资起步较晚,规模和数量有限,投资方式多以直接投资为主,直接投资占整个投资的 6 至 7 成。

第二节　旅游企业项目投资

项目投资是对特定项目所进行的一种长期投资活动,主要是指对固定资产的投资。项目投资分为以新增生产能力为目的的新建项目投资和以恢复或改善生产能力为目的的更新改造项目投资两大类。

旅游企业是固定资产密集型行业,固定资产投资金额很大,通常占到总投资额的80%左右。相比之下,许多制造业公司的固定资产大约仅占其总资产的30%。固定资产投资是旅游企业的资本支出,固定资产投资金额较大,投资回收期较长,对建设期间的收支及其建成投产后的收支和盈亏都会产生较大的影响,因此,旅游企业固定资产投资的情况直接影响旅游企业的发展速度、获利能力,固定资产投资决策是旅游企业具有长远意义的战略性决策。所以,在进行固定资产投资前,要对投资方案进行可行性分析,选择最有利的投资方案,以最小的投入和最低的风险获得最大的收益。

一、项目投资的特点

项目投资是企业内部的长期投资,进行投资决策之前,首先要了解项目投资的特点。固定资产是旅游企业的重要投资项目,是为生产商品、提供劳务、出租或经营管理而持有的,使用年限超过一年,单位价值较高的资产。通常固定资产的单位价值在2000元以上,持有期间超过两年。由于固定资产具有这样一些特点,项目投资相应具有如下三个特点。

(一)投资金额较大

旅游企业进行固定资产项目投资需要投入大量资金,对企业的财务状况和现金流量产生很大的影响。

(二)投资回收时间长

固定资产项目投资的回收期通常在两年以上,房屋、建筑物的投资回收期更长,需要十几年甚至几十年才能收回投资。

(三)变现能力差

旅游企业的固定资产项目投资一经完成,是很难变现的。

旅游企业投资固定资产的目的不是销售,而是旅游企业内部的生产经营,投放在固定资产上的资金需要在固定资产的使用过程中,逐渐转移到产品的价值中,通过产品销售,实现投资的收回。这是一个缓慢的投资回收过程。

二、项目投资应注意的事项

旅游企业的项目投资是以获得收益、增加企业价值为目的。项目投资决策是旅游企业具有长远意义的战略性决策,为了保证投资目的的实现,保证投资成功,旅游企业在进行项目投资之前,必须注意以下事项。

(一)认真进行市场调查,及时捕捉投资机会,提出投资项目

只有在对市场进行充分调查,及时了解市场的供求状况,深入研究投资环境的前提下,才能保证投资决策的正确性和及时性。这是旅游企业进行固定资产投资的起点,也是投资决策成功的关键。

(二)建立科学的项目投资决策程序,认真进行投资项目的可行性分析

在市场经济条件下,旅游企业的投资决策都会面临一定的风险。为了减少固定资产投资风险,保证投资决策正确有效,固定资产投资必须按科学的投资决策程序,认真地进行投资项目的可行性分析。先由财务部门和工程部门,对投资项目技术上的可行性和经济上的有效性进行评价,运用各种投资决策评价方法,确定各个项目的优劣。然

后,由旅游企业的高层领导人对固定资产投资项目的可行性研究报告进行审批,经总经理办公会或董事会研究讨论,对投资项目做出正确的决策。

(三)做好筹资计划,确保投资项目资金供应

旅游企业实施投资计划前,必须科学预测企业所需资金的数量和时间,以确保资金及时足额到位,以免影响投资的顺利进行。旅游企业的投资开发项目,特别是大型投资项目,建设工期长,所需资金多,更需要有足够的资金供应,否则就会影响投资效益,甚至造成投资的巨大损失。

(四)处理好收益和风险的关系,适当控制企业的投资风险

在旅游企业投资活动中,投资的风险和收益共存。投资收益的增加以投资风险的增大为代价,而投资风险的增大将最终影响旅游企业的价值提高,不利于企业的财务管理目标的实现。因此,企业投资时必须妥善处理好收益与风险的关系,在考虑获取高额收益的同时,慎重考虑投资风险,力争以最小的风险实现最大的收益。

三、现金流量

(一)现金流量的含义

现金流量是项目投资经济评价指标的计算基础,项目投资决策是建立在一定时期内旅游企业的收益和支出的实际资金数量之上的。

所谓现金流量,是指在投资决策中一个投资项目引起的企业现金流入和现金流出的数量。这里的"现金"是广义的现金,不仅包括各种货币资金,还包括项目需要投入旅游企业的非货币资金的变现价值。

净现金流量(net cash flow,NCF)是指一定期间现金流入量和现金流出量的差额。一定期间可以是一年,也可以是投资项目持续的整个期限。当流入量大于流出量时,净现值为正值;当流入量小于流出量时,净现值流量为负值。如果以一年为单位计算净现金流量,公式如下:

$$某年净现金流量＝当年的现金流入量－当年的现金流出量$$

(二)现金流量的内容

从现金流量的定义就可以看出,现金流量包括现金流出量和现金流入量两部分。

在实务中,更需重视按照现金流量发生的时间划分的现金流量,通常分为初始现金流量、营业现金流量和终结现金流量。

1.初始现金流量

初始现金流量是指开始投资时发生的现金流量,具体包括:固定资产上的投资,即固定资产的购置或建造成本、运输成本和安装成本等;流动资产上的投资,即对材料、在产品、产成品等流动资产的投资;其他投资费用,即与固定资产投资有关的职工培训、注册费用等;原有固定资产的变价收入,即固定资产更新时原有固定资产变卖所得的现金收入。

2. 营业现金流量

营业现金流量是指投资项目投入使用后,在其寿命周期内由于生产经营所带来的现金流入和流出的数量。这种现金流量一般按年度进行计算。这里现金流入一般是指营业现金收入;现金流出是指营业现金流出和交纳的税金。如果一个投资项目的每年销售收入等于营业现金收入,付现成本(主要指不包括折旧的成本)等于现金支出,那么,年营业净现金流量可用下列公式计算:

$$每年净现金流量(NCF)＝每年营业收入－付现成本－所得税$$

由于　　　　　　　　　　$$付现成本＝营业成本－折旧$$

所以　　　　$$每年净现金流量＝每年营业收入－(营业成本－折旧)－所得税$$
$$＝税后利润＋折旧$$

3. 终结现金流量

终结现金流量是指投资项目完结时所发生的现金流量,主要包括固定资产的残值收入、原来垫支在各种流动资产上的资金的收回、停止使用的土地的变价收入等。

投资方案现金流量估算的一般步骤如下:

(1)根据投资方案的各项预计数,如投资额、销售收入、付现成本及有关税金等,计算各年度的现金净流量。

(2)将各年度的现金净流量按时间排序,并假定方案的现金流入与流出均发生在各年年末。

(3)编制现金流量估算表。

【例 4-1】　某旅游企业投资 165 万元购入一套设备以扩充生产能力,设备使用寿命为五年,期满报废时有残值 25 万元,采用直线法计提折旧。此外,设备的正常运转,尚需第一年年初垫支流动资金 37.5 万元,期满全额收回。预计设备投资后,每年将实现销售收入 105 万元,付现成本第一年为 40 万元,以后每年增加 5 万元。公司适用所得税税率为 25%。

根据上述资料,首先计算投资方案的每年营业现金净流量,如表 4-1 所示。

表 4-1　投资项目的年营业现金净流量计算表　　　　　　单位:万元

项目	第一年	第二年	第三年	第四年	第五年
销售收入①	105	105	105	105	105
付现成本②	40	45	50	55	60
折旧③	28	28	28	28	28
税前利润④＝①－②－③	37	32	27	22	17
所得税⑤＝④×25%	9.25	8	6.75	5.5	4.25
税后利润⑥＝④－⑤	27.75	24	20.25	16.5	12.75
年净现金流量⑦＝①－②－⑤或＝③＋⑥	55.75	52	48.25	44.5	40.75

现根据有关数据资料编制该项投资方案的现金流量表如表 4-2 所示。

表 4-2　投资方案现金流量计算表　　　　　　　　　单位:万元

项目	年份					
	当年	第一年	第二年	第三年	第四年	第五年
固定资产投资	−165					
垫支流动资金	−37.5					
营业现金流量		55.75	52	48.25	44.5	40.75
固定资产残值						25
回收流动资金						37.5
现金流量合计	−202.5	55.75	52	48.25	44.5	103.25

四、项目投资决策的基本指标

企业进行项目投资决策,必须在事前运用科学的方法进行分析预测,其中对现金流量的分析至关重要。当项目的现金净流量已经确定之后,就可以采取一定的方法进行评价。项目投资评价的指标按是否考虑资金时间价值,分为非贴现现金流量指标和贴现现金流量指标。

(一)非贴现现金流量指标

非贴现现金流量指标是指不考虑资金时间价值的各种指标,也称静态分析指标。这类指标主要包括以下几个方面。

1.投资回收期

投资回收期(return period of investment,RPI)是指收回全部初始投资所需要的时间,一般以年为单位。投资回收期越短越好,因为投资回收期短,说明投资所承受的风险较小。同时,早收回的资金可用于再投资,能使企业获得更多的经济效益。因此,通常情况下,企业都应选择回收期短的投资方案。

投资回收期的计算,因各年的营业现金净流量是否相等而有所不同。

如果每年的营业净现金流量(NCF)相等,则投资回收期可按下式计算:

$$投资回收期 = \frac{原始投资额}{每年营业净现金流量(NCF)}$$

如果各年的营业净现金流量(NCF)不相等,则应逐年累计每年的净现金流量,直至等于方案的投资总额,此时的年限即是方案的投资回收期。

【例 4-2】　某旅游企业有甲、乙两个投资方案,它们预计的现金流量如表 4-3 所示,试分别计算两个方案的投资回收期。

表 4-3　现金流量表　　　　　　　　　单位:万元

年份	当年	第一年	第二年	第三年	第四年	第五年
甲方案每年现金净流量	−300	100	100	100	100	100
乙方案每年现金净流量	−300	100	145	180	150	160

表 4-3 的资料表明,甲方案每年营业净现金流量(NCF)相等,故

$$甲方案投资回收期 = \frac{原始投资额}{每年营业净现金流量(NCF)}$$

$$= \frac{300}{100}$$

$$= 3(年)$$

乙方案每年营业净现金流量(NCF)不相等,所以

$$乙方案投资回收期 = 2 + \frac{300 - 100 - 145}{180}$$

$$\approx 2.31(年)$$

运用投资回收期指标时,旅游企业一般可先规定一个要求的回收期。若某方案的投资回收期短于要求的回收期,则该投资方案可接受;否则,就应放弃。若同时有几个方案,它们的回收期皆短于要求的回收期,并且只能选择其中之一,应选择回收期最短的那个。

投资回收期的概念容易理解,计算也比较简单,但这一指标没有考虑资金的时间价值,也没有考虑投资回收期期满后的现金流量状况。

2.投资利润率

投资利润率是指年度利润与投资额的比率,它反映每百元投资每年可创造的利润额。其计算公式如下:

$$投资利润率 = \frac{正常年度销售利润}{总投资支出} \times 100\%$$

如果计算出来的利润率高于现行资金市场利率,那么此方案是可行的;反之则是不行的。

【例 4-3】　某旅游饭店投资 600 万元,正常年度销售利润为 150 万元,如果现行资金市场利率为 16%,则

$$投资利润率 = \frac{150}{600} \times 100\% = 25\%$$

即每百元投资可创造 25 元的利润,高于现行资金市场利率,该项目可行。

投资利润率这一指标同样没有考虑货币的时间价值,而且具有代表性的正常年份也难以确定,所以要对投资方案的经济可行性做出正确的评价,还需考虑贴现现金流量指标。

(二)贴现现金流量指标

贴现现金流量指标是指考虑了资金时间价值的各种指标,也称动态指标。这类指标主要包括以下几个方面。

1.净现值

净现值(net present value,NPV)是指投资方案投入使用后的净现金流量,按行业基准收益率或期望的投资报酬率或资本成本贴现成现值,然后减去投资现值总额后的余额,叫净现值,也就是方案未来报酬的总现值与投资额现值的差额。其计算公式如下:

$$净现值 = \sum 现金流入量现值 - \sum 现金流出量现值$$

或 $$净现值 = 未来报酬总现值 - 投资额的现值$$

即 $$NPV = -C_0 + \sum_{t=1}^{n} \frac{NCF_t}{(1+i)^t}$$

式中,NPV——净现值;

C_0——投资额的现值;

NCF_t——第 t 年的净现金流量。

【例 4-4】 某旅游企业有三个投资方案,有关资料如表 4-4 所示。

表 4-4 某旅游企业投资方案 单位:元

期间	方案 A		方案 B		方案 C	
	净收益	现金净流量	净收益	现金净流量	净收益	现金净流量
0	—	-100000	—	-100000	—	-100000
1	5000	25000	15000	35000	25000	45000
2	10000	30000	15000	35000	20000	40000
3	15000	35000	15000	35000	15000	35000
4	20000	40000	15000	35000	10000	30000
5	25000	45000	15000	35000	5000	25000

上述三个方案的使用年限均为五年,每年的折旧额均为 20000 元。设资金成本为 10%。现使用净现值指标对上述三方案进行评价。

A、C 两个方案各年的现金净流量不等,应按复利现值分别计算各年现金净流量的现值,加总后计算方案的 NPV,即:

$$NPV_A = \frac{25000}{1+10\%} + \frac{30000}{(1+10\%)^2} + \frac{35000}{(1+10\%)^3} + \frac{40000}{(1+10\%)^4} + \frac{45000}{(1+10\%)^5} - 100000$$
$$= 27255(元)$$

$$NPV_C = \frac{45000}{1+10\%} + \frac{40000}{(1+10\%)^2} + \frac{35000}{(1+10\%)^3} + \frac{30000}{(1+10\%)^4} + \frac{25000}{(1+10\%)^5} - 100000$$
$$= 34895(元)$$

B 方案每年的现金净流量相等,其现值可按年金现值一次计算,然后计算方案的净现值(NPV),即

$$NPV_B = 35000 \times \frac{1-(1+10\%)^{-5}}{10\%} - 100000$$
$$= 32685(元)$$

运用净现值指标进行投资决策的准则是:方案的 NPV 为正数,则表明方案可行;反之,方案的 NPV 为负数,则表明方案不可行。如果是相同投资的多方案比较,则在可行方案中,NPV 值越大的方案越优。

根据上述准则,由于 A、B、C 三个方案的 NPV 均为正数,故三个方案都可行,但以 C 方案为最优。

采用净现值指标评价各投资方案,不仅考虑了各方案的现金流量,还考虑了资金的

时间价值。但是,当各投资方案的投资额不同时,只凭净现值的绝对量大小来衡量方案的优劣,有时不能做出正确的评价。

2. 获利指数

获利指数(present value index,PI)是指投资方案的未来报酬的总现值与投资额的现值之比,也称现值指数。其计算公式如下:

$$获利指数 = \frac{未来报酬的总现值}{投资额的现值}$$

即

$$PI = \frac{\sum\limits_{t=1}^{n} NCF_t \times (1+i)^{-n}}{C}$$

现仍用上例资料,计算 A、B、C 三个方案的现值指数如下:

$$PI_A = \left[\frac{25000}{1+10\%} + \frac{30000}{(1+10\%)^2} + \frac{35000}{(1+10\%)^3} + \frac{40000}{(1+10\%)^4} + \frac{45000}{(1+10\%)^5}\right] \div 100000$$
$$= 1.27$$

$$PI_B = \left[35000 \times \frac{1-(1+10\%)^{-5}}{10\%}\right] \div 100000 = 1.33$$

$$PI_C = \left[\frac{45000}{1+10\%} + \frac{40000}{(1+10\%)^2} + \frac{35000}{(1+10\%)^3} + \frac{30000}{(1+10\%)^4} + \frac{25000}{(1+10\%)^5}\right] \div 100000$$
$$= 1.34$$

运用获利指数指标进行投资决策的准则是:方案的 PI 值大于 1,则表明方案可行;反之,方案的 PI 值小于 1,则表明方案不可行。如果是相同投资的多方案比较,则在可行方案中,PI 值越大的方案越优。

根据上述准则,由于 A、B、C 三个方案的 PI 值均大于 1,故三个方案都可行,但以 C 方案为最优。

获利指数指标的优点是考虑了各投资方案现金流量的资金时间价值,能够真实地反映投资方案的盈亏程度,并因采用了相对数指标而克服了投资额不同方案之间不能比较的问题。其缺点主要是不能反映投资方案本身的报酬率水平。

3. 内含报酬率

内含报酬率(internal reward rate,IRR)也称内含收益率,是指使投资方案的净现值等于零的贴现率。其计算公式如下:

$$-C_0 + \sum_{t=1}^{n} \frac{NCF_t}{(1+i)^t} = 0$$

内含报酬率的具体计算方法,因各年的营业现金净流量(NCF)是否相等而有所不同。如果投资方案各年的 NCF 相等,则首先求解年金现值系数,即

$$年金现值系数 = \frac{原投资额的现值}{各年的 NCF}$$

然后查阅年金现值系数表,在相应期数内,找出与年金现值系数相同的数值,即为该方案的内含报酬率。若找不出正好与年金现值系数相同的数值,则应先找出与年金现值系数值相邻的较大和较小的两个贴现率,再用插值法计算出投资方案的内含报酬率。

【例 4-5】 某旅游企业投资方案 B,原投资额为 100000 元,五年中每年的现金净流量为 35000 元,期望的最低报酬率为 15%。则该方案的内含报酬率计算过程如下:

第一步，计算年金现值系数。

$$年金现值系数 = \frac{100000}{35000} \approx 2.857$$

第二步，查年金现值系数表。经查，在期数为 5 时，与 2.857 相邻的两个系数值 2.991 和 2.689 所对应的两个贴现率分别为 20% 和 25%。可见，所求内含报酬率将在 20% 和 25% 之间。

第三步，利用插值法计算该投资方案的内含报酬率。

贴现率   年金现值系数

$$
\left.
\begin{array}{l}
20\% \\
? \\
25\%
\end{array}
\right\} x\% \Big\} 5\%
\qquad
\left.
\begin{array}{l}
2.991 \\
2.857 \\
2.689
\end{array}
\right\} -0.134 \Big\} -0.302
$$

$$\frac{x\%}{5\%} = \frac{-0.134}{-0.302}$$

$$\rightarrow x \approx 2.22$$

B 方案的内含报酬率 = 20% + 2.22% = 22.22%

如果投资方案各年净现金流量不相等，则首先应预计一个贴现率，并按此计算投资方案的净现值。若计算所得的净现值为正数，则表明预计的贴现率低于方案的实际内含报酬率，应予适当提高，再行测试；反之，若计算所得的净现值为负数，则说明预计的贴现率高于方案的实际内含报酬率，应予适当降低，再行测试。如此反复，直至找到一个净现值大于零和另一个净现值小于零的两个相邻的贴现率。然后，采用插值法即可计算出投资方案的内含报酬率。

【例 4-6】 某旅游企业投资方案 A，原投资额 100000 元，使用期为五年，各年的净现金流量分别为 25000 元、30000 元、35000 元、40000 元、45000 元，期望的最低报酬率为 15%。则该方案的内含报酬率测试及计算过程如下：

由于方案 A 每年的现金净流量（NCF）不相等，故必须逐次测试，具体测试过程如表 4-5 所示。

表 4-5 净现值计算表   单位：元

年度	NCF	按 16% 贴现		按 18% 贴现		按 20% 贴现	
		复利现值系数	现 值	复利现值系数	现 值	复利现值系数	现 值
0	−100000	1.000	−100000	1.000	−100000	1.000	−100000
1	25000	0.862	21550	0.847	21175	0.833	20825
2	30000	0.740	22200	0.718	21540	0.694	20820
3	35000	0.641	22435	0.609	21315	0.579	20265
4	40000	0.552	22080	0.516	20640	0.482	19280
5	45000	0.476	21420	0.437	19665	0.402	18090
NPV	—	—	9685	—	4335	—	−720

表 4-5 的测试表明，该投资方案的内含报酬率一定为 18%—20%，现用插值法计算如下：

$$\begin{rcases} 18\% \\ ? \\ 20\% \end{rcases}\!\! \begin{rcases} x\% \end{rcases} 2\% \qquad \begin{rcases} 4335 \\ 0 \\ -720 \end{rcases}\!\! \begin{rcases} -4335 \end{rcases} -5055$$

所以
$$\frac{x\%}{2\%} = \frac{-4335}{-5055}$$
$$\rightarrow x \approx 1.72$$

A 方案的内含报酬率＝18％＋1.72％＝19.72％

运用内含报酬率指标进行投资决策的准则是：如果方案的内含报酬率大于企业所期望的投资报酬率或资本成本，则方案可行；反之，如果方案的内含报酬率小于企业期望的投资报酬率或资本成本，则方案不可行。如果是相同投资的多方案比较，则在可行方案中，内含报酬率越高的方案越优。

根据上述准则，由于 A、B 两个方案的内含报酬率均大于企业所期望的投资报酬率15％，故两方案均为可行方案，但以 B 方案最优。

内含报酬率法与净现值法一样，都考虑了货币的时间价值，所不同的是内含报酬率能对不同投资规模的项目进行比较，并且能提供收益率大小的信息。缺点是其假设前提与实际不符，即假设每期投入的净现金流量都按内含报酬率再投资。

4．贴现现金流量指标的比较

通过以上对比可知，贴现现金流量指标是科学的投资决策指标。贴现现金流量指标中有各种方法，如净现值法、内含报酬率法和获利指数法，哪一种更好呢？

1）净现值法和内含报酬率法的比较

在多数情况下，运用净现值法和内含报酬率法这两种方法得出的结论是相同的，但在如下两种情况下，有时会产生差异。

（1）互斥项目。

对于常规的独立项目，净现值法和内含报酬率法的结论是完全一致的，但对于互斥项目，有时会不一致。造成不一致的原因主要有以下两点。

①投资规模不同。当一个项目的投资规模大于另一个项目时，规模较小的项目的内含报酬率可能较大但净现值可能较小。例如，假设项目 A 的内含报酬率为 30％，净现值为 100 万元，而项目 B 的内含报酬率为 20％，净现值为 200 万元。在这两个互斥项目之间进行选择，实际上就是在更多的财富和更高的内含报酬率之间进行选择，很显然，决策者将选择财富，所以，当互斥项目投资规模不同并且资金可以满足投资规模要求时，净现值决策规则优于内含报酬率决策规则。

②现金流量发生的时间不同。有的项目早期现金流入量比较大，而有的项目早期现金流入量比较小，会产生现金流量发生时间不同的问题，是因为"再投资率假设"，即两种方法假定投资项目使用过程中产生的现金流量进行再投资时会产生不同的报酬率。净现值法假定产生的现金流入量重新投资会产生相当于企业资本成本率的利润率，而内含报酬率法却假定现金流入量重新投资产生的利润率与此项目特定的内含报酬率相同。

（2）非常规项目。

非常规项目的现金流量形式在某些方面与常规项目有所不同，如现金流出不发生

在期初,或者期初和以后各期有多次现金流出等。非常规项目可能会导致净现值决策规则和内含报酬率决策规则产生的结论不一致。一种比较复杂的情况是当不同年度的未来现金流量有正有负时,就会出现多个内含报酬率。例如,企业付出一笔初始投资后,在项目经营过程中会获得正的现金流量,而在项目结束时需要付出一笔现金进行环境清理;在项目存续期间需要一次或多次大修理的项目也属于这种情况。

2)净现值法和获利指数法的比较

由于净现值法和获利指数法使用的是相同的信息,在评价投资项目的优劣时,它们常常是一致的,但有时也会产生分歧。只有当初始投资不同时,净现值和获利指数才会产生差异。由于净现值是用各期现金流量现值减初始投资得到的,是一个绝对数,表示投资的效益或者说是给企业带来的财富;而获利指数是用现金流量现值除以初始投资,是一个相对数,表示投资的效率,因而评价的结果可能会不一致。

最高的净现值符合企业的最大利益,也就是说,净现值越高,企业的收益越大,而获利指数只反映投资回收的程度,不反映投资回收的多少,在没有资金量限制情况下的互斥选择决策中,应选用净现值较大的投资项目。也就是说,当获利指数法与净现值法得出不同结论时,应以净现值法为准。

总之,在没有资金量限制的情况下,利用净现值法在所有的投资评价中都能做出正确的决策,而利用内含报酬率法和获利指数法在独立项目评价中也能做出正确的决策,但在互斥选择决策或非常规项目中有时会得到错误的结论,因而,在这三种评价方法中,净现值法仍然是最好的评价方法。

五、项目投资决策指标的运用

在前面的内容中,我们已经介绍了考虑资金时间价值的项目投资决策指标。这些方法在实际工作中都有不同程度的运用。下面主要介绍固定资产更新决策。

随着科学技术的不断发展,企业固定资产更新周期大大缩短。这是因为旧设备往往消耗大、维修费用高,当生产效率更高,原材料、燃料、动力的消耗更低的高效能设备出现时,尽管旧设备还能继续使用,但企业也会对固定资产进行更新。因此,固定资产更新决策便成为企业长期项目投资决策的一项重要内容。固定资产更新决策可直接采用净现值法,现分别说明如下。

固定资产更新决策的净现值法,就是通过直接计算和比较新旧两个方案的净现值来进行更新决策的方法。

【例 4-7】　某旅游企业原使用一台旧设备,其原购置成本为 100000 元,已使用五年,已提折旧 50000 元,估计尚可再使用五年,假定使用期满后无残余值;如果现在销售可得价款 25000 元,如果继续使用该设备每年可获收入 125000 元,每年的付现成本 75000 元。该公司现准备用一台新设备来代替原有的旧设备,新设备的购置成本为 150000 元,估计可使用五年,期满有残值 25000 元;使用新设备后,每年收入可达 200000 元,每年付现成本为 100000 元。假定该公司的资本成本为 10%,所得税税率为 25%,新、旧设备均采用直线法计提折旧。试做出该企业是继续使用旧设备还是对其进行更新的决策。

现根据上述资料,分别计算使用旧设备和使用新设备的净现值:

使用旧设备的年折旧额：

$$\frac{100000}{10}=10000（元）$$

使用旧设备的年净现金流量：

$$(100000-75000-10000)\times(1-25\%)+10000=40000（元）$$

使用旧设备的净现值：

$$\begin{aligned}
\text{NPV}_{旧}&=40000\times\frac{1-(1+10\%)^{-5}}{10\%}\\
&=40000\times3.7908\\
&=151632（元）
\end{aligned}$$

使用新设备的年折旧额：

$$\frac{150000}{5}=30000（元）$$

使用新设备的年净现金流量：

$$(200000-100000-30000)\times(1-25\%)+30000=82500（元）$$

使用新设备的净现值：

$$\begin{aligned}
\text{NPV}_{新}&=82500\times\frac{1-(1+10\%)^{-5}}{10\%}+25000\times\frac{1}{(1+10\%)^5}-(150000-25000)\\
&=(82500\times3.7908+25000\times0.6209)-125000\\
&=203263.5（元）
\end{aligned}$$

上述计算结果表明，使用新设备的净现值（NPV$_{新}$）大于使用旧设备的净现值（NPV$_{旧}$），故该企业应采用更新的方案。

第三节　旅游企业证券投资管理

随着我国经济的发展和证券市场的开放，多元化的投资渠道为企业提供了投资环境和投资方向。正是在这种条件下，证券投资越来越广泛，逐渐成为现代投资活动中的重要组成部分。所谓证券，主要是指在金融交易中发行的以融资为目的的金融工具，它代表着一定权益或债权，可以在证券市场自由转让，并且能够带来一定的货币收益。证券投资是指旅游企业把资金用于购买股票、债券等金融资产的一种间接投资。我们这里主要介绍债券投资和股票投资。

一、债券投资

债券是发行者为筹集资金，向债权人发行的承诺按照约定时间和利率支付利息，并在到期日偿还本金的一种有价证券。债券的票面标明债券面值，包括币种和金额，代表了债券到期日应偿还给债权人的债务金额，代表了债券持有人与发行人之间的债权债务关系。旅游企业进行债券投资主要是为了调节旅游企业的现金余额，在保证资金流动的前提下，获得稳定的收益。

（一）债券价值的计算

债券的价值,也是债券的内在价值,是指持有债券带来的未来现金流入的现值,是在持有期间,每期利息的现值和债券本金的现值之和。投资者之所以愿意购买债券,是因为债券能够为其持有人带来预期收益。因此,债券的价值就取决于其未来收益的大小。

在进行债券投资时,需要考虑债券的价值是否大于购买价格,只有在债券价值大于购买价格的前提下,投资行为才有意义。因此,债券价值是债券投资决策时使用的主要指标之一。在计算债券价值的时候,首先要估计债券每一时期的现金流量,债券的现金流量包括到期偿还的本金以及定期支付的利息。债券价值计算的基本公式如下:

$$P = \frac{I_1}{1+i} + \frac{I_2}{(1+i)^2} + \cdots + \frac{I_n}{(1+i)^n} + \frac{M}{(1+i)^n}$$

式中,P——债券价值;

I_k——第 k 年的利息,$k=1,2,\cdots,n$;

M——债券的面值;

i——折现率,表示当时的市场利率或者投资者要求的必要报酬率;

n——债券到期前的期限。

如果债券每年按照固定利率计算并支付利息,在到期日归还本金,其价值的计算公式如下:

$$债券价值 = \frac{债券面值}{(1+i)^n} + \sum_{t=1}^{n} \frac{债券年利息}{(1+i)^t}$$

式中,i——折现率,表示投资者要求的必要报酬率;

n——表示债券到期前的期限;

t——表示实际支付利息的时间。

债券年利息等于债券面值与票面利率的乘积。

【例 4-8】 某旅游企业拟购买一张面值为 1000 元的五年期债券,票面利率为 14%,每年年末计算并支付一次利息。假设当时市场利率为 12%,那么,

$$债券价值 = \frac{1000}{(1+12\%)^5} + \sum_{t=1}^{5} \frac{1000 \times 14\%}{(1+12\%)^t} \approx 1072.07(元)$$

当市价低于债券价值 1072.07 元时,该旅游企业可以考虑购买该债券。

当投资者的必要报酬率高于票面利率时,债券价值低于票面价值,此时投资者愿意采用折价方式购买债券。当投资者的必要报酬率低于票面利率时,债券价值高于票面价值,此时投资者愿意采用溢价方式购买债券。当投资者的必要报酬率等于票面利率时,债券价值等于票面价值,此时投资者采用等价方式购买债券。

（二）债券投资收益率的计算

债券投资收益率是指投资收益与债券投资额的比率。

1. 本期收益率

本期收益率又称本期息票收益率,是指每年支付的息票利息与本期债券价的比率。

它是以目前的市价为基础来衡量投资者购买债券后每年可带来的现金收入。其计算公式如下：

$$本期收益率＝\frac{每年息票利息}{本期债券市价}×100\%$$

【例 4-9】 某旅游企业职员以 900 元的价格买到一张面值为 1000 元的债券,票面利率为 9%,计算其本期收益率。

$$本期收益率＝\frac{1000×9\%}{900}×100\%＝10\%$$

2. 持有期收益率

持有期收益率是指在一个持有期(如一年)内的收益率。其计算公式如下：

$$持有期收益率＝\frac{卖出价格－买进价格＋债券利息}{买进价格}×100\%$$

【例 4-10】 某旅游企业职员于 199× 年 1 月 1 日以 960 元的价格买进一张面值为 1000 元、票面利率为 10% 的债券,并于当年 12 月 31 日以 1060 元的价格卖出,求该投资者持有期收益率。

$$持有期收益率＝\frac{(1060－960)＋1000×10\%}{960}×100\%＝20.83\%$$

3. 到期收益率

到期收益率又称内在收益率,是指债券面值与每年债券利息的现值之和等于该债券目前市价的折现率。

由于涉及现值的计算,到期收益率的计算较复杂,为简化计算,可用下列公式求其近似值：

$$到期收益率\ r_0＝\frac{每年平均资本利得(或损失)＋每年债券利息}{平均投资额}×100\%$$

【例 4-11】 某旅游企业职员于 199× 年以 950 元的价格购进一张面值 1000 元、票面利率 10%,期限 5 年的债券,求到期收益率。

$$到期收益率\ r_0＝\frac{(1000－950)/5＋1000×10\%}{(950＋1000)/2}×100\%＝11.28\%$$

上述公式适用于每年付息的情况。在我国,国库券是到期一次还本付息,因此,我国国库券到期收益率计算公式如下：

$$到期收益率\ r_0＝\frac{面值＋利息总额－购买价格}{购买价格×剩余年数}×100\%$$

【例 4-12】 某旅游企业职员于 199× 年 7 月 5 日以 125 元购进一张面值为 100 元、票面利率 10%、期限五年的 1989 年发行的国库券(于 1994 年 6 月 1 日到期),计算到期收益率。

$$到期收益率\ r_0＝\frac{100＋100×10\%×5－125}{125×(2＋\frac{330}{365})}×100\%＝6.89\%$$

(三)债券投资的优缺点

1. 债券投资的优点

旅游企业进行债券投资的优点主要表现在以下三个方面：

第一，债券投资本金安全性高。对债券的发行方来说，债券是契约性的债务，契约的约束力使债券发行人为了维护自身的信誉，而避免违约。因此，对于投资者而言，相比股票投资，债券投资风险较小，购买质量高、流动性强的债券，可以避免无法收回本金的风险。而且，债券投资人在发行人破产清算时，有剩余财产的优先求偿权，本金损失很小。如果投资于政府债券，基本上没有风险。

第二，投资收益比较稳定。债券持有人，可以在约定的时间内按照票面规定的面值和固定的利息率计算，取得利息收入。

第三，很多债券具有很好的变现能力，也可以说有很好的流动性。政府和大企业发行的债券一般都可以在金融市场上迅速出售，变现能力强。西方国家通常都将闲置的现金进行短期债券投资，以保证资金的盈利能力和变现能力。

2.债券投资的缺点

旅游企业进行债券投资的缺点主要有两点：

第一，购买力风险较高。由于债券的面值和利息率在发行时就已经规定好，如果投资期间通货膨胀较高，则本金和利息的购买力将不同程度地降低，甚至会给投资者带来损失。

第二，债券持有人没有经营管理权。债券持有人只是发行公司的债权人，无法对发行公司加以控制。

二、股票投资

股票是股份公司为了筹集自有资金而发给股东的一种有价证券。股票的持有人是该公司的股东，股票代表了持股人对该公司的所有权，股东凭借所持股票取得股利，拥有对该公司财产的要求权。

（一）股票价值的计算

股票投资给持有人带来的现金流入包括股利收入和出售股票时的资本利得。股票的价值等于未来预期现金流入的现值，包括未来一系列的股利和出售时得到的价格收入的现值。如果持有人不出售股票，永远持有，那么他只有股利收入。股票价值就表现为永续的股利流入的现值。如果投资者准备在一段时间后出售股票，则该股票价值是持有期间几次股利和出售时的股价的现值。不论投资者是长期持有还是持有一段时间后出售，都可以用公式表示：

$$P_0 = \frac{D_1}{1+R_S} + \frac{D_2}{(1+R_S)^2} + \cdots + \frac{D_n}{(1+R_S)^n}$$
$$= \sum_{t=1}^{n} \frac{D_t}{(1+R_S)^t}$$

式中，P_0——股票价值；

R_S——贴现率，即投资者要求的必要报酬率；

D_t——第 t 年的股利；

t——年份。

这个公式是股票价值估价的一般模式，不论股利是固定、固定增长还是不固定，都

可以套用这个公式计算股票价值。在实际应用时,需要解决的主要问题是如何预计未来每年的股利,以及贴现率的确定。股利的确定取决于每股盈余和股利支付率两个因素,可通过统计分析历史资料得到;贴现率是投资者要求的收益率,通常用市场利率作为贴现率。

1.零成长股票的价值

假设未来股利不变,其支付过程是一个永续年金,则股票价值为

$$P_0 = \frac{D}{i}$$

【例 4-13】 若某旅游企业某职员每年分配股利 3 元,最低报酬率为 10%,则

$$P_0 = \frac{3}{10\%} = 30(元)$$

说明,该股票每年带给投资者 3 元的收益,在市场利率为 10%的条件下,相当于 30元资本的收益,其价值为 30 元。当市价不等于股票价值时,该股票的预期收益率会不等于最低报酬率。例如,市价为 12 元,每年固定股利 2 元,则其预期报酬率为

$$R = \frac{2}{12} \times 100\% \approx 16.67\%$$

这说明当市价低于股票价值的时候,预期报酬率高于最低报酬率。

一般情况下,股票发行方对普通股股票的持有人不会每年支付相等金额的股利,因此零成长股票很受限制。对于优先股,由于其每年的股利较为固定,因此可以使用该模型计算股票价值。

2.固定成长股票的价值

如果公司的经营状态较好,盈利能力稳定,股利每年增长。假设股利年增长率为一个常数 g,且永续固定增长,这种股票被称为固定成长股票。该种股票的价值可以表示为

$$P_0 = \frac{D_1}{R_s - g}$$

式中,g——每年股利增长率;

D_1——最近一次支付股利的金额。

【例 4-14】 某旅游企业的股票报酬率为 14%,股利年增长率为 10%,第一年股利为每股 3 元,计算股票的内在价值。

$$P = \frac{3 \times (1 + 1\%)}{14\% - 10\%} \approx 82.5(元)$$

3.非固定成长股票的价值

在现实生活中,股利通常是不固定的,在这种情况下就要分段计算,按照不同的情况确定股票的价值,这里将不详述。

(二)股票投资收益率

股票投资收益率的高低可通过本期股息收益率、持有期收益率和拆股后的持有期收益率三个指标来反映。

1.本期股息收益率

本期股息收益率是指每股派发的股息(包括现金与红股)与股票市价之比值。其计

算公式如下：

$$本期股息收益率 = \frac{每股股息}{本期股票市价} \times 100\%$$

本期股票市价可用目前的股票市价，每股股息按道理应该是指未来一年内将得到的股息，但由于未来一年将得到多少股息现在不知道，因此常用过去一年所得到的股息来代替。

【例 4-15】 某旅游企业投资者购买的某公司股票的现行市价为每股 60 元，去年该公司每股派息 4 元，求该股票本期股息收益率。

$$本期股息收益率 = \frac{4}{60} \times 100\% = 6.67\%$$

2.持有期收益率

持有期收益率是指投资者在一定持有期内所获资本或损失和股息收入与投资额之比值。股票没有到期日，所以不可能有投资者永远持有一种股票，股东可以持有一种或几种股票若干时间。其计算公式如下：

$$持有期收益率 = \frac{出售价格 - 购买价格 + 每股股息}{购买价格} \times 100\%$$

【例 4-16】 某旅游企业投资者 2015 年 5 月 1 日以每股 20 元的价格购入某公司的股票，第二年 5 月 1 日该股票每股市价 30 元，当年该公司每股派息 2 元，求该股票在这一年的持有期收益率。

$$持有期收益率 = \frac{30 - 20 + 2}{20} = 60\%$$

如果 2015 年 5 月 1 日以每股 40 元的价格购入，第二年 5 月 1 日该股票市价 30 元，当年该公司每股派息 2 元，则该股票在这一年的持有期收益率如下：

$$持有期收益率 = \frac{30 - 40 + 2}{40} = -20\%$$

3.拆股后的持有期收益率

投资者在购买某公司的股票后，对该公司进行股票分割（拆股），这样就会影响到投资者持有该公司股票的数量和价格。因此，投资者在拆股后应做相应的调整，重新计算拆股后的持有期收益率。其计算公式如下：

$$拆股后的持有期收益率 = \frac{调整后的资本收益或损失 + 调整后的股息}{调整后的购买价格} \times 100\%$$

【例 4-17】 某旅游企业 2018 年 8 月 10 日购买普通股每股价格 145 元，第二年 1 月 5 日，发行公司将每股拆成 10 股，到第二年 8 月 10 日，拆股后的每股市价为 10 元，当年发行公司拆股后每股派息 0.8 元，求该旅游企业股票拆股后的持有期收益率。

$$拆股后的持有期收益率 = \frac{10 - 145 \div 10 + 0.8}{145 \div 10} = -25.52\%$$

(三)股票投资优缺点

1.股票投资的优点

股票投资是一种高风险、高报酬的投资方式。旅游企业进行股票投资的优点主要如下：

第一,能获得比较高的报酬。从长远看,发行公司应该是持续稳定发展的,股票价格是趋于上涨的,只要选择正确,就能够获得丰厚的投资收益。

第二,股票投资可以在一定程度上降低购买力风险。由于普通股股利的支付是根据发行公司的经营状况而定的,在通货膨胀的情况下,股利支付会随着发行公司盈利的增加而增加。因此,股票投资比收益固定的债券投资更能够降低通货膨胀对投资收益的影响。

第三,股东拥有一定的经营控制权。

2.股票投资的缺点

企业进行股票投资的缺点主要是风险大。体现在以下三个方面:

第一,普通股收入不稳定。普通股股利的支付随发行公司的经营状况和财务状况而定。

第二,普通股的价格受多种因素影响,这使投资风险变高。

第三,普通股持有者对发行公司剩余财产的求偿权和利润的分配权都居最后。

本章小结 对投资的意义、分类、基本原则以及投资决策做了简要的介绍;在确定项目投资现金流量的基础上,利用投资决策指标对投资决策项目进行分析与评价,判断投资项目是否可取。投资决策指标按其是否考虑资金时间价值分非贴现现金流量指标与贴现现金流量指标。介绍了债券投资价值与股票内在价值,以及投资收益率的计算和债券与股票投资的优缺点。

 **重要概念**

投资　投资分类　投资原则　项目投资评价

 **思考题**

1.旅游企业投资的基本原则有哪些?

2.项目投资的特点有哪些?

3.项目投资决策指标有哪些?

在线答题

计算题

某旅游企业拟投资一新项目,投资额为 300 万元,当年建成并投产,项目寿命期为十年,预计项目每年净现金净流量为 60 万元,项目终结点净残值收入为 5 万元,资金成本为 10%。

要求:(1)计算该项目的投资回收期。

(2)计算该项目的净现值和获利指数。

(3)根据净现值和获利指数的计算结果做出投资评价。

案例分析

入股酒店集团　OTA 加紧布局住宿业

来源:中国旅游报　时间:2021-01-21　记者:王玮　编辑:王莹

新年伊始,中高端酒店市场便有了新动向,搅动这池"春水"的是两家电商。2021 年 1 月 5 日晚,同程艺龙宣布与珀林酒店集团签署战略投资协议,希望通过各自在技术、会员、服务和营销等方面的优势,共同推进双方在中高端酒店市场的发展。与此同时,有消息称,美团将入股以发展中高端酒店为主的东呈国际集团,以进一步加码住宿市场,对此,美团方面表示"不予置评"。

对于在线平台此时入局酒店行业,华美酒店顾问机构首席知识官、高级经济师赵焕焱认为,一部分原因是在线平台之间的竞争早已从线上扩展到线下,同程艺龙和美团这样的在线平台,有很大一部分业务与酒店行业相关;另一部分原因则是目前酒店企业股权价格相对较低,眼下入股恰逢其时。

加码市场

其实,在线平台布局酒店行业已不算新鲜事。珀林酒店集团并非同程艺龙入股的第一家酒店集团。企查查资料显示,同程艺龙投资的酒管公司、酒店企业多达十几家,例如,2016 年年底成立了苏州艺同美程酒店管理有限公司,该公司旗下直营品牌有美程酒店、美程·青居、美程里酒店等。同程艺龙还曾领投美豪酒店集团,该酒店集团已开业,门店超过 105 家,2019 年位列中国酒店集团第 31 位。美团则在此前完成了对国内酒店云 PMS 企业服务商"别样红"的全资收购,以实现进一步巩固中小酒店市场的目的。此外,截至 2020 年 12 月,覆盖国内 200 多个城市、合作酒店超过 3000 家的轻住集团,也与美团有着千丝万缕的联系。

在资深酒店行业专家威廉看来,在线平台的这些动作是希望从纯线上平台向资源端延伸。比如,携程也曾收购星程酒店集团,还于近年控股旅悦集团,并于 2018 年建立了自主品牌丽呈。阿里巴巴集团旗下旅游服务平台飞猪虽然没有直接控股某家酒店集团,但其于 2017 年和万豪国际集团共同成立了一家合资公司,并在 2019 年搭建了一个菲住酒店联盟的单体酒店会员体系,收编国内单体酒店。同时飞猪还运营

着一家名为菲住布渴的实体酒店。

资料显示,目前,珀林酒店集团拥有廷泊酒店、君屿酒店、莫林酒店、莫林风尚酒店、麓元酒店五个品牌,旗下近200家酒店覆盖全国30多个城市。同时,珀林酒店集团还将加大步伐迈向柬埔寨等地区的海外市场。而东呈国际集团已开业和筹建中的酒店数量超过3000家,付费会员数量超过3500万。近年来,东呈国际集团持续发力中高端酒店市场,其优势主要在华中和华南市场,尤其是湖北和广西两个省(自治区)。

北京联合大学在线旅游研究中心主任杨彦峰在接受《中国旅游报》记者采访时表示,同程艺龙一直看好酒店行业发展,近年来不断加码酒店市场,且在酒店集团和酒店管理公司两个方面均有投入,但是,单个投资项目的金额都不算太大。东呈国际集团属于国内知名的酒店集团,如果此次"美团将投资东呈国际集团"的消息属实,此轮投资的金额或将在10亿元左右。不过对于美团来说,投资东呈能够增强其在酒店库存方面的实力,加大其在酒店行业的话语权,尤其是在中高端酒店市场。此外,美团在2020年的股市表现和现金储备相对较好,而酒店集团的市场估值相对较低,所以美团在这个时候进行投资布局,是一个比较合适的时机。

合作共赢

在新冠肺炎疫情的冲击下,酒店的日子并不好过,虽然在2020年三季度酒店市场有了明显的回暖,但是对于部分酒店集团而言,想要恢复到新冠肺炎疫情发生之前的业绩水平,依然面临着较大的经营风险和现金流压力。此时,在线平台的"输血"能让酒店企业减轻一些压力。

对于此次战略投资珀林酒店集团,同程艺龙相关负责人表示,除进行资本合作外,同程艺龙还将会同珀林酒店集团在会员体系、信息系统、产品研发等多个方面进行合作,帮助该酒店集团实现业绩增长,打造更为成熟的线上线下一体化酒店品牌。珀林酒店集团相关负责人也表示,同程艺龙的品牌影响力和技术支持,将为其酒店项目的开发、运营注入新的活力。

目前,不少酒店集团都有了数字化转型的计划。有业者分析,在线平台在数字化建设方面有绝对优势,与其牵手,酒店集团的数字化进程将大大加快。另外,在线平台也可以为酒店集团带来更可观的流量,能帮助其减轻获得客户方面的压力。不过,在线平台与酒店向来是"相爱相杀"的关系,在资本的推动下,在线平台和酒店企业能否将各自的"如意算盘"打响,还有待进一步观察。

谨慎入局

近年来,在线企业不断加强线下资源延伸和渠道的拓展,收购像酒店集团这样供应链上的企业,也算是情理之中的事情。但是也有业者提醒,能否与合作的酒店集团真正实现共赢,在线旅游企业还有很多功课需要完成。

如今,在线企业大多都是既投资了多家酒店集团又自己成立了酒店管理公司,这其中难免会面对资源如何分配、如何让这些酒店企业融合发展产生协作效应等问题。尤其是同一家OTA投资的酒店集团间的竞争问题。

尽管在多数业者看来目前是抄底酒店的好时机,但也有酒店投资方面的专家提出,这个判断应基于"这家酒店企业值得收购"得出,这就需要投资人在前期做好相关的价值评估,比如旗下酒店本身的价值、物业的价值、区位的价值,以及这家酒店集团

后期的运营能力和扩张能力可以为在线企业带来的附加值等。因此在线企业在投资酒店集团时,需要考虑的方面是多元的,不仅仅是投资金额和眼前利益,更重要的是长远发展。

(收录时略有改动)

【思考题】

1. 在线企业为何纷纷投资酒店业?

2. 在线企业投资酒店业应注意回避哪些风险?

第五章
旅游企业流动资产管理

学习目标：

通过本章的学习，理解流动资产的含义、特点，掌握货币资产、结算资产和存货资产的管理内容和管理方法，理解流动资产管理的评价指标，能够运用相关理论分析和解决旅游企业流动资产管理中的问题。

素养目标：

树立依法治国理念，培养学生遵守职业道德、吃苦耐劳、工作细致的工匠精神。

第一节　旅游企业流动资产管理概述

一、旅游企业流动资产的概念

资产是指过去的交易、事项形成并由企业拥有或者控制的资源，该资源预期会给企业带来经济利益。流动资产则是企业在生产经营过程中短期置存的资产。由此，旅游企业流动资产是指可以在一年或者超过一年的一个营业周期内变现或运用的资产，主要包括货币资金（现金、银行存款、短期有价证券）、应收及预付账款、存货、待摊费用等。旅游企业流动资产是开展旅游企业经营活动必备的，其数额大小及构成情况在一定程度上制约着旅游企业的财务状况，反映着旅游企业的支付能力与短期偿债能力。

二、旅游企业流动资产的特点

（一）流动资产的周转具有短期性

流动资产的消耗与补偿期限很短，可以在一年或者一个营业周期内收回，对旅游企业经营的影响时间较短。根据这一特点，旅游企业可以通过商业信用、银行流动资金借款等短期筹资方式来解决投放于流动资产上的资金。

（二）流动资产的易变现性

流动资产中的货币资金具有 100％ 的变现能力，其他如应收账款、短期投资、存货等也具有较强的变现能力,当旅游企业出现资金周转不灵、现金短缺时,可以迅速变卖这些资产来获取现金,以解决问题。

(三)流动资产的数量具有波动性

随着旅游企业内外部条件的变化及旅游企业业务经营量的起落,流动资产的占用量时高时低,起伏不定,具有波动性。

三、旅游企业流动资产的类型

(一)现金

现金是指可以用来购买物品、支付各项费用或用来偿还债务的交换媒介或支付手段。主要包括库存现金和银行存款,有时也将即期或到期的票据看作现金。

(二)短期投资

短期投资是指各种准备随时变现并且持有时间不准备超过一年(含一年)的投资,包括股票、债券、基金等,其中主要是指有价证券投资。

(三)应收及预付账款

应收及预付账款是指旅游企业发生的各种债权,包括应收票据、应收账款、其他应收款和预付账款。

(四)存货

存货主要指旅游企业持有各种原材料、商品、燃料及物料用品、低值易耗品等物资。
以上是按资产的占用形态分类,这种分类是计算流动资产需要量和分析流动资产周转的基础,有利于旅游企业合理供应和管理流动资产。

第二节 旅游企业货币资产管理

一、旅游企业货币资产的概念与内容

旅游企业货币资产是指旅游企业经营资金在周转过程中停留在货币形态的部分,表现为一定量的货币资金。货币资金一般包括现金、银行存款和其他货币资金。

现金指库存现金,包括人民币和各种外币。

银行存款指旅游企业存放在银行及其他金融机构的存款,包括人民币及各种外币存款。

其他货币资金指旅游企业的外埠存款、银行汇票存款、银行本票存款等。外埠存款

指旅游企业到外地进行临时或零星采购时汇往采购地银行开立采购专户的款项;银行汇票存款是企业为取得银行汇票,按照规定存入银行的款项;银行本票存款是企业为取得银行本票,按照规定存入银行的款项。

二、旅游企业货币资产管理的意义

货币资产是旅游企业唯一能直接转化为其他任何资产的资产,伴随着旅游企业经营活动的开展,随时会产生大量现金流入与流出的需要,为满足到期支付及偿还方面的需要,旅游企业必须持有足够的货币资金。同时,持有一定量的货币资金,也能保证旅游企业抓住有利的投资机会。

值得注意的是,持有一定量的货币资金是经营活动正常开展的必要条件,但并非持有的数量越多越好,对货币资产管理的难度就在于数量控制得适度,过多会降低货币资产流动速度,过少会降低支付信誉,因此,控制好货币资产占用数量与结构,对确保旅游企业顺利经营和提高货币资金使用效率是极为重要的。

(一)现金的持有动机

1.交易性动机

交易性动机是指满足旅游企业日常业务的现金支付需要而有现金,如用于购买材料、支付工资、缴纳税金等。旅游企业每天的现金收支量不可能完全相等,所以保留一定的现金余额,可使旅游企业在现金支出大于现金收入时,不会中断经营活动。

2.预防性动机

预防性动机是指为应付意外事件对现金的需要而保持适量的现金。旅游企业在生产经营活动过程中有许多意外事件,有时会出现意料不到的开支,这就需要持有适当数量的现金,使旅游企业更好地应付这些意外事件。

3.投机性动机

投机性动机是指旅游企业为获得特殊的购买机会或投资机会而保持一定量的现金。如遇到廉价原材料或其他物资采购的机会,便可用手头持有的现金进行交易并从中获利。

(二)现金的成本

旅游企业持有现金的成本通常由持有成本、转换成本、短缺成本三个部分组成。

1.持有成本

持有成本是指旅游企业因保留一定数量的现金而增加的管理费用以及丧失再投资而取得收益的机会成本。

旅游企业持有一定量现金,就需要对现金进行管理,这样就会发生一定的管理费用,如管理人员的薪酬以及必要的安全措施的费用。这部分费用基本上是固定的,与所持有的现金量一般没有密切联系。

旅游企业在持有现金的同时不能用这些现金进行有价证券投资,这样就会产生机会成本,这种成本在数额上等同于资金成本,属于变动成本,与现金持有量成正比。

2.转换成本

转换成本是指旅游企业购入或出售有价证券时支付的交易费用,这种费用就是现

金同有价证券之间相互转换的成本。

转换成本并不都是固定费用,有的具有变动成本的性质,如委托买卖佣金或手续费用。这些费用通常是按照委托成交金额计算的,因此在证券总额既定的条件下,无论变现次数多少,所需支付的费用都是相同的,这类转换成本属于决策无关成本。与证券变现次数密切相关的转换成本只包括其中的固定性交易费用,固定性转换成本与现金持有量成反比。也就是说,现金持有量越多,证券变现的次数就越少,需要的转换成本也就越少,反之,现金持有量越少,进行证券变现的次数就越多,相应的转换成本也就越多。

3.短缺成本

短缺成本是指在现金持有量不足而又无法及时通过有价证券变现加以补充而给旅游企业造成的损失,包括由于现金短缺而使旅游企业的生产经营及投资受到影响而造成的直接损失;也包括由于现金短缺而给旅游企业带来的无形损失,如由于现金短缺而不能按期支付货款,则会对旅游企业的信用和形象造成损害。

三、旅游企业现金管理

由于现金具有流动性强、普遍可接受性的特点,因此管理的难度较大。如果缺乏严格的管理措施,极易产生被盗窃、被挪用、短缺或其他不法行为,所以现金管理是旅游企业货币资产管理的重要内容之一。

(一)健全现金管理制度,严格执行现金管理各项规定

1.建立健全现金管理的内部牵制制度

如建立现金收支业务的职责分离制,即出纳管钱不记账,会计记账不管钱;现金收付必须坚持复核制;出纳人员调换工作,必须按规定办理严格的交接手续。

2.健全现金收支的审批制度

如严格审核现金收付凭证所列单据的合法性、准确性和完备性。

3.严格执行现金使用范围规定

按照规定,以下各项可用现金直接支付:职工工资及工资性津贴及各种奖金;个人劳务报酬,包括讲课费、稿费及其他专门工作报酬;各种劳保、福利费以及国家规定的对个人的其他现金支出;收购单位向个人收购农副产品和其他物贸支付的款项;出差人员必须随身携带的差旅费;结算起点以下的零星支出;确实需要现金支付的其他支出。

4.遵守库存现金限额管理制度

持有量一般以满足3—5天的零星开支额为限;当需要增减库存现金限额时,应向开户银行提出申请,核准后方可实行。

5.不得以白条抵冲库存现金,不准假造用途套取现金

营业收入必须送存银行,不得坐支(从营业收入的现金中直接支付企业交易款的行为)。

6.严格对业务周转金的管理规定

业务周转金是旅游企业预付给本单位其他职能部门、营业点收银员和职工用于业务找零、零星开支、零星采购、差旅费等的款项。业务周转金管理方式可以采取定额周

转金管理方式(按预先规定的限额预付款项,实际支用后按规定手续报销,补足原来限额)和使用后报销的管理方式(按估计需用数支付,实际支用后一次报销,多退少补)。

(二)利用现金收付规律,提高现金使用效率

1.适度利用浮游量

浮游量是指企业账户上现金余额与银行账户上所示的存款余额之间的差额。因为旅游企业虽已开出支票,但收款人尚未到银行兑现,从而出现短暂的差额可以利用。若要利用这个浮游量,就必须正确预测其大小和可利用的时间长短,以达到节约现金的目的。不过利用浮游量有可能会危及供应商的利益,因此要权衡利弊,适度利用。

2.力争现金收入与现金支付同步

现金流量同步可以节约旅游企业所持的交易性现金余额。

3.加强对现金管理效果的考核和分析

一般来说,现金管理效果可以通过现金周转率指标进行考核,其计算公式如下:

$$现金周转率 = \frac{计算期营业收入实际回收数额}{现金平均占用额}$$

四、旅游企业银行存款管理

按照财务管理规定,旅游企业经济往来中除规定可以使用现金的部分外,其余都应通过开户银行进行转账结算。对银行存款必须严格管理,具体要注意以下几个方面。

(一)熟悉和遵守银行存款管理制度

1.遵守开立银行存款账户的规定

按国家规定,旅游企业应在当地银行或金融机构报送开立账户,基本程序是:①申请填制"开户申请书",加盖单位公章;②将"开户申请书"送有关部门审查,然后出具证明;③将这些资料送交开户银行审核,批准后便可登记开户,进行银行存取款。

旅游企业在银行开立账户必须有足够的资金保证支付,不准签发空头或远期的支付凭证。旅游企业在银行开立的账户,只能供本企业业务经营范围内的资金收付,不准出租、出借或转让给其他单位或个人使用。

2.遵守银行存款结算方式的规定

根据我国银行结算办法的规定,旅游企业的结算方式主要有以下几种:支票结算、汇兑结算、银行本票结算、银行汇票结算、商业汇票结算、信用证结算、委托收款结算、异地托收承付结算等。旅游企业应选择适合自身的结算方式,提高结算效率。

(二)规范银行存款管理的操作程序

在需要办理转账支票的时候,应按规定进行登记,不准签发空头支票和远期支票。要正确使用和审核各种银行结算凭证,及时办理银行存款的收付业务,定期与银行对账单核对,如果银行某单的存款余额与旅游企业现金日记账中的存款余额不符,就需要编

制银行往来调节表,调整未达账项,以利于旅游企业正确了解银行存款余额状况。

按照内部牵制制度的管理原则,银行存款管理中应实行钱账分管、章证分管,前者指负责银行存款收付业务的出纳人员不得兼做会计核算等工作,后者指旅游企业印章不得交由出纳人员自行使用,也不得放在一起保管。分管制在一定程度上可以防止差错和舞弊行为的发生。

(三)确定银行存款最佳持有量

一般来说,银行存款的收入额和支出额决定最佳持有量,为保险起见,还要考虑增加一个安全系数,通常其比例为 10%—15%,因此银行存款的最佳持有量测算公式如下:

银行存款最佳持有量=(银行存款收入额-银行存款支出额)×(1+安全系数)

另一种核定方法是用银行存款率指标进行最佳持有量的测定。银行存款率的计算公式如下:

$$银行存款率=\frac{计算期银行存款平均余额}{计算期营业收入额}×100\%$$

报告期银行存款最佳持有量的计算公式如下:

报告期银行存款最佳持有量=报告期预算营业额×基期银行存款率

五、旅游企业外汇资金的管理

(一)外汇及其相关概念

1.外汇的概念

根据《中华人民共和国外汇管理条例》的定义,外汇是指一国持有的以外币表示的用以进行国际之间结算的支付手段和资产,具体包括以下几个方面。

(1)外国货币,包括纸币、铸币;

(2)外币支付凭证,包括票据、银行存款凭证、邮政储蓄凭证等;

(3)外币有价证券,包括政府债券、公司债券、股票等;

(4)其他外汇资金,如旅游者携带的美元、英镑、日元或各种外币、支票、旅行支票、旅游信用证、信用卡、侨汇、各种非贸易项目收支的款项等。

2.外汇汇率

外汇汇率是指一国货币单位兑换另一国货币单位的比率或比价,是外汇买卖的折算标准。它也是一种货币用另一种货币表示的价格,也称汇价、外汇牌价或外汇行市。汇率作为一种交换或兑换比率,实质上反映的是不同国家货币之间的价值对比关系,它在国际经贸往来中发挥着重要的作用。

一个国家的汇率是以外国货币表示本国货币的价格,还是以本国货币表示外国货币的价格,就是汇率的标价方法。国际上有两种标价方法,即直接标价法和间接标价法。

1)直接标价法

直接标价法也称应付汇价,是指以一定单位的外国货币为标准,折算成若干单位的

本国货币的一种汇率表示方法。世界上绝大多数国家都采用直接标价法,我国也采用这种方法。在直接标价法下,外币的数量固定不变,折合本币的数量则随着外币价值的变化而变化,外汇汇率升降与本国货币币值的升降呈反方向变化。

2)间接标价法

间接标价法也称应收汇价或外币汇价,是指用若干数量的外币表示一定单位本国货币的标价方法。在间接标价法下,本国货币的数量固定不变,折合成外币的数量则随着本币和外币价值的变动而变动。当一定单位的本国货币可以兑换较多的外国货币时,说明汇率上升,本国货币升值;反之,本国货币贬值。

3. 汇率制度

汇率制度是指一国对本国货币与外国货币的汇率变动的基本方法所做出的规定或安排。汇率制度可分为固定汇率制度和浮动汇率制度。固定汇率制度是指因某种限制而在一定的幅度之内进行波动的汇率;浮动汇率制度是指根据市场供求关系的变化,各国货币之间的汇率自由涨落不受限制。我国实行的汇率制度是以市场供求为基础的、单一的、有管理的浮动汇率制度。

(二)旅游企业外币业务管理

旅游企业要严格按照国家规定对外汇进行管理,做好日常外汇收支业务管理、外币兑换管理和资本金折算管理。

1. 日常外汇收支业务管理

旅游企业日常外汇收支业务管理要做好以下几个方面的工作:

(1)每天营业收入中的外币,收款员必须详细记录在营业收入日报表中,连同收费单据一并交出纳入库。夜班的外币收入存在财务部特殊保险柜中,于第二天上缴出纳入库。

(2)营业收入中的外汇转账凭证,从收到凭证的第二天即委托银行转账。

(3)外币现金必须当天存送银行,不得坐支。

(4)对国内外业务单位外币的结算办法,必须经双方协商以合同或协议的形式加以约束。

(5)负责外币结算工作的人员,必须及时把对外结算单证按合同或协议办理结算,并在委托银行结算后的第六天(国外业务单位在委托银行的第十天)核对是否收妥,凡在上述时间内未接到银行收款通知单的,应即刻通知管理部门协助办理催收,同时向财务负责人报告。

(6)凡用外汇购进的商品、原材料、各类物品等,必须按经批准的外汇收支预算进行;特殊情况也必须由部门经理提出申请,经总经理批准。

(7)严格实行外币使用审批分工制度。

(8)宾客以外币结付账单者,一律按当日中国银行兑换现钞的汇率折算人民币。

(9)宾客以企业受理的银行信用卡签付账单的,一律按账单实际金额填列"认购单",并让客人签付,不另收手续费。

(10)旅游企业及所属部门在银行开立的外汇账户,不准外单位或个人借用进行核算。

2. 外汇兑换管理

1) 外汇兑换的范围

旅游企业外币兑换代办处兑换外汇的范围包括人民币旅行支票、外国货币、信用卡、旅行支票、旅游信用证。

2) 外汇兑换需做好的工作

第一，旅游企业同银行签订外币兑换周转金限额协议，遵守银行外汇管理规定，专设外币保险柜。要求做好管理制度和出入库管理手续，每日外汇周转金的领取、存入、取送、清点应准确无误，签字手续完善。

第二，收款员每天早上按时收录银行公布的当日外汇牌价，及时填写、调整和向客人公布当天外币兑换牌价表。正式上岗前，准备好连续编号的外币兑换水单，不同面值和币别的兑换周转金。

第三，客人前来兑换外币，先查看客人的有效证件，然后核对客人外币兑换水单内容、币别、数额是否准确无误，辨别真假外币和旅行支票，最后按当日不同币别的牌价计算，收款员和复核员进行两级复核，唱收唱付，当面点清。

第四，每班兑换的外币及人民币，分别按水单号码、现金支票、币别和兑换牌价制作外币兑换表，核对是否准确无误。现金按币别打捆包装，签字上交。交接班报表、账单、数额清点应该无任何差错发生。

3. 资本金折算管理

旅游企业外币投入资本属于外币非货币性项目，旅游企业收到投资者以外币投入的资本，采用交易日即期汇率折算，不再采用合同约定汇率折算，外币投入资本与相应的货币性项目的记账本位币金额之间不产生外币资本折算差额。

(三)旅游企业外汇风险管理

1. 外汇风险的概念及种类

1) 外汇风险的概念

外汇风险广义上说是资金投放所引起的信用风险、利率风险和汇率风险。从狭义上说，主要是指汇率风险。外汇的汇率风险是指在国际经济交往中，以外币计价的资产或负债，由于外汇市场汇率的变动而蒙受损失的可能性。

2) 外汇风险的种类

(1) 交易风险。

交易风险是指以外币计价的交易，由于该币与本国货币的比值发生变化，即汇率变动而引起的损益的不确定性。

交易风险主要表现在以下几个方面：

①商品或劳务进出口贸易风险。这种风险是指在商品进出口交易成立时，按照国际通行的管理延期付款所形成的债权债务，由于汇率发生变化，在清算交割时所可能导致的风险。

②外币借款、贷款的风险。这种风险是指旅游企业与银行、金融机构之间因外币借款、贷款形成的债权债务，在尚未清偿前，汇率变动的不确定性所可能导致的风险。

(2) 折算风险。

折算风险是指根据会计制度的规定，把不同的外币余额，按一定的汇率折算为本国

货币的过程中,由于交易发生日的汇率和折算日的汇率不一致,会计账簿上的有关项目价值发生变动的风险。

(3)经济风险。

经济风险是指汇率的突然变化引起的旅游企业未来的销售单价、销售量、生产成本、国际市场竞争地位等方面的变化。

经济风险是一种相当复杂、具有潜在性的风险,其影响是长期的,而交易风险和折算风险是一次性的、短期的,因此从旅游企业的长期利益考察,经济风险的影响比交易风险和折算风险的影响更为重要。

2.外汇风险的管理

旅游企业防范外汇风险的办法,归纳起来有以下几种。

1)选择货币法

在办理国际结算时,企业应根据预测汇率的变动趋势,选择适当的货币结算的办法。在结算货币中,有硬货币和软货币之分。前者是指该种货币汇率比较稳定,而且有上升趋势;后者是指该种货币汇率不稳定,而且有下降趋势。旅游企业在合同谈判时,应尽量争取出口合同以硬货币结算,进口合同以软货币结算,或采取软硬货币搭配的方式结算,使交易双方共同承担外汇风险。

2)调整价格法

调整价格法分为加价保值或压价保值两种。如旅游企业从国外采购物资,付汇采用硬货币形式结算,这时可将预测的汇价损失从进口物资价格中剔除,以转移汇率变动的风险。

3)提前错后法

提前错后法指通过预测汇率变动趋势,采取提前或延迟付款的方式,来改变外汇资金的收付时间,以抵挡外汇风险。

4)平衡法

平衡法是采用特定的方法,使旅游企业资产负债表上受汇率变动影响的资产与负债数额相等。

5)外汇交易法

这是目前国际上普遍采用的控制外汇风险的方法,主要有利用远期外汇交易和利用外汇期权交易。

第三节　旅游企业结算资产管理

一、旅游企业结算资产的概念

结算资产的货币表现是结算资金。结算资金是指旅游企业在结算过程中发生的各种应收及预付款项,如应收账款、应收票据、预付账款及其他应收款等。应收账款是由

于赊销产品或服务而应向客户收取款项的一种短期债权。应收票据是旅游企业在业务经营过程中因赊销产品或服务而发生的有正式书面文件证明的应收款项。其他应收款是指旅游企业发生的各种赔款、罚款、保证金、应向职工收取的各种垫付款等。

二、旅游企业应收账款管理

(一)应收账款的功效分析

1.应收账款的利益分析

在激烈的市场竞争环境中,旅游企业想尽各种方法吸引顾客,其中在结算方面采用的促销手段之一是应收账款结算。运用应收账款进行结算,相当于为客户提供一个短期无息贷款,可以达到刺激客户消费的目的,从而为旅游企业增加营业收入奠定基础。

2.应收账款的成本分析

旅游企业采用应收账款结算会产生一系列成本,这些成本主要有以下几个方面:首先是管理成本,如调研成本、记账成本、催收款成本;其次是机会成本;再次是坏账成本;最后是税收成本及各项隐性成本。

我国旅游企业应收账款管理水平还比较落后,拖欠款现象较为严重。旅游企业在决策是否运用应收账款结账以及应收账款规模大小、期限长短时必须综合平衡利弊得失,以帮助旅游企业形成正确的决策。

(二)信用政策的确定

旅游企业应收账款的多少在很大程度上是由旅游企业的应收账款策略决定的,即旅游企业的信用政策。信用政策宽松时,就会促进销售,那么应收账款的数量、应收账款成本也会随之增加;信用政策严格时,旅游企业的应收账款数量、应收账款成本会降低,销售额也会随之减少。所以旅游企业应建立适合旅游企业需要的信用政策,充分利用应收账款的积极面,促进旅游企业的销售。

1.信用期间

信用期间是指旅游企业允许客户从购买产品或接受劳务到其支付货款的时间间隔,即旅游企业给予顾客的付款期间。一般情况下,较长的信用期限会在一定程度上增加旅游企业的销售,但不恰当地延长信用期间,会使旅游企业的平均收账期延长,从而增加应收账款的数量,引起机会成本的增加,也会引起坏账损失和收款费用的增加。因此,旅游企业应在比较信用期限的边际收入和边际成本的情况下来确定是否延长客户的信用期间。

2.信用标准

信用标准是指客户获得旅游企业商业信用的最低标准。如果旅游企业将信用标准定得太高,虽然会减少应收账款的成本,但不利于扩大销售;若旅游企业将信用标准定得太低,虽然会增加销售,但也会相应增加应收账款的持有成本。旅游企业在确定信用标准时,一般应考虑以下三方面因素。

第一,同行业竞争对手的情况。旅游企业如果在竞争中处于优势地位,信用标准就可严格一些;反之,则应宽松一些。

第二,旅游企业承担违约风险的能力。旅游企业具有较强的承担违约风险能力,则可以选择较宽松的信用标准来提高竞争力;反之,则选用严格的信用标准。

第三,客户的信用程度。客户的信用程度由其信用品质、偿付能力、资本、抵押品、经济状况五方面决定。旅游企业在制定信用标准时,应在对客户的信用程度进行调查、分析的基础上确定是否给客户信用优惠。

3.现金折扣

现金折扣是指旅游企业在利用信用的方式扩大销售的同时,为了加速资金周转,及时收回账款,降低应收账款成本,往往采取现金折扣的方式鼓励客户及早支付所欠账款,即对在规定的折扣期限内提前偿付欠款的客户给予一定比率的现金折扣。这种信用条件的基本表现方式如"2/10,n/30",就是规定如果在发票开出后10天内付款,可享受2%的折扣;如果放弃折扣优惠,全部货款则要在30天内付清。在这里,30天为信用期限,10天为现金折扣期限,2%为现金折扣率。

4.催收款政策

催收款政策是指对过期应收账款进行催收所遵循的原则及采用的方式。采用何种催收款政策需要视旅游企业经营状况的需要和对客户关系管理的需要确定,应按照服务为先、制裁为后的原则,采用电话提示、信函催要、上门收账、诉诸法律等方式,以尽量降低拖欠款损失。

在旅游企业信用政策制定并实施的过程中,要随时根据需要和变化调整信用政策,可根据客户档案中记录的客户还款情况调整赊销额度和赊销期限,以降低应收账款方面的资金占用额,加速流动资金周转速度。

(三)应收账款的日常管理

信用政策建立以后,旅游企业还要在对顾客进行信用调查和信用评估的基础上做好应收账款的日常管理工作,从而加速账款的回收,降低风险。

1.做好应收账款的日常记录和核算工作

旅游企业应设置"应收账款"总账,汇总记载旅游企业所有客户的往来账款数额及其增减变动情况;同时设置"应收账款明细账"分门别类地详细记录客户的往来款项变动情况,以便及时了解掌握情况,采取措施。另外,旅游企业还应做好客户的基础信息记录。这些基础信息包括:信用标准、信用期限、经办人员、付款时间、应收账款余额、客户名称、单位地址、联系方式、合同编号、记录账页页次等。这些信息有助于财务人员对信用政策及收账政策的执行效果以及客户的信用状况进行分析与评价。

2.确定合理的收账程序

催收账款的程序一般为信函通知、电话催收、登门拜访、法律行动。旅游企业在催收账款时,应针对不同过期时间的客户采取不同的催账态度和手段,以取得最佳的收账结果。

旅游企业在进行应收账款收回时,还应及时将付款通知书及账单寄出,这是一个常被忽略的问题。很多客人以及没有设置应付账款制度的旅游企业,在接到付款通知书时才知晓付款期已到。因此,旅游企业要及时寄送付款通知书,否则将无法要求客户按时付款。

3.建立应收账款坏账准备制度

无论旅游企业采取怎样严格的信用政策,只要存在商业信用行为,坏账损失的发生就是不可避免的。确认坏账损失有以下三个条件:

(1)债务人死亡,其遗产清偿后仍无法收回。

(2)债务人破产,其破产财产清偿后,仍不能收回。

(3)债务人拒付,逾期未履行偿债义务超过时间较长,且有足够证据证明无法收回或收回的可能性很小。

旅游企业会计制度规定应在期末分析各项应收账款的可收回性,并预计可能发生的坏账损失,计提或准备计提坏账。旅游企业计提坏账的准备方法和计提比例由旅游企业自己确定。旅游企业应当列出目录,具体注明计提范围、提取方法和计提比例,按照管理权限,经股东大会或董事会等机构批准确定,并按照法律、行政法规的规定报有关各方备案。坏账准备提取方法一经确定,不得随意变更。

(四)旅游企业应收票据的管理

票据是出票人自己承诺或委托付款人在见票时或指定日期无条件支付一定金额、可以流通转让的有价证券,包括汇票和期票。

1.汇票

汇票是出票人(旅游企业)签发、由付款人(客户)按约定的付款期限对指定的收款人无条件支付一定金额的票据。汇票有商业汇票和银行汇票两种。当旅游企业持有的汇票未到期时,则构成旅游企业的应收票据。

旅游企业签发使用汇票时必须坚持以下原则:

(1)使用汇票的单位必须在银行开立有账户。

(2)签发汇票必须以产品或劳务交易行为作为基础。

(3)所签发的汇票必须记明签发日期、金额、付款人名称和账号、付款人开户银行名称及行号、收款人名称及账号、收款人开户银行名称及行号、汇票到期日、交易合同号码、签发人印章。

(4)汇票可以背书转让或贴现。

旅游企业应设置专门的应收票据登记簿,以方便分项管理;旅游企业应学会利用背书方式支付应付款项,以节约资金,转让风险;旅游企业对未到期票据进行贴现时,要考核其成本与收益,注意区分名义利率与实际利率。

2.期票

期票是由客户签发并承诺在指定日期无条件支付一定金额给收款人或持票人(旅游企业)的票据。对旅游企业而言,该票据就是一种应收票据,分为带息期票和不带息期票两种。

(五)旅游企业应收账款管理效果评价

对旅游企业应收账款管理效果的评价可以通过应收账款周转率指标进行,该指标表明在一定时期内(通常指1年)应收账款转变为现金的次数。其计算公式如下:

$$应收账款周转率 = \frac{计算期赊销收入净额}{应收账款平均余额} \times 100\%$$

其中

$$赊销收入净额 = 营业收入 - 现销收入$$

$$应收账款平均余额 = \frac{期初应收账款 + 期末应收账款}{2}$$

在实际工作中,企业经常运用应收账款平均收账期来反映应收账款周转速度,所谓平均收账期是指 1 年内应收账款平均收回的时间。其计算公式如下:

$$应收账款平均收款期 = \frac{365}{应收账款周转速度}$$

应收账款周转速度越快,平均收账款越短,说明应收账款回收管理越有效。一般来说,应收账款平均收款期为 30 天比较合适,不过不同旅游企业经营状况不同,也不可一概而论。

第四节　旅游企业存货资产管理

一、存货资产管理的内容

(一)存货的概念

存货是指旅游企业在正常服务经营过程中持有的以备出售的产品、商品或者为了出售仍然处于生产过程中的在产品,或者为耗用而储备的各种物资。

存货具体包括原材料、燃料、物料用品、低值易耗品、商品等。原材料主要包括食品原材料,即食品原料、调料、配料等。燃料主要指旅游企业消耗的各种固体、液体、气体燃料。物料用品主要指旅游企业用于服务、办公及日常管理等方面的用品,包括为客户备用的物品、各种办公用品、营业部门的日常用品、针棉织品、包装物品等。低值易耗品是指旅游企业中不作为固定资产的各种工具、用品及家具等。商品是指旅游企业为销售而储存的各种物品。

旅游企业储备存货一方面是为了保障旅游企业经营,以便在为客人提供服务的过程中随时使用,不至于因物资短缺而使服务中止,影响旅游企业的服务质量;另一方面是为了获得价格上的优惠。

(二)存货管理的内容

(1)根据企业生产经营的特点,制定存货管理的程序和办法。

(2)合理确定存货的采购批量和储存期,降低各种相关成本。

(3)对存货实行归口分级管理,使存货管理责任具体化。

(4)加强存货的日常控制与监督,充分发挥存货的作用。

二、存货成本的构成

旅游企业要想持有一定数量的存货,必定会有一定的成本支出。与存货管理有关的成本主要包括以下几项。

(一)采购成本

采购成本是指由购买价格和运杂费等构成的成本。其总额取决于采购数量和单位成本。为了降低采购成本,旅游企业应研究材料的供应情况,做到货比三家、价比三家,最终使所购材料质量好、价格低。

(二)订货成本

订货成本是旅游企业为购买存货取得订单的成本,如办公费、差旅费、邮资、电话费等。在订货成本中,有些成本与订货次数无关,是固定成本,如办公支出、人员工资;有些成本与订货次数有关,是变动成本,如采购人员的差旅费。

(三)储存成本

储存成本是指旅游企业为储存存货而发生的相关成本,包括存货占用资金的成本即应计利息,以及由于保管存货而发生的仓储费用、保险费用、搬运费用、保管工人工资等,还包括存储过程中存货破损和变质损失等费用。存货的储存成本也分为变动成本和固定成本。固定成本与存货的储存数量无关,如仓库的折扣、仓库员工的工资;变动成本与存货储存的数量有关,如存货占用资金的利息、存货破损和变质的损失等。

三、存货的控制

旅游企业存货控制的目的就在于以最小的成本保证存货的最佳水平,提高存货利用效率。

(一)存货的定额控制

存货的定额控制通过存货的定额管理实现。存货的定额管理是指旅游企业在一定时期、一定技术水平和管理水平下,为完成经营服务所必须消耗的存货数量标准。存货定额包括存货消耗定额和存货仓储定额。旅游企业在经营过程中应对存货进行定额管理,其目的在于找出存货消耗的规律,降低存货消耗量,节约成本,提高旅游企业经济效益。下面以存货消耗定额为例,阐述旅游企业的定额管理。

1. 影响旅游企业存货消耗定额的因素

在旅游企业经营管理过程中,很多因素都会影响旅游企业存货消耗定额,其中与旅游企业存货消耗定额成同向增长的因素有旅游企业等级规格、存货折损率;与消耗定额成反向增长的因素有操作技术水平、存货的生命周期、存货的储存或保养条件、设备性能。

2. 旅游企业存货消耗定额的确定程序

首先,将存货消耗定额下达到各部门并说明含义及重要性,根据各部门存货消耗工

作的要求,确定存货消耗定额标准。

其次,详细制定单位产品或商品、单位接待能力所需存货配备表。

再次,确定一次性用品单位时间或单位产品消耗定额,确定多次性用品在寿命周期内的损耗率或更新率。

最后,对所有数据进行汇总,确定存货消耗定额。

3. 旅游企业确定存货消耗定额的方法

1)经验估计法

经验估计法即依据工作中积累的经验,在考虑客源淡季与旺季之间的差别的基础上,对旅游企业中的一些存货的消耗做出估计。这种方法适用于受主观因素影响而消耗量变动较大的存货。其优点是简单、省力,缺点是不够精确。

2)统计分析法

统计分析法即根据历史数据,对一定时期内实际消耗存货的数量进行统计、分析,根据分析、计算的结果查找规律,从而制定存货定额。这种方法适用于多次性消耗存货的消耗定额的制定。这种方法的优点是具有一定的准确性和科学性;缺点是如果缺乏历史数据或历史数据记录不全面、分析不透彻,结果会存在很大的偏差。

3)实物实验法

实物实验法是在旅游企业经营的实际条件下,通过反复的操作、考察及对实际消耗存货进行分析汇总,确定存货的消耗定额。运用这一方法时,要有足够的次数,取不同操作水平人员的加权平均值。

另外,在确定旅游企业存货消耗定额的过程中,应区分客用存货和店用存货。客用存货消耗定额应尽量放宽,以应付特殊情况的发生;店用存货的消耗定额应从严,可以在员工中树立节约的观念。

(二)存货的经济批量控制

存货的经济批量控制是一种控制存货收发采购的方法。经济批量即经济订货量,是指一定时期储存成本和订货成本总和最低的采购批量。旅游企业计算存货经济订货量指标时,应建立如下假设:

(1)市场需求与供给比较稳定。

(2)旅游企业存货的耗用或者销售比较均衡。

(3)存货的市场价格相对稳定。

(4)进货日期完全由旅游企业自行决定,可以随时补充订货量。

(5)旅游企业现金充足,仓储条件不受限制。

(6)不允许出现缺货情形。

(7)所需存货的购置成本和短缺成本都是决策无关成本。

因此,与存货订货批量、批次直接相关的成本只有变动性订货费用和变动性储存成本。当相关订货费用与相关储存成本相等时,存货成本最低,此时的订购批量就是经济订货批量。基本模型如下:

假设 Q 为经济订货批量,D 为某种存货年度计划进货总量,K 为平均每次进货费用,K_c 为存货单位储存成本,则:

$$经济订货批量 Q = \sqrt{\frac{2KD}{K_c}}$$

$$经济订货批量的存货相关总成本 TC = \sqrt{2KDK_c}$$

【例 5-1】 天华旅游企业销售某种商品,预计全年销量为 49000 件,该商品进货单价为 5 元,每次订货成本为 1000 元,每件商品平均年储存成本为 0.5 元,则:

$$经济订货批量 Q = \sqrt{\frac{2KD}{K_c}} = \sqrt{\frac{2 \times 1000 \times 49000}{0.5}} = 14000(件)$$

(三)ABC 控制法

旅游企业存货品种众多,收发频繁,如果对每一件存货都进行严格的规划与控制,不但费时费力,占用过多的资金和人力,还容易抓不住重点,忽视重点物资的管理,从而造成经营活动的重大损失,针对这一问题可通过 ABC 控制法对存货进行区分的管理。

ABC 控制法就是将旅游企业品种繁多的存货按其重要程度、消耗数量、价值大小、资金占用等情况划分为 A、B、C 三类,对不同类存货采用不同控制的一种管理方法。

首先,计算每一种存货在一定时期内(一般为 1 年)的资金占用额。

其次,计算每一种存货占用额占全部资金占用额的百分比,并按大小排序。

再次,按事先测定好的标准,把最重要的存货划分为 A 类,把一般存货划分为 B 类,把不重要的存货划分为 C 类。

最后,对 A 类存货进行重点规划和控制,对 B 类存货进行次重点管理,对 C 类存货进行一般管理。

如果把结果用表格形式表示出来,则如表 5-1 所示。

表 5-1 旅游企业存货分类表

物资类别	品种占比	资金占比	管理方式
A	约 10%	约 70%	重点
B	约 25%	约 20%	次重点
C	约 65%	约 10%	一般

四、旅游企业存货的日常管理

(一)存货的归口分级管理

存货归口分级管理是指在总经理、财务总监的领导下,以财务部门为核心,根据使用资金和管理资金相结合、物资管理和资金管理相结合的原则,按各职能部门分工将所涉及的业务归口管理,然后各部门再根据具体情况对存货资金计划指标进行分解,实行分级管理。具体包括以下几个方面。

1. 存货资金的归口管理

旅游企业存货资金归口管理的分工一般为原材料、物料用品归口采购部门,修理用备件归口工程设备部门,在用棉织品归口洗涤部门,在用餐具归口餐饮部门,客房家具、电器归口客房部门,劳保用品归口劳动工资部门。

2.存货资金的分级管理

存货资金的分级管理即在资金归口管理的前提下,各归口部门根据具体情况对各资金计划指标进行进一步分解,分配给所属单位或个人,层层落实,实行分级管理。

(二)建立严格的存货管理责任制度

旅游企业要建立物资的收入、发出、领用、退还责任制度,任何物资进库都必须经专门人员验收。仓库保管人员应根据存货的品种、规格、价值等特征,统一编号,分类存放。并按规定做好各类存货的收、付、存记录,力求账簿与实际相符。

(三)认真做好存货的日常清查工作

旅游企业存货品种较多,有些还是易腐烂变质的产品,为了保证存货的安全与完整,要对存货进行经常性清查。对盘盈、盘亏、毁损的存货,应当及时查明原因,追究责任。对于积压物资或存量低于安全线的存货,要及时组织销售或调整,争取做到物尽其用,以加速资金周转。

本章小结

旅游企业流动资产的概念、特点及分类;旅游企业现金管理的意义,旅游企业现金收支计划的编制及旅游企业现金余额的控制与利用;应收账款的功能,信用政策的确定,应收账款的日常管理;存货的概念和特点,存货管理的意义,存货的控制及存货的日常管理;外汇、外汇汇率、汇率制度的概念,影响外汇汇率的主要因素,旅游企业外币业务管理和旅游企业外汇风险管理;旅游企业结算资产管理。

 **重要概念**

流动资产　货币资产　结算资产　存货资产　外汇资金

 **思考题**

1.旅游企业现金持有的动机有哪些?
2.确定信用标准应考虑的因素有哪些?
3.存货成本的构成是什么?
4.简述 ABC 控制法。
5.简述旅游企业的外汇风险及管理对策。

在线答题

 **计算题**

　　某旅游企业销售某种商品，预计全年销量为 64000 件，该商品进货单价为 20 元，每次订货成本为 1000 元，每件商品平均年储存成本为 0.5 元，其经济订购批量应该为多少？

案例分析

曲江文旅应收账款居高不下，兄弟单位为欠款大户

来源：中国经营网　时间：2020-09-04　作者：尹蓉

　　西安曲江文化旅游股份有限公司（以下简称"曲江文旅"）的应收账款余额仍在持续增长。

　　该公司最新披露的信息显示，应收账款至 2020 年 6 月月末达 6.66 亿元，其中应收账款前五名客户的余额合计占比 80％以上，均是曲江文旅受托管理的几大主要景区拖欠的景区管理酬金。

　　《中国经营报》记者梳理发现，景区管理酬金被西安曲江新区社会事业管理服务中心等"兄弟单位"及关联方拖欠的背后，是景区门票逐渐取消，每年需要支付的巨额管理酬金或需景区所有方持续"输血"。

　　对于被拖欠的管理酬金支付来源、何时能够被支付等问题，曲江文旅方面未予回复。

　　一、应收账款高企

　　曲江文旅的业务有景区运营管理、旅游服务、餐饮管理、旅游商品销售收入和园林绿化等，自 2013 年借壳 ST 长信上市以来，曲江文旅的景区运营管理收入一直占营收比重过半，更是盈利的主要来源。曲江文旅 2020 年半年报显示，景区运营管理收入为 2.45 亿元，在营业收入中占比 71.76％。

　　自 2016 年开始，曲江文旅的应收账款开始激增，至 2020 年 6 月月末已高达 6.66 亿元，而上半年的营业收入仅为 3.45 亿元，净利润为 -1.11 亿元。2017 年年末、2018 年年末和 2019 年年末，曲江文旅的应收账款余额分别为 5.1 亿元、5.76 亿元和 6.08 亿元。曲江文旅方面表示，上半年应收账款增加，主要是受新冠肺炎疫情影响，公司除受托管理景区外，同期的各项业务收入均大幅降低。

　　据公告，曲江文旅自有自营的景区为曲江海洋极地公园，曲江文旅被拖欠的数亿元管理酬金都来源于受托管理景区。受委托代运营管理的文化旅游景区主要包括西安曲江大雁塔·大唐芙蓉园、西安城墙景区、楼观道文化展示区、大明宫国家遗址公园等。曲江文旅近几年业绩增长乏力，从已经披露的信息来看，截至 2020 年 6 月月末，应收账款前五名中，除新增了西安曲江渼陂湖投资建设有限公司拖欠管理酬金 2737 万元外，西安曲江新区事业资产管理中心拖欠管理酬金 2.44 亿元，西安曲江大明宫遗址区保护改造办公室（以下简称"大明宫保护办"）拖欠管理酬金 2.03 亿元，西

安曲江楼观道文化展示区管理办公室(以下简称"楼观管理办")拖欠4627万元,西安曲江楼观道文化展示区开发建设有限公司拖欠1352.8万元。

与半年报相比,在随后的反馈意见中,曲江文旅披露的2020年6月月末前五大应收账款单位中,少了西安曲江楼观道文化展示区开发建设有限公司1352.8万元,多出旅游投资集团的1190.11万元。在3480.6万元的其他应收款中,前五名共拖欠2973万元,西安曲江新区事业资产管理中心代垫水电费973.9万元,自然人曹鹏代收款899.3万元,西安曲江文化产业资本运营管理有限公司房租意向金500万元,西安经开城建集团有限责任公司押金300万元,荆州园博园生态园林建设运营有限公司合作款300万元。值得一提的是,曹鹏的代收款为899.3万元,此前曲江文旅回复交易所时表示,公司对曹鹏899万元其他应收款形成原因为,曹鹏2014年从大唐芙蓉园分公司银行账户非法盗取的资金,2014年度已就上述损失计提资产减值准备639.5万元。记者通过公开裁判文书获悉,曹鹏原为曲江文旅大唐芙蓉园分公司财务部银行出纳,仅初中学历,任职期间因参与网络赌博盗用单位资金900余万元。2019年12月23日西安市雁塔区人民法院下发的执行裁定书内容显示,执行标的920.3万元及利息,申请执行人曲江文旅全额未受偿。执行机关在对查明的被执行人开立的银行账户依法采取了冻结措施后,未发现被执行人的具体下落和其他有效的财产线索,最终决定终结执行程序。

二、业绩依赖"财政输血"

记者了解到,即便不像其他委托单位常年挂在应收账款方前列,明城墙景区近几年的管理酬金有大幅增加。记者就管理酬金变动较大原因致函致电曲江文旅方面,其并未对此予以解释。

据公告,曲江文旅与委托单位的交易类型为提供劳务,门票以外的经营性收入归曲江文旅所有。2016年度管理酬金为1917.81万元,2017年度为3972.90万元。2018年全年4417.94万元,其中1—9月管理酬金为2000万元,10—12月管理酬金为2417.94万元。2019年管理酬金增至8581.79万元。

实际上,按照此前曲江文旅和多个主要景区所有方签订的长达20年的代运营协议,委托期限至2030年年末。曲江文旅的代运营收入主要由两部分构成,一部分是管理酬金,一部分是经营性收入。管理酬金分为固定酬金和浮动酬金两种,经营性收益也分全部归代运营方曲江文旅收取和按比例与景区所有方分成等模式。

经营性收入中,明城墙景区(2018年9月之前)、大明宫遗址公园、大唐芙蓉园景区经营性收入全部归曲江文旅所有。曲江池遗址公园、唐城墙遗址公园、大雁塔景区、大唐不夜城景区(含开元广场、银泰广场等)和唐大慈恩寺遗址公园的经营性收入,第一个五年(2010—2015年)100%归曲江文旅,第二个五年92%归曲江文旅,第三个五年90%归曲江文旅,第四个五年88%归曲江文旅。

管理酬金中,上述主要景区基本为固定酬金模式,而大唐芙蓉园比较特殊,是以门票收入为基础的固定+浮动管理酬金。在2020年8月1日门票免费后,双方补充签订了委托协议,改为以入园人数为基础的成本加成模式,具体是年度预计成本加8%的服务报酬。此外,根据西安市加快推进文旅融合发展的工作部署,原受托管理的收费景区2020年8月1日起也实行免费开放。

不难看出,除明城墙景区所有方外,其余的主要景区所有方均属"欠款大户"。而实际上,明城墙景区目前也是曲江文旅受托管理的景区中,为数不多的收费景区,但明城墙景区的门票收入全部归明城墙所有方,曲江文旅只是代收。对于被拖欠的数亿元管理酬金支付时间,以及曲江文旅受托管理的景区除门票收入、经营性收入之外,是否还有其他渠道的收入来支付管理酬金等问题,曲江文旅方面未予回应。

在回复交易所非公开发行 A 股反馈意见时,曲江文旅及保荐机构中信证券股份有限公司称,管理酬金的几大欠款方均属于曲江管委会下设政府机构,支付管理酬金须遵守财政资金收支管理规定,实行"收支两条线"管理,管理酬金支付需纳入财政预算后由财政部门拨付。

也就是说,目前曲江文旅被拖欠的数亿元管理酬金,需等到财政资金拨付到位,并履行相应的划拨程序后才能收到。

事实上,2020 年因土地出让收入和城市基础设施配套费收入减少,曲江新区管委会的财政预算收支大幅下滑,从目前已获得的欠款方财政预算收入金额看,支付管理酬金若需财政资金拨付,已拖欠应付账款的还款时间或需数年。

2020 年西安曲江新区管委会预算支出 70.94 亿元,其中,一般公共预算支出33.15 亿元、政府性基金预算支出 37.789 亿元,预算支出较上年减少 41.6 亿元。

曲江文旅的数个欠款大户 2020 年财政预算收支计划中,并未看到标注为景区管理方面的大额预算支出。比如,大明宫保护办 2020 年全年综合预算政府采购(资产配置、购买服务)支出 1.485 亿元,其中最大一项支出预算为城棚改办购买服务支出,支出金额是 1.195 亿元。楼观管理办 2020 年度预算支出 606.86 万元。截至 2020年 6 月月末,大明宫保护办欠付管理酬金 2.03 亿元,楼观管理办欠付管理酬金 4627万元。

(收录时略有改动)

【思考题】

旅游企业如何加强对应收账款的管理?

第六章
旅游企业固定资产管理

学习目标：

通过本章的学习，理解固定资产的含义及其分类和计价，掌握固定资产折旧方法，了解固定资产日常管理内容，理解固定资产分析的内容。

素养目标：

聚焦社会主义核心价值观，引导学生践行"两山"理论，培养勤俭节约和保护生态环境思想。

第一节　旅游企业固定资产管理概述

旅游企业是综合性的服务企业，其主要的经营业务是为客人提供住宿、娱乐场所和设备。旅游企业固定资产是旅游企业重要的劳动资料和物质基础，其固定资产投资一般占旅游企业总投资额的 70％—80％，作为高固定资产投资的旅游企业，其巨额投资一般需要经过长期的经营活动才能收回，所以旅游企业对固定资产管理的水平和效果，将直接影响旅游企业的整体发展水平。

一、旅游企业固定资产概念及特点

（一）固定资产的概念

根据《旅游、饮食服务企业财务制度》规定，旅游企业固定资产是指使用年限在一年以上的房屋、建筑物、机器、机械、运输工具和其他与生产经营活动有关的设备、器具、工具等。不属于生产经营主要设备的物品，单位价值在 2000 元以上，并且使用年限超过两年的，也应当视为固定资产。

（二）旅游企业固定资产的特点

固定资产的投资是在较长的时期内业务经营的需要，它在周转使用过程中具有以下特点：

（1）一次性投资大，使用期限长。

（2）在较长的使用期限内不明显改变原来的实物形态。

（3）价值以双重形式存在，一部分随实物磨损程度，以折旧形式逐步地、部分计入费用或成本，并从营业收入中得到补偿，另一部分仍留存在实物形态上，直至报废才能脱离出来。

（4）投资的集中性和回收的分散性。固定资产的价值补偿和实物更新在时间上是分别进行的，旅游企业购置固定资产是一次性全部垫支资金，即体现投资的集中性，但由于其价值是逐渐转移的，因此，固定资产的收回是分次逐步实现的。

另外，旅游企业的大部分设备既是固定资产，也是出租商品。这些设备设施是直接为客人服务的，如酒店向客人出售客房，是同一种商品的反复营销，客人只得到某一阶段、某一时间的住宿权利，实物资产并没有发生转移，客人对所购买产品质量的评价与一般意义上的产品评价方式不同，再加上客人不断地变动、客人的需求因习惯等存在差异，形成了旅游企业固定资产自身的特点。这种特点决定了旅游企业的设备无形损耗大、更新周期短、维修费用大，必须做好日常维修工作，保持全新状态或在一定时期内进行更新改造。

二、旅游企业固定资产的分类

（一）按经济用途分类

按经济用途分类，旅游企业的固定资产可以分为营业用固定资产和非营业用固定资产。营业用固定资产是指直接参与经营过程或服务于旅游企业经营过程的固定资产，如客房、餐厅、各种健身娱乐设施以及供水、供电设施及运输工具等。非营业用固定资产是指不直接服务于旅游企业经营的固定资产，如员工宿舍、员工食堂等。

这种分类有利于掌握旅游企业固定资产的总体构成情况，以便促使旅游企业更加合理地进行固定资产配置。

（二）按使用情况分类

按使用情况分类，可分为在用固定资产、未使用固定资产和不需用固定资产。在用固定资产是指正在使用的固定资产，包括由于季节性和大修理等原因暂停使用以及存放在使用部门以备替换使用的机器设备，其须计提折旧。未使用固定资产是指旅游企业购入而尚未使用、尚待安装及进行改建扩建的固定资产和经批准停止使用的固定资产。不需用固定资产是指旅游企业不需要而准备处理的固定资产。后两类固定资产不需计提折旧。

这种分类可以有效地反映旅游企业固定资产的使用情况，促使旅游企业合理有效地利用固定资产，提高固定资产使用效益，同时也便于明确固定资产计提折旧的范围。

（三）按实物形态进行分类

在实际工作中，为管理和核算的需要，旅游企业固定资产在采用经济用途和使用情况相结合分类的前提下，按固定资产的实物形态将固定资产分为七类：房屋及建筑物、

机器设备、交通运输工具、家具设备、电器及影视设备、文体娱乐设备和其他设备。这样可以反映旅游企业固定资产的不同类别,为确定固定资产折旧年限奠定基础。

第二节　旅游企业固定资产折旧

一、固定资产计价

为正确反映旅游企业固定资产增减变动情况和实际成本,必须对固定资产进行计价。这是真实反映旅游企业财产状况的必要条件,也是计提折旧的重要前提。在固定资产核算中,通常采用以下三种计价标准。

(一)按原始价值计价

原始价值是指在购置、建造固定资产时支付的货币总额。由于固定资产来源不同,其原始价值的确定方法也不同,新增固定资产应按下列标准计价:

(1)新购置的固定资产,以购入价加支付的运费、途中保险费、包装费、安装费及缴纳的税金为原价。

(2)投资者投入的固定资产,按评估确认的价值或合同、协议约定的价格计。

(3)自行建造的固定资产,按在建造过程中发生的全部费用计价。

(4)在原有基础上改建、扩建或技术改造完工的固定资产,按原有固定资产原值加上由于改建、扩建或技术改造发生的全部支出,减去因固定资产改建、扩建中发生的变价收入。

(5)融资租入的固定资产,按租赁协议或合同确定的价款,加上发生的运输费、途中保险费、安装调试费等计价。

(6)接受捐赠的固定资产,接受捐赠固定资产的市场价格或根据捐赠者提供的有关凭证加受赠旅游企业负担的运输费、保险费和安装调试费等计价。

这种计价方法反映旅游企业固定资产原始投资的规模和经营能力。

(二)按固定资产净值计价

固定资产净值又称固定资产折余价值,是固定资产原值减累计折旧后的净额,其反映旅游企业固定资产的现有价值。

(三)按重置完全价值计价

重置完全价值又称重估价值,是指按当前生产条件和价格标准新购置固定资产所需的全部支出。对于旅游企业来讲,以下几种情况可用重置完全价值计价:

(1)原始价值记录不全,无法正确反映实际情况的固定资产。

(2)现有固定资产经改造、扩建后,如果实际价值与原来账面价值相差悬殊,经批准可以采用重置完全价值计价。

（3）盘盈的固定资产按照同类固定资产的完全重置价值计价。

二、固定资产折旧

（一）固定资产折旧概念

固定资产折旧是指固定资产在使用过程中，由于损耗而转移到费用中去的那部分价值。这部分价值通过提供服务从营业收入中得到补偿。

固定资产在使用过程中发生损耗的因素有两类：一类是有形损耗，一类是无形损耗。有形损耗是指由于生产使用或自然力的作用而发生的物质磨损。无形损耗是指由于生产工艺进步、劳动生产率提高或技术进步而引起的固定资产的价值损耗。

（二）固定资产折旧的计算

固定资产折旧除了考虑固定资产的原始价值和使用年限这两个主要因素外，还要考虑报废清理时的净残值。目前旅游企业采用的固定资产折旧方法主要有以下几种方法。

1. 平均年限法

平均年限法也称直线法，是根据固定资产预计使用年限（折旧年限）和预计净残值，按年平均分摊固定资产折旧总额的一种方法。采用这种方法各个计算期的折旧额是相等的。平均年限法计提折旧的办法是直线折旧法的一个典型代表。其计算公式如下：

$$固定资产年折旧额 = \frac{固定资产原值 - 净残值}{预计使用年限}$$

其中

$$净残值 = 残值 - 清理费用$$

为简化计算，实际工作中通常采用折旧率来计算固定资产折旧额。其计算公式如下：

$$固定资产年折旧率 = \frac{1 - 净残值率}{预计使用年限} \times 100\%$$

或

$$固定资产年折旧率 = \frac{固定资产年折旧额}{固定资产原值} \times 100\%$$

$$固定资产月折旧率 = \frac{固定资产年折旧率}{12}$$

$$固定资产月折旧额 = 固定资产原值 \times 固定资产月折旧率$$

固定资产的折旧率，有个别折旧率、分类折旧率和综合折旧率三种。个别折旧率是按每项固定资产分别计算的，能真实反映固定资产实际损耗情况，但工作量大；综合折旧率是就全部固定资产综合计算，这种方法工作量小，但无法真实反映旅游企业固定资产损耗情况；综合二者利弊，可采用分类折旧率，就是将性质、结构相同和使用年限大体相同的固定资产归为一类进行计算。

【例 6-1】 某旅游企业某项固定资产原始价值为 200000 元，预计净残值为 5%，预计使用年限为五年，则：

$$该固定资产年折旧额=\frac{固定资产原值\times(1-净残值率)}{预计使用年限}$$

$$=\frac{200000\times(1-5\%)}{5}$$

$$=38000(元)$$

$$年折旧率=\frac{38000}{200000}=19\%$$

$$月折旧率=\frac{19\%}{12}\approx1.583333\%$$

$$月折旧额=\frac{38000}{12}\approx3166.67(元)$$

或

$$月折旧额=200000\times1.583333\%\approx3166.67(元)$$

2.工作量法

工作量法是根据固定资产用于生产经营的使用程度,按比例计提折旧的方法,即用每单位工作量相同的折旧额乘以一定时期内的实际工作量,求出此时期应提折旧额。该折旧法主要适用于磨损程度与工作量有密切关系的固定资产。其计算公式如下:

$$单位工作量折旧提取额=\frac{原值\times(1-预计净残值率)}{预计总工作量}$$

$$年折旧额=单位工作量折旧提取额\times该年工作量$$

【例 6-2】 某旅游企业一清洗设备原值 100000 元,预计净残值为 3%,预计总工作时数 200000 小时,预计今年工作 40000 小时,则:

$$单位工作小时折旧提取额=\frac{100000\times(1-3\%)}{200000}=0.485(元/小时)$$

$$今年的折旧额=0.485\times40000=19400(元)$$

上述两种折旧方法是我国目前普遍采用的方法。为满足服务对象的需求,达到服务标准,旅游企业的固定资产的设备、设施的使用期限不可太长,所以旅游企业的固定资产无形损耗大,要求更新期限短。为此,部分设备经批准后,可以采用加速折旧的方法计提折旧。双倍余额递减法和年数总和法是旅游企业常用的两种加速折旧方法。旅游企业采用加速折旧方法需报财政部门批准。

3.双倍余额递减法

双倍余额递减法就是在不考虑固定资产预计净残值的情况下,根据每年年初固定资产净值和双倍的直线法折旧率计算固定资产折旧额的一种方法。采用这种方法计算折旧额时,由于每年年初固定资产净值没有扣除预计净残值,所以在计算折旧额时,应在其折旧年限到期前两年内,将固定资产净值扣除预计净残值后的余额平均摊销。其计算公式如下:

$$年折旧率=\frac{100\%}{预计使用年限}\times2$$

$$年折旧额=当年初账面净值\times年折旧率$$

$$月折旧额=当年折旧额\div12$$

【例 6-3】 绿野旅游企业某项固定资产原始价值为 10 万元,预计净残值为 5%,预计使用年限为五年,则其各年折旧率和折旧额计算如下:

$$年折旧率=\frac{100\%}{5}\times2=40\%$$

第一年年初账面净值＝10(万元)

第一年应提的折旧额＝10×40％＝4(万元)

第二年年初账面净值＝10－4＝6(万元)

第二年应提的折旧额＝6×40％＝2.4(万元)

第三年年初账面净值＝6－2.4＝3.6(万元)

第三年应提的折旧额＝3.6×40％＝1.44(万元)

第四年年初账面净值＝3.6－1.44＝2.16(万元)

第四年应提的折旧额＝2.16×40％＝0.864(万元)

第五年年初账面净值＝2.16－0.864＝1.296(万元)

第五年应提的折旧额＝1.296－10×5％＝0.796(万元)

采用双倍余额递减法时需注意,由于账面净值逐年递减,在折旧率不变得情况下,净值永远无法摊完。所以计算中如果某期按这种方法计算的应提折旧额小于用平均年限法计算计提的折旧额,就可以从该期开始,改用平均年限法计提折旧,固定资产使用期满时,其账面净值与预计净残值相等。有时为简化核算过程,可以在折旧年限到期前两年改用直线法计提折旧。如将上题第四年、第五年改成平均年限法计提折旧额,结果如下:

$$第四、第五年年折旧额=\frac{2.16-10\times5\%}{2}=0.83(万元)$$

4. 年数总和法

年数总和法是根据固定资产在预计使用年限内的折旧总额,乘以每期递减的折旧率,计算每期固定资产折旧额的方法。递减折旧率的分母为固定资产使用年限的各年年数之和,即年数总和;递减折旧率的分子为固定资产尚可使用的年数。其计算公式如下:

$$当年折旧率=\frac{年初尚可使用年数}{预计使用年数总和}=\frac{折旧年限-已使用年限}{折旧年限\times(折旧年限+1)/2}\times100\%$$

$$年折旧额=(固定资产原值-预计净残值)\times当年折旧率$$

【例 6-4】　同【例 6-3】内容。其折旧额计算如下:

$$1+2+3+4+5=15$$

$$10\times(1-5\%)=9.5(万元)$$

第一年折旧:　　　　$9.5\times\frac{5}{15}\approx3.166667(万元)$

第二年折旧:　　　　$9.5\times\frac{4}{15}\approx2.533333(万元)$

第三年折旧:　　　　$9.5\times\frac{3}{15}=1.9(万元)$

第四年折旧:　　　　$9.5\times\frac{2}{15}\approx1.266667(万元)$

第五年折旧:　　　　$9.5\times\frac{1}{15}\approx0.633333(万元)$

无论采用直线折旧法还是加速折旧法,在固定资产使用年限内所计提的折旧总额是一样的,但如采用加速折旧法,由于在前期计提的折旧费较多,可以使大部分投资尽早收回,减少投资风险,满足货币时间价值的要求;同时,由于前期多提折旧,费用增大,利润减少,从而前期可以少缴企业所得税。

第三节 旅游企业固定资产的日常管理

固定资产占旅游企业总资产的比例非常高,是旅游企业的资产的主要组成部分,只有对其进行有效的日常管理,才能保证各部门的固定资产正常运营,减少报损。旅游企业固定资产的日常管理应做好以下几方面工作。

一、建立固定资产管理责任制,实行归口分级管理

管好固定资产不能仅靠个别职能部门,必须建立和健全固定资产管理制度,本着管用结合的原则,将固定资产的日常管理的权限和责任分解到各个使用部门、使用单位和个人。

实行归口管理就是以财务部门为核心,将各项固定资产按照类别归口管理。如将机器设备、生产用具交由设备部门管理,管理用具交由行政部门管理。各部门对固定资产进行调配、管理、维修,定期对固定资产的使用和管理情况进行检查。

在进行归口管理时,要配合使用部门管理责任制,实行分级管理。将固定资产的管理权限和责任落实到每个班组、每个人,并将其结果纳入岗位考核。

二、建立固定资产卡片

固定资产卡片是固定资产日常管理的一项有效措施。其作用是记录固定资产的基本信息,进一步落实固定资产的管理责任。

旅游企业应以每项固定资产为对象设立固定资产卡片,登记固定资产的编号、名称、规格型号、技术特征、使用单位、所在地点、建造年份、开始使用日期、原始价值、预计使用年限、折旧率、大修理次数和日期、转移调拨、报废清理记录等。

财会部门除按固定资产类别管理卡片外,还应将卡片按使用部门分级存放,若有变动,应随时登记在相关的卡片上,以便及时记录和掌握固定资产的存放和变动情况。财会部门还要做好固定资产的检查工作,加强与使用部门的联系,以便保证卡物相符。

三、建立固定资产的定期盘点制度

旅游企业使用的固定资产种类繁多,数量很大,并且分散到各个部门,同时固定资产也会随着旅游企业的经营出现报损和新增,旅游企业必须建立定期盘点制度,以及时了解固定资产的状况,保证账账相符、账物相符。

旅游企业在对固定资产进行盘点时,一般采用账账核对、账物核对的办法,对于盘

点中的盘盈、盘亏和毁损要查明原因,及时处理。盘盈的固定资产,按其原始价值减去估计折旧的差额计入营业外收入;盘亏和毁损的固定资产按其原始价值扣除累计折旧和过失人及保险公司赔款后的差额计入营业外支出;旅游企业对于出售或清理报废固定资产所获得的变价净收入与固定资产净值间的差额,计入营业外收入或营业外支出。

四、做好固定资产的维护保养,提高其完好率和利用率

旅游企业固定资产的完好程度直接影响旅游企业产品的质量,尤其是客人直接使用的一些设备,更应注意保持清洁、安全等,因此要制定必要的维修保养制度。对于有故障的固定资产要做到及时维修,防止小故障不修理,日后出现大修理增加支出。做好维修保养工作,可以有效地提高固定资产的完好率和利用率。

本章小结　固定资产的概念、特点和分类,重点掌握固定资产折旧的方法和固定资产的日常管理。

重要概念

固定资产　分类与计价　固定资产折旧

计算题

某旅游企业某项固定资产原值 100 万元,预计净残值为 4‰,预计使用年限为六年,分别用平均年限法和加速折旧法的两种方法进行各年折旧额的计算。

在线答题

案例分析

高租金下经济型酒店如何破局

来源:中国旅游报　时间:2019-10-31　记者:秦宇 刘承伟　编辑:曹雪文

近年来,酒店物业租金水平尤其是一二线城市核心地段的租金水平快速上涨,给主要通过租赁物业运营的经济型酒店品牌带来了极大的成本压力。目前行业内常见的应对做法是升级到中端品牌,提升间夜价格,以此来拉低房租在成本中的比重。但是这种做法也使得市场中物美价廉、服务于大众市场的经济型酒店正在减少。租金飞涨,经济型酒店该如何破除地租桎梏,重新塑造其经济型本色呢?不妨来看看英国的 Easy Hotel 是怎样做的。

Easy Hotel 是一家专门在欧洲大城市核心区经营经济型酒店的公司,这家公司

Note

通过具有很强针对性的经营策略,成功克服了高租金成本的劣势,取得了很好的发展。以下从三个方面介绍 Easy Hotel 的措施。

第一,少而精的设施。

作为有限服务酒店,Easy Hotel 只在房间内提供满足客人基本需求的设施,但少而精。房间内几乎没有桌椅,也没有电话、台灯等小型电器,更没有杯子、热水壶和咖啡壶。除了床和床上用品之外,房间内只有两个灯、一个液晶电视、一个多功能衣架和一个垃圾桶。但是,床非常舒服,床品质量非常好。整体卫生间设计良好,淋浴喷头出水量大、水温升温快、下水快,卫生间内的淋浴喷头、面盆龙头、马桶等均采用欧洲一线品牌,浴巾、面巾的纱支数也很高,使用起来非常舒适。

虽然面积不大,但设计和装修很精细,在力求美学效果的同时采用耐损耗的建材进行建筑和装饰,大幅度减少了后期的维护费用;高质量的设施保证了其耐用性,延长了其使用寿命,从长远上看减少了其固定成本投入;少而精的设施,不仅降低了营建投入和维护成本,同时也满足了顾客基本的住宿需求并且确保了核心产品的高质量,得到了顾客的认可。

第二,精选位置。

Easy Hotel 都位于城市中地理位置较好的地段,尽管不是最核心位置,但距离最主要的服务设施、旅游景点和办事机构都很近,而且周围配套设施齐全。以伦敦克罗伊登镇的 Easy Hotel 为例,其位于城市主要道路附近,方圆 0.5 千米范围内有 50 家餐馆和 6 个景区,距离伦敦城市机场只有 17 千米的距离。

经济型酒店出身的 Easy Hotel 不可能在市中心区的最好地段找高大上的物业,但是,通过在中心城区的二流或三流地段找性价比高、配套好的物业的方式,Easy Hotel 仍能够很好满足顾客对饮食、出行、游览和购物等方面的要求。

第三,鼓励自助服务。

重视自助服务的提供。每一家 Easy Hotel 都没有留下电话信息,顾客要查找的所有与酒店有关的信息(交通路线、酒店设施与政策)、预订等都可以通过网站完成,这大大减少了员工的工作负担。此外,通过自动售卖机销售小商品/冷热饮料。当然,酒店内 24 小时都有人值守,当顾客遇到问题时,可以随时在前台找到员工。另外,为了控制各门店的人工成本,在顾客停留期间,酒店并不每天打扫客房,也不每天更换床品。如果你需要的话,可以选择自行更换和打扫。当然酒店也提供该项服务,只不过顾客需要额外花 10 英镑并提前预订。

自助服务项目的增加,在一定程度上解放了劳动力,减少了酒店人力成本投入,很好地解决了酒店"用人难"的问题。

上述的做法,使得 Easy Hotel 能够以显著低于同地段其他酒店的价格售卖产品与服务。有了合适的产品与服务,还需要有合适的顾客。Easy Hotel 将其目标客源定位为追求"睡个好觉、洗个好澡"的短住型观光客人,较好地满足了这部分客人的需求。但需要注意的是,这样的酒店显然并不能满足商务客人和长住型客人的要求。这说明 Easy Hotel 的上述策略在市场中长期成功的前提是必须找准目标客源。

为市场中的大众消费群体提供支付得起但有品质的住宿产品,满足消费者的基本需求,是经济型酒店品牌成功的基石。但现在看来有些酒店似乎正在失去服务经

济型客源的能力,事实上,只要找到合适的经营策略,经济型酒店仍然有可能在城市核心地段为大众旅游者提供物美价廉的产品。Easy Hotel 的做法和策略,应该能够成为经济型酒店破局重生的思路之一。

(收录时略有改动)

【思考题】

1. 结合实际谈谈我国经济型酒店固定资产投入有何特点。

2. Easy Hotel 在控制成本的同时,在固定资产投入方面采用了怎样的策略?对我国经济型酒店有何借鉴作用?

第七章
旅游企业其他资产管理

学习目标：

通过本章的学习，了解其他资产的内容、特点和分类，掌握日常管理的要点，正确认识无形资产和递延资产在旅游企业经营过程中的地位。

素养目标：

聚焦初心使命教育，引导学生不忘初心、牢记使命、勇于创新。

第一节　旅游企业无形资产管理

一、无形资产的概念及特点

无形资产是相对有形资产而言的，是指被特定主体占有的不具实物形态，对生产经营持续发挥作用的经济资源。其特点如下：

（1）无形资产是企业的非实物性资源，即没有实物形态。

（2）无形资产将在较长的时期内为企业提供经济利益。

（3）无形资产价值和收益水平具有不确定性。

（4）无形资产取得的有偿性。

二、无形资产的分类

（一）按无形资产的性质与内容分类

（1）知识产权。主要包括专利权、商标权和著作权。

（2）技术知识。主要包括非专利技术、计算机软件等。

（3）特许权利。主要包括聘请国际旅游企业管理集团管理的特许权、土地使用权、专营权。

（4）商誉。指旅游企业由于拥有某种优势，在其有形资产上能获得高于正常投资报酬率能力所形成的价值。

（二）按其是否能确认分类

（1）可辨认无形资产。主要有知识产权、实物产权以及专有技术。

（2）不可辨认无形资产。主要指商誉。

（三）按无形资产有无期限分类

（1）有期限的无形资产。主要指法律规定有一定有效期限的无形资产，如专利权、商标权、著作权、土地使用权等，一般来说专利权的期限为 15 年，注册商标权的期限为 10 年。

（2）无期限的无形资产。主要指法律没有规定其有效期限的无形资产，如商誉和自创非专利技术等。

（四）按其所有权能否被转让分类

（1）可转让的无形资产。主要指可根据法律程序，办理转让或出售的无形资产，如著作权、专利权等。

（2）不可转让的无形资产。主要指需附属于某特定的旅游企业，不能脱离旅游企业而单独存在的无形资产，如土地使用权。

（五）按无形资产来源分类

（1）自创无形资产。主要指旅游企业自行开发创造的无形资产，如商誉、专利技术等。

（2）外购的无形资产。主要指旅游企业从外部取得的无形资产，如土地使用权等。

三、无形资产的管理

（一）无形资产的投资管理

旅游企业对无形资产的投资管理应针对无形资产的不同形态，结合各自特点采用不同的管理方法。切实做好无形资产投资的可行性研究，进行充分的技术经济论证，认准目标，积极投入。

（二）无形资产的摊销

无形资产从开始使用之日起，在有效期限内采用平均方式进行摊销，计入管理费用。无形资产的摊销一般采用直线法，这样各期负担的费用均衡，使财务指标具有更强的可比性。所以在无形资产的摊销上主要解决的问题是摊销期限的确定。确定摊销期限应考虑以下因素：

（1）法定和合同条文限制的最长使用年限。

（2）因法律和合同条文的修改或延续，可能改变对使用年限的具体限制。

（3）因过时、竞争或其他经济因素可能会缩短无形资产使用年限。

（4）使用年限可能与有关职员的预计服务年限相对应。

（5）竞争对手的行动可能会抑制目前的竞争优势。

（6）难以确定使用年限的无形资产是不可辨认的，其收益无法合理预期。有限寿命的无形资产通常具有法定使用年限或合同规定的使用年限，但这并不意味着此年限就是摊销年限。

（三）保护和利用无形资产

旅游企业需要对不同的无形资产采取不同的保护措施。对于非法盗用商标或声誉谋取利益的，应运用法律手段，维护旅游企业权益；对于非专利技术，因无法律保护，应严守秘密，防止失窃。

旅游企业应充分利用自身的无形资产，主动开拓业务。如利用无形资产尽快地筹集资金，获得采购价格的结算方式的优惠，利用商标权和专利权积极发展横向联合，对无形资产实行有偿转让等。

第二节　旅游企业递延资产管理

一、递延资产的概念及内容

递延资产是指旅游企业在筹建和经营期间发生的不能全部计入当年损益，应当在以后年度内分期摊销的各项费用支出。主要有以下几项内容。

（一）开办费

开办费是指旅游企业在筹建期间发生的不计入有关财产物资价值的各项费用，包括筹建期间的人员工资、办公费、差旅费、印刷费、注册登记费等不计入固定资产、无形资产购建成本的其他支出。

（二）租入固定资产的改良支出

租入固定资产的改良支出主要指旅游企业对以经营租赁的方式租入的固定资产进行改造、改良而发生的支出。

（三）固定资产大修理支出

固定资产大修理支出主要指旅游企业进行固定资产大修理时所发生的支出。旅游企业大修理费没有采用预提的办法，而支出数额又较大，受益期超过一年的修理支出，应列入递延资产中。

（四）筹建期间的汇兑净损失

筹建期间的汇兑净损失主要指旅游企业在筹建期间不能计入资产价值的汇兑净损失。

（五）其他费用支出

其他费用支出主要指旅游企业在经营期间发生的数额较大，且受益期限超过一年的递延资产。

二、递延资产的管理要求

旅游企业应合理地确定递延资产的范围，正确确定其数额，这对于如实反映旅游企业资产构成和成本费用水平具有重要作用。另外，旅游企业应按照规定合理摊销这些费用，其摊销期限一般在一年以上，但一般不超过五年。

三、递延资产的摊销

递延资产的摊销方法采用直线法，即在规定期限内平均等额摊销。按会计制度规定，递延资产中开办费的摊销，自投产营业之日起，按照不短于五年的期限分期摊，均衡地摊入管理费用中；租入固定资产改良支出的摊销按租赁期和改良工程耐用期孰短来确定摊销期限，摊入管理费用；固定资产大修理支出的摊销根据固定资产大修理的受益期平均摊入企业有关费用中；筹建期间的汇兑净损失的摊销按不短于五年摊销；其他递延资产摊销则根据不同情况，结合受益期来确定摊销期限。

 本章小结　无形资产的概念，递延资产的概念、特点、分类及摊销。

 **重要概念**

无形资产　递延资产　计价　摊销

 **思考题**

1. 如何做好递延资产的摊销？
2. 简述无形资产摊销应考虑的因素。

在线答题

案例分析

知识产权意识增强 线路申专利存难点

来源：中国旅游报　时间：2019-04-23　作者：张宇　编辑：徐晓

近日，视觉中国网站黑洞照片版权问题引发了公众对知识产权方面的讨论。作为视觉元素的使用"大户"，旅游企业在该类素材使用方面的情况如何？拥有众多"专利"的旅游企业又是如何保护自身合法权益的？记者对此进行了采访。

专业规范操作避免侵权

"旅游企业一般遇到的侵犯他人权利的问题主要就是图片著作权侵权、字体著作权侵权，还有各类企业都会遇到的软件侵权（如对微软的 Office 软件等）。"北京市法学会旅游法学研究会副秘书长李广告诉记者。

图片、字体是展示产品的重要手段。"网页、门店、宣传手册、线上线下活动推广、衍生品等图片都是必不可少的元素。"众信旅游相关负责人表示，比如在大型展会现场可能一次会用到几十个产品画面，每个画面都会涉及不同的版权图片和字体。

有业者表示，在视觉元素的使用规范上，旅游企业两极分化较为严重，大型旅游企业拥有相对专业规范的使用流程，非常注意侵权问题，而中小旅游企业这方面的法律意识较为淡薄，也比较容易发生侵权问题。

"美团在活动宣传、景点介绍、评价展示等场景会用到大量图片和字体。"美团相关负责人表示，对于这些版权素材，我们会优先使用自有资源，比如内部组织拍摄图片或自行设计素材；必要时也会使用外部资源，美团已和部分知名图片商和字体公司达成合作，付费获得正版图片和字体库的使用许可；而对于用户生成内容，也会协商取得授权。

在众信看来规避侵权要从源头入手。"首先所有的图片、字体在版权上都要求有明确使用范围，在充分了解了适用范围后再做使用。其次，归口统一。企业要有统一的设计规范标准、VI 使用规范等。最好建立图片库、文字库及各类图片使用权限及标版，从而更好地保证图片使用有规可循。再次，旅行社业务较为多元，其下属分支企业较多，如门店、网站、手机 App、外埠分公司及下属门店、合作伙伴、相关兄弟企业，等等，在使用图片时建议建立一套完备的审核机制，逐级审批，保证图片及文字的版权规范。"众信旅游相关负责人建议，旅行企业可以更多地与境外旅游局等官方渠道合作，获得图片文字授权。

中青旅首席品牌官徐晓磊在接受记者采访时也表达了相同观点，在视觉要素使用上，可以通过与旅游局合作，获得相关授权。"他们其实很愿意在企业宣传时提供相关素材。除此之外，旅游企业还应该建立自己的图片库，丰富视觉元素，同时也可以与相关视觉元素机构进行合作。"

积极保护自有知识产权

2018 年 7 月，北京市工商局东城分局执法人员在检查中发现一家商户涉嫌冒用"国旅"商标开展旅游业务。中国国际旅行社总社有限公司相关负责人表示，该商家与"国旅"没有任何关系。其对"国旅"商标的使用与描述，造成了消费者的混淆误认，涉嫌侵犯中国国际旅行社总社有限公司的商标专用权。而这也不是"国旅"品牌第一

Note

次被冒用。

李广表示,旅游企业被侵权的一般涉及商标权(如假冒中青旅、国旅等商标等)、著作权等。

据记者了解,中青旅也曾多次发表声明澄清商标被侵权问题,但同类问题依然时有发生。

"途牛遭遇的商标侵权事件也不少。"途牛相关负责人表示,北京途牛天下信息技术有限公司(简称途牛天下公司)在其经营的销售旅游票品的"票务天下系统"网站中,单独使用"途牛"文字对其所提供服务进行表述,侵害了南京途牛科技有限公司(简称途牛)的注册商标专用权,对此途牛采用了法律途径维护权益。

随着旅游业的蓬勃发展,旅游企业拥有的专利也越来越多元。"企业经营过程中通常会涉及不同类型的知识产权,如和品牌相关的商标,和内容相关的著作权,以及和技术相关的专利等。我们通常会根据公司的发展战略和业务需求进行相应的布局和保护。"途牛相关负责人表示。

"美团点评非常重视知识产权,有专业的团队开展管理和保护。"美团线管负责人表示,"目前我们已经积累了大量著作权、商标、专利、商业秘密等知识产权,覆盖图片、文案、评论、音频、视频、用户界面设计、技术、Logo等多种载体,这些知识产权持续保障我们为广大客户输出更有效率、更高价值的服务。对于侵犯我们知识产权的行为,我们会利用法律武器进行维权,比如对于恶意的抄袭行为,我们曾发起诉讼并获得最终胜利"。

线路产品专利保护存难点

在旅游业转型升级的关键时期,越来越多的旅游企业开始重视产品及服务的创新。"线路产品开发是从业人员智力和体力的体现,但在申请知识产权保护方面却较为困难。"在徐晓磊看来,这在某种程度上也打击了旅游企业产品创新的积极性。

考察踩线,综合、提炼各种元素,都是要付出成本的,但抄袭几乎没有成本。"没有知识产权保护,旅行社的创新就可能是为他人做嫁衣裳。"有业者表示。

"旅游线路一般认为属于商业方法,但我国知识产权的相关法律中并不涉及对商业方法的保护。除非该商业方法有技术依托、符合专利的特征,可以被认定为专利。或者有相应的载体体现、符合著作权的特征,可以著作权来保护。"李广表示。

"知识产权涵盖有不同的类型、单条线路根据涉及的信息,不同的推广场景等通常涉及不同的知识产权类型和数量,实践中无法通过某一个知识产权给予全面保护,需要根据不同的情况采取不同的保护策略。"途牛相关负责人表示。

"穷游网自2015年便开始推出独家日游'City Walk城市漫步'产品,覆盖全球18个城市42条线路。在维护自身产品权益方面,穷游也在努力不断寻求法律的保护,但要申请独家线路知识产权还是比较难实现的。"穷游网线下事务部负责人表示,穷游认为,独家线路的核心在于用户体验,不是简单的线路复刻,所以线路内容丰富度、用户体验满意度都会成为产品的保护壁垒。

(收录时略有改动)

【思考题】

1.文中提到了哪些无形资产?

2.旅游企业在进行知识产权保护的过程中遇到了哪些困难?你有何建议?

第八章
旅游企业成本费用管理

学习目标：

理解旅游企业成本的概念、分类，了解成本费用管理的意义、原则，理解成本费用控制的概念、基本程序、基本方法，掌握成本费用的分类，掌握保本分析点的计算和运用。

素养目标：

聚焦法治与道德教育，引导学生强化法治意识与道德修养，做遵纪守法和有道德情操的人。

第一节　旅游企业成本费用管理概述

一、旅游企业成本费用的概念

成本费用是指旅游企业在向顾客提供服务的业务经营过程中发生的各项费用的总和。成本是指购进商品和雇佣劳动力时发生的支出，如旅游企业经营过程中购买各种原材料、商品等的支出；而费用则是某个时期为获取收入所发生的耗费。将上述商品或劳务耗用以后，成本就转化为费用。成本与费用一方面存在着区别，另一方面又密切联系，二者都是为获取收入而发生的可以用货币衡量的资产耗费。旅游企业对经营过程中发生的各种耗费，必须按照国家规定的成本费用开支范围，将各项直接用于宾客的支出计入营业成本，将期间费用直接计入旅游企业的当期损益。

（一）营业成本

营业成本是指旅游企业在经营过程中所发生的各项直接支出，主要包括以下内容。

1. 餐饮成本

餐饮成本是指餐饮部制作食品菜肴和饮料所耗用的原材料、调料、配料的成本。

2. 商品成本

商品成本是指已经销售的商品的进价，分为国内购进商品进价成本和国外购进商品进价成本。国内购进商品进价成本是指购进商品的原价；国外购进商品进价成本是指进口商品在购进中发生的实际成本，包括进价、进口关税、购进外汇差价、支付委托外贸部门代理进口的手续费。

3.洗涤成本

洗涤成本是指旅游企业洗衣房洗涤衣物时使用的用品用料的支出。

4.其他成本

其他成本是指其他营业项目所支付的直接成本,如企业销售无形资产(不包括商品)的实际成本以及商务中心的复印纸等。

(二)期间费用

期间费用是指一定会计期间发生的与生产经营没有直接关系或关系不密切而直接计入当期损益的各项费用,主要有营业费用、管理费用、财务费用等。

1.营业费用

营业费用是指在旅游企业各营业部门在经营过程中发生的各项费用。按照经济内容可分为运输费、装卸费、包装费、保管费、保险费、燃料费、水电费、展览费、广告宣传费、邮电费、差旅费、洗涤费、清洁卫生费、低值易耗品摊销费、物料消耗、经营人员工资、职工福利费、工作餐费、服装费、其他营业费用。

(1)运输费。

运输费指不能直接认定的购入存货发生的运输费用。内部不独立核算的车队发生的燃料费、养路费等,也计入运输费。

(2)装卸费。

装卸费指不能直接认定的购入存货发生的装卸搬运费。

(3)包装费。

包装费指旅游企业为客户提供包装服务时,所消耗的包装用品费。

(4)保管费。

保管费指存货储存过程中所支付的费用,包括倒库、晾晒、冷藏和挑选整理等费用。

(5)保险费。

保险费指旅游企业向保险公司投保所支付的财产保险费。

(6)燃料费。

燃料费指旅游企业餐饮部门耗用的燃料费用。

(7)水电费。

水电费指旅游企业营业部门耗用的水费、电费。

(8)展览费。

展览费指旅游企业为推销产品等对产品进行展览宣传所发生的费用。

(9)广告宣传费。

广告宣传费指旅游企业为扩大经营成果对旅游企业的产品和经营项目进行广告宣传而应支付的广告费用和宣传费用。

(10)邮电费。

邮电费指经营过程中支出的电话、邮寄等费用。

(11)差旅费。

差旅费指旅游企业营业部门人员出差的差旅费。

（12）洗涤费。

洗涤费指旅游企业营业部门洗涤工作服而发生的费用。

（13）清洁卫生费。

清洁卫生费指旅游企业营业部门为加强清洁卫生，对床上用品、台布和餐具进行清洗及对营业场所进行清扫所发生的费用。

（14）低值易耗品摊销费。

低值易耗品摊销费指旅游企业营业部门领用低值易耗品的摊销费用。

（15）物料消耗。

物料消耗指旅游企业营业部门领用物料用品而发生的费用。物料用品主要包括日常用品（如针棉织品、餐具、塑料制品、卫生用品、印刷品等）、办公用品（如办公文具、纸张等）、包装物品、日常维修材料、零配件等。

（16）经营人员工资。

经营人员工资指直接从事经营的业务部门人员的工资，包括工资、工资性质津贴和各种奖金。

（17）职工福利费。

职工福利费指直接按从事经营的营业部门人员工资总额的一定比例提取，应由本期费用负担列支的福利费。

（18）工作餐费。

工作餐费指旅游企业按规定为职工提供工作餐而支付的费用。

（19）服装费。

服装费指旅游企业按规定为职工制作工作服而支付的费用。

（20）其他营业费。

其他营业费用指不能列入上述各项费用的其他营业费用。

2. 管理费用

管理费用是指旅游企业因组织和管理经营活动而发生的费用，以及由旅游企业统一负担的费用，主要包括两大部分：一是旅游企业为组织和管理经营活动而发生的费用；二是涉及旅游企业若干部门的、难以区分或不必区分的、由旅游企业统一负担的费用。

管理费用按其经济内容划分为公司经费、工会经费、职工教育经费、劳动保险费、待业保险费、董事会费、外事费、租赁费、咨询费、审计费、诉讼费、排污费、绿化费、土地使用费、土地损失补偿费、技术转让费、研究开发费、税金、燃料费、水电费、折旧费、修理费、无形资产摊销费、低值易耗品摊销、开办费摊销、交际应酬费、坏账损失、存货盘亏及毁损、上级管理费及其他管理费。

（1）公司经费。

公司经费指旅游企业行政管理部门的人员工资、福利费、工作餐费、服装费、办公费、差旅费、会议费、物料消耗以及其他行政经费。

（2）工会经费。

工会经费指旅游企业按工资总额的一定比例计提的工会经费。

（3）职工教育经费。

职工教育经费指旅游企业按工资总额的一定比例计提的、用于职工学习先进技术

和提高文化水平的费用。

（4）劳动保险费。

劳动保险费指旅游企业支付的离退休人员的退职金、退休金及其他各项经费。

（5）待业保险费。

待业保险费指旅游企业按照国家规定交纳的待业保险费。

（6）董事会费。

董事会费指旅游企业最高权力机构及其成员为执行其职能而发生的各项费用。

（7）外事费。

外事费指出国展览、推销、考察、实习培训和接待外宾所发生的费用。

（8）租赁费。

租赁费指旅游企业租赁办公用房、营业用房、低值易耗品等的租赁费用。

（9）咨询费。

咨询费指旅游企业向有关咨询机构进行科学技术、经营管理等咨询时按有关规定所支付的费用。

（10）审计费。

审计费指旅游企业聘请中国注册会计师进行查账验资，以及进行资产评估等发生的各项费用。

（11）诉讼费。

诉讼费指旅游企业因经济纠纷起诉或应诉而发生的各项费用。

（12）排污费。

排污费指旅游企业按规定交纳的排污费用。

（13）绿化费。

绿化费指对旅游企业的内外环境进行绿化而发生的费用。

（14）土地使用费。

土地使用费指旅游企业使用土地（海域）时按规定支付的费用。

（15）土地损失补偿费。

土地损失补偿费指对旅游企业生产经营过程中破坏的土地所支付的土地损失补偿费。

（16）技术转让费。

技术转让费指旅游企业使用非专利技术时支付的费用，包括以技术转让为前提的技术咨询、技术服务、技术培训过程中发生的有关开支。

（17）研究开发费。

研究开发费指旅游企业研究开发新产品、新技术、新工艺所发生的新产品设计费、技术图书资料费与新产品试制、技术研究相关的其他经费及试制新产品失败的经济损失等。

（18）税金。

税金指旅游企业按国家规定缴纳的房产税、土地使用税、车船使用税和印花税等。

（19）燃料费。

燃料费指旅游企业支付的燃料及动力费用。旅游企业的餐饮部门耗用的燃料费用计入营业费用;餐馆、浴池的燃料费用计入营业成本;不独立核算的车队发生的燃料费计入营业费用中的运输费。

(20)水电费。

水电费指旅游企业除营业部门外的其他部门耗用的水费、电费。规模较小的旅游企业发生的水电费也可以不计入营业费用,而全部计入管理费用。

(21)折旧费。

折旧费指旅游企业全部固定资产的折旧费用。旅游企业固定资产的折旧费直接计入管理费用,为简化核算,不具体分营业部门发生的费用或管理部门发生的费用。

(22)修理费。

修理费指旅游企业购置的无形资产按规定计算的摊销费用。

(23)无形资产摊销费。

无形资产摊销费指旅游企业购置的无形资产按规定发生的摊销费用。

(24)低值易耗品摊销费。

低值易耗品摊销费指旅游企业除营业部门外的其他部门领用的低值易耗品的摊销费用。规模小的旅游企业发生的低值易耗品摊销费用可全部计入管理费用。

(25)开办费摊销。

开办费摊销指旅游企业按规定期限摊销的因旅游企业设立以及设立分支机构在筹建期间所发生的有关支出。

(26)交际应酬费。

交际应酬费指旅游企业业务交往过程中开支的业务招待费用。交际应酬费按全年营业收入净额的一定比例控制使用,按实列支。

(27)坏账损失。

坏账损失指旅游企业不能收回应收账款而发生的损失。

(28)存货盘亏或损毁。

存货盘亏或损毁指旅游企业盘点存货时发现的盘亏金额及存货的损失金额。

(29)上缴管理费。

上缴管理费指旅游企业上缴集团公司和管理公司的费用。

(30)其他管理费用。

其他管理费用指不能列入上述各项的其他各项管理费用。

3.财务费用

财务费用是指旅游企业经营期间为筹集经营所需资金而产生的费用,包括旅游企业经营期间发生利息净支出、汇兑净损失、金融机构手续费、加息及筹资发生的其他费用。

旅游企业在筹建期间、清算期间产生的筹资费用,应计入筹建期的开办费用或清算期间的清算损益,不计入经营期间的财务费用。

二、旅游企业成本费用分类

旅游企业成本费用根据不同的管理要求可以分为以下几类。

(一)按照成本习性分类

按照成本习性不同划分为固定成本、变动成本和混合成本。

1. 固定成本

固定成本是指在一定时期和一定经营条件下,不随经营业务量的变化而变化的成本。固定成本一般包括工资、租金、折旧费、利息费、保险费等。如客房固定资产的折旧不会因为客房出租数量的上升而增加,也不会因为客房出租数量的下降而减少。虽然固定成本的总额不随经营业务量的变化而变化,但是单位平均固定资产会随着业务量的上升而下降,反之,则上升。

例如,某一时期客房固定成本为 20 万元,如果该期的客房出租数量为 1000 间,则每出租一间客房的平均固定成本为 200 元,如果客房出租量提高到 4000 间,则每出租一间客房的平均固定成本为 50 元。可见,随着经营业务量的上升,单位平均固定成本是下降的。

2. 变动成本

变动成本是指随着经营业务量的变化而成比例变化的成本。变动成本主要包括经营中的各项直接支出,如餐饮的食品原材料支出会随着就餐人数的增加而增加。变动成本总额随着经营业务量的上升而增加,但单位变动成本却不随业务量的变化而变化,单位变动成本是保持不变的。如食品的成本率为 40%,则无论就餐人数是 100 人还是 200 人,每元销售额的销售成本都是 0.4 元。

3. 混合成本

混合成本是指其总额中既包含变动成本部分,也包含固定成本部分的成本项目。混合成本主要包括电话费用、汽车租赁、行政报酬、维修保养费等。如电话费用中,固定部分是系统租金,变动部分是随着打电话次数变化而变化的费用,即通话费用。

对混合成本要采用一定方法将其进行分解,可分为固定成本部分和变动成本部分,以便做决策。进行分解的方法主要有:①高低点法;②散点图法;③回归分析法。这里就不再详细介绍。

(二)按照计入方式分类

按照计入方式不同分为直接成本和间接成本。

1. 直接成本

直接成本是指旅游企业在旅游经营、服务过程中所发生的各项直接支出,也就是直接用于客人的费用。直接成本主要包括旅游饭店营业成本(如餐饮成本、商品成本、洗涤成本、其他成本)、旅行社营业成本、旅游汽车公司营业成本、游船公司营业成本等。

2. 间接成本

间接成本是指一定会计期间发生的、与生产经营没有直接关系或关系不密切的成本费用。间接成本不计入营业成本,直接体现为期间费用,包括营业费用、管理费用、财务费用。

(三)按照管理责任分类

按照管理责任不同划分为可控成本和不可控成本。

1.可控成本

可控成本是指成本的发生明确归属于某一单位(如楼层、部门、班组等)权责范围内,而且能够加以控制的成本。例如,餐饮部经理对售出食品的成本、工资费用等可以施加影响,因此,这些费用对餐饮部经理来说是可控制成本。

将成本费用划分为可控成本、不可控成本,有利于确定旅游企业内部各单位及个人的经济责任,便于旅游企业经济责任制的建立,有利于考核和评价其工作业绩的好坏,成本费用的管理和每个部门、每个人的责任及经济利益挂钩,对于降低成本费用、提高旅游企业的经济效益有着很大影响。

2.不可控成本

不可控成本是指不能将成本的发生明确归属于某一单位的权责范围内,而且不能加以控制的成本。例如,固定资产折旧费对于餐饮部经理来说就是不可控成本。

三、旅游企业成本费用管理的意义

旅游企业的成本费用管理,是旅游企业财务管理的重要组成部分。成本费用是旅游企业经营耗费补偿的最低界限,是制定价格的基础和重要依据,也是检验旅游企业工作质量的重要指标。对于旅游企业来说,加强成本费用管理,严格控制成本费用,具有非常重要的意义:

(1)加强成本费用管理,可以减少旅游企业的资金占用量,从而提高资金的使用效率。

(2)加强成本费用管理,是提高旅游企业竞争力的有效手段。

(3)加强成本费用管理,有利于全面改善经营管理水平,提高企业经济效益。

四、旅游企业成本费用管理的原则

旅游企业的成本费用管理,必须做到既符合国家的有关规定又切合旅游企业的实际,因此在成本费用管理中,必须按照以下原则实施管理。

(一)严格遵守国家规定的成本开支范围及费用开支标准

为了保证国家财政收入有可靠的来源,国家对旅游企业发生的支出,哪些该计入成本,哪些不该计入成本都做了明确的规定。

按照财务制度的规定,旅游企业的支出中不得计入成本费用的有:

(1)为购置和建造固定资产、购入无形资产和其他资产的支出。

(2)对外投资支出和分配给投资者的利润。

(3)被没收财物的损失。

(4)支付的各种赔偿金、违约金、滞纳金、罚款,以及赞助、捐赠支出。

(5)国家规定不得列入成本、费用的其他开支。

旅游企业要根据各项支出发生的不同用途和资金来源,在国家规定的成本开支范围内列支相关的成本,不得随意扩大开支范围,不得把不应计入成本费用的开支计入成本费用,避免因此而导致利润减少,从而影响国家财政收入。

（二）正确处理降低成本与保证服务质量的关系

旅游企业在接待各种不同规格的顾客时，都要提供相应水平的服务，否则就会形成对顾客的克扣，从而影响旅游企业的声誉。为此，必须处理好降低成本与保证服务质量的关系。降低成本并不意味着降低服务质量，而是要在保证服务质量的前提下，经过各方努力达到降低成本的目的。如果不考虑服务质量而一味追求降低成本，即使成本降低了，也失去了降低成本的实际意义，以低劣产品换来的成本下降是得不偿失的。这就要求旅游企业应从内部挖掘潜力，力求节约，减少浪费，从而降低成本。

（三）健全成本管理责任制，实行全员、全过程成本管理

旅游企业成本是在整个经营过程中逐步形成的，它涉及旅游企业的各个部门、班组和个人，因此必须实行全员成本管理。为此要建立健全成本管理责任制，将成本计划指标分解落实到有关部门、班组、个人，并且和岗位责任制结合起来，将成本费用计划的完成情况作为评价考核的一个重要内容。为调动各部门、班组、个人降低成本费用的积极性，要将成本管理方面的责任、利益结合起来。只有人人都注意成本，人人都关心成本，旅游企业的成本费用才能真正得到控制。

第二节　旅游企业成本费用控制

一、旅游企业成本费用控制的概念

成本费用控制有狭义和广义之分，狭义的成本控制是指成本费用的事后控制，即在成本费用发生之后，将成本费用的实际发生额与预算指标进行比较，从而发现问题，纠正偏差。广义的成本费用控制是指事前、事中、事后都要进行控制，即在成本费用发生之前，就要开展价值工程分析，使价值与成本费用处于最佳状态；事中通过严密的管理制度约束，实行全过程、全方位、全员的控制；事后通过财务分析等一系列方法，发现成本费用管理中的问题，并提出解决问题的方法，以保证成本费用预算的实现。

旅游企业应严格地对成本费用进行事前、事中、事后控制，以保证旅游企业成本费用的有效管理，从而不断提高旅游企业的经济效益。

成本费用控制就是指在成本费用形成的全过程，按照国家成本费用制度的有关规定和成本费用预算的要求，通过经常性的监督和及时纠正偏差，把各项费用的发生和成本的形成限制在成本费用预算之内，以实现成本费用不断降低的一种管理办法。

二、旅游企业成本费用控制的基本程序

（一）制定成本费用控制的标准

旅游企业成本费用控制的标准，是以旅游企业成本费用预算为主要依据的。在现

代化管理方法中,可将旅游企业成本费用控制标准分为三种。

1.理想标准成本

理想标准成本是指旅游企业内部人、财、物的利用与管理均处于最佳状态下所确定的成本控制标准。这一标准应能在旅游企业与同行业的其他旅游企业竞争中处于有利地位。这一标准的定位是很高的,它需要旅游企业经营管理水平和员工素质都很高,而且还需努力达到成本费用标准。

2.正常标准成本

正常标准成本是指旅游企业内部人、财、物的利用与管理处于较佳状态所确定的成本控制标准。这一标准在同行业当中是比较先进的,是需要调动员工的积极性才能达到的成本费用标准。

3.预计实际标准成本

预计实际标准成本是根据旅游企业内部人、财、物现有状态下所确定的成本费用标准。

(二)监督成本费用形成过程

由于有了成本费用控制的标准,因此在成本费用的形成过程中要经常把旅游企业成本费用发生的实际情况与控制标准对比,及时纠正偏差,以保证成本费用的降低。以餐饮成本为例,为了控制餐饮成本,从"采购—验收—储藏—发料—粗加工—装配—生产—销售"每一环节都应有严格的控制标准和方法,以保证成本费用支出控制在预算范围之内。

(三)进行成本费用预测

根据旅游企业成本费用与相关因素指标的内在联系,来掌握成本费用变动的趋势和水平,以更好地进行成本费用的控制。例如,某旅游企业根据市场情况预测甲材料随着市场的供不应求,价格将会有上扬的可能,为此加大了采购量,这样一来在一定程度上就规避了日后原材料采购成本加大对于旅游企业成本费用的影响。

(四)处理成本费用问题

旅游企业在成本控制过程中会随时发现问题,对于成绩应总结推广,对于问题应及时纠正解决,以不断完善成本控制,提高旅游企业的经济效益。

三、旅游企业成本费用控制的工作体系

为保证成本控制工作能顺利开展,需要建立一套完整的保障体系。

(一)建立归口分级管理责任制

由财务部门把成本费用控制指标分解落实到各个有关归口管理部门,各部门再把各部门指标进一步分解落实到各个班组及个人,并结合每个班组和个人的经济责任制,考核指标的执行情况,使各部门、各班组及每个人都清楚各自的成本费用控制目标,关心成本费用指标的完成,使成本费用管理真正成为全员性的管理。

（二）建立成本控制的指标体系

由财务部门和其他部门互相配合，进行反复对比研究，并参照本旅游企业历史最好水平及同行业先进水平，制定出各部门、各班组及个人的成本控制指标，使旅游企业的生产经营按照严格的计划进行，而不盲从。

（三）建立相应的制度

为保证成本费用控制能够真正实施，需要建立相应的经济责任制，把每个部门、班组及个人的工资奖金与成本费用指标挂钩，以保证成本费用控制得以实现。

四、旅游企业成本费用控制的基本方法

旅游企业成本费用控制的方法主要有预算控制、标准成本控制和主要消耗指标控制。

（一）预算控制

成本费用预算是旅游企业经营支出的限额目标。预算控制法就是以分项目、分阶段的预算指标作为测量、控制实际成本费用的尺度，通过实际与预算指标的比较分析，发现问题、解决问题，从而保证成本费用预算实现的一种方法。

【例 8-1】　某旅游企业 2018 年成本费用预算总额是 6000 万元，在预算控制法下为了确保成本费用预算的实现，就要将成本费用指标分解到客房部、餐饮部、康乐部、销售部、工程部等各个部门。由于成本费用每个月都要进行核算，还要将成本费用按照淡季、旺季分解到各个月份（见图 8-1），同时将指标的完成情况与经济责任制挂钩：指标完成得好，要进行奖励；完成得不好，应根据相关的制度规定进行利益和责任上的惩处。使每一个人的利益、责任与旅游企业的经济效益联系起来，形成风险共担、利益共享的管理体制。

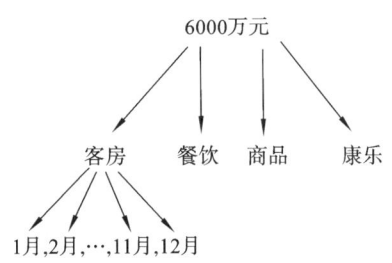

图 8-1　某旅游企业 2018 年成本费用预算

若成本费用预算只有一个固定指标，在实际工作中就会出现实际完成数与预算指标相比不具有可比性的情况，因而不便于有效地进行成本费用控制。由于预算一般是在预算期前编制的，与实际经营在时间和空间上都有很大的差距，随着时空的变化，预算编制的依据也随之发生变化，实际成本费用和预算成本费用之间就有可能发生偏离，为了弥补这种不足，适应不同情况下成本费用的变化，就需要编制弹性预算，也称滑动预算，即在预算期内反映多种业务量水平的成本费用支出预算。这样做既控制了成本

费用水平,又免除了调整成本费用预算的工作量,同时能在更加现实和可比的基础上进行成本费用控制方面的业绩衡量。

【例 8-2】 某旅游企业依据弹性预算编制出的 2019 年成本费用预算表,如表 8-1 所示。

表 8-1　某旅游企业 2019 年成本费用预算表　　　　　　　　　单位:元

年出租率	60%	70%	80%	90%
变动成本费用	4000800	4800600	5600400	6800200
固定成本费用	8000000	8000000	8000000	8000000
成本费用合计	12000800	12800600	13600400	14800200

根据表 8-1,将实际成本费用与滑动成本费用预算中同样经营量对应的预算指标进行比较,就可以发现差距,从而进一步做好成本费用的控制。

(二)标准成本控制

标准成本是指正常条件下某营业项目的标准消耗(只包括营业成本、营业费用,不分摊到部门的管理费用、财务费用除外)。标准成本控制就是以各营业项目的标准成本作为依据来对实际成本进行控制的方法。

旅游企业经营活动项目不同,因此各部门标准成本的确定及计算方法也不相同,现分别根据旅游企业的经营特点论述如下。

1. 间天出租成本

间天出租成本是指一间客房出租一天的成本。用公式表示为

$$客房间天出租成本=间天固定成本+间天变动成本$$

或

$$客房间天出租成本=\frac{计算期全年客房成本费用总额}{可出租客房数量×出租率×365}$$

客房的单位是间,在客房的折旧和低值易耗品的摊销方面,大部分旅游企业都是按照使用年限法计提的,无论客房是否出租,每间客房都必须计提折旧,摊销各种低值易耗品。客房出租以天为单位,客房出租以后,客人会消耗水、电及各种物料用品,此外还要为客人提供相关的各种服务。以上这些支出就构成了客房的间天出租成本。由于旅游企业有淡旺季,每间客房在不同时期出租的天数是不同的。出租时间越长,客人在客房上的消耗就会越多,但出租单位时间应负担的各项固定费用相应减少。因此,同一间客房在相同的期限内,出租时间的长短以及出租时间应负担的费用是不同的。所以,只计算每一间客房的出租成本,不能有效地进行成本费用的控制,必须以每一间客房出租一天的成本即间天出租成本作为标准,来与客房间天实际成本进行比较分析,才能达到成本控制的目的。

2. 百元营业额主营业务成本

百元营业额主营业务成本是指百元营业收入中主营业务成本的支出限额。该指标适用于餐饮、康乐、商品等部门。餐饮部销售的食品、饮料品种繁多,不便于对每一种食品、饮料的成本进行定额控制;康乐部经营项目多样,也不便核定每一项目的成本;商品

部亦如此。所以这些部门可以将百元营业额这样综合的数量指标作为控制依据。百元营业额主营业务成本计算公式如下：

$$百元营业额主营业务成本 = \frac{计算期主营业务成本}{计算期营业收入} \times 100$$

公式中主营业务成本指餐饮部的食品原材料、商品部商品的进价成本、康乐部的直接支出。这些部门在实施成本费用控制时，还可根据各部门的经营特点及成本费用控制要求，制定出百元营业额营业费用等其他控制指标，以保证成本费用预算的实现。

为了使上述标准制定得科学、合理，企业必须在各经营部门参与并反复论证的情况下，确保标准的先进性及可行性，以调动大家执行的积极性。在实际执行过程中要进行成本差异的分析，及时发现差异形成的原因，并分清成本费用差异形成的责任，提出处理意见和方法。

（三）主要消耗指标控制

主要消耗指标控制法就是在企业经营活动中，对企业成本费用有着重要影响的主要消耗指标实施控制的方法。在企业的成本费用中各种消耗对成本费用数额的影响是不相同的，有的支出数额较大，有的则较小。而那些支出数额较大的成本费用项目对于成本费用的控制起着重要的作用。因此，需要对主要消耗进行重点控制。主要消耗和支出的指标的计算方法与标准成本计算方法很相似，下面分别进行介绍。

1. 客房间天物料用品消耗额

旅游企业客房部费用支出中的一项主要消耗是物料用品，为了严格控制物料用品的支出，避免物料用品不必要的损耗和流失，必须制定相应的控制标准，并结合有关的管理制度进行管理。为此可通过间天物料用品消耗额进行控制，计算公式如下：

$$间天物料用品消耗额 = \frac{计算期物料用品消耗额}{可出租客房数量 \times 计算期天数 \times 出租率}$$

2. 百元营业额燃料消耗额

旅游企业餐饮部的主要支出除食品原材料、人工成本等外，燃料消耗也是一项重要开支，为了更好地对燃料消耗实施管理，可以通过百元营业额燃料消耗额进行控制，计算公式如下：

$$百元营业额燃料消耗额 = \frac{计算期燃料消耗额}{计算期营业收入总额} \times 100$$

旅游企业可根据各自的经营特点，结合本部门的主要消耗，制定行之有效的控制标准。这些指标一经制定，应有相应的制度配合，如经济责任制，使每个员工的切身利益与成本费用控制指标相挂钩，以保证成本费用预算的完成。

3. 旅行社人均每天房费、餐费、车费支出额

计算公式如下：

$$人均每天房费、餐费、车费支出额 = \frac{计算期某等级旅行团房费、餐费、车费支出总额}{计算期某等级旅行团人次 \times 平均停留天数}$$

房费是指为旅游者支付的房费、夜房费、退房损失费等。房费开支的多少取决于预算期接待人次的量和人均停留天数及间天房价等。

餐费是指为旅游者支付的餐费、风味餐费等，餐费开支的多少取决于预算期接待人

次的量、人均停留天数及日餐费标准等。

车费是指为旅游者支付的市内和市郊的车船费、超里程费、接送补贴等。车费开支的多少取决于团队的数量和每个团队的人数及停留天数、日标准车费、日超里程车费等。

旅行社接待的客人的消耗各不相同，因此，必须按照不同等级的团队计算其主要消耗指标。

第三节　保本点分析法及其运用

一、保本的意义

保本是指旅游企业在业务经营过程中，其营业收入正好抵补支出，不盈不亏，这种经营状态也称为经营保本。这种经营状态下的收入称为保本收入。它表明旅游企业在一定时期内的接待量（或营业额）在这个量（或金额）以上，旅游企业才能盈利；反之，低于这个量（或金额）时旅游企业就会发生亏损。用公式表示为

$$收入－成本费用＝0$$

在现代旅游企业的财务管理中，做好经营保本预测具有重要的意义。

第一，经营保本是旅游企业进行简单再生产的保证。任何一个旅游企业都是以盈利为目的的，而盈利为了使旅游企业不断有新的投入，扩大再生产。如果旅游企业不能盈利，要想生存下去，其最基本的条件应是经营保本。否则，旅游企业收不抵支，不能补偿消耗的原材料，不能支付员工的工资，不能进行设备的更新，到了一定时期，旅游企业就无法维持正常的经营活动，最终破产倒闭。

第二，通过经营保本预测，可以控制旅游企业经营，了解旅游企业经营状况，从而改善旅游企业经营管理水平，提高旅游企业经济效益。因为经营保本的预测把旅游企业的收入、成本费用、盈亏这三者有机地联系起来，不仅可以对旅游企业的经济效益进行事前分析，还有助于解决旅游企业经营管理上的诸多问题。例如，客房的出租率、餐饮部的上座率达到什么样的水平，旅游企业才能经营保本。通过这样一系列的预测，就可以使旅游企业的经营管理者对本旅游企业的业务经营情况做到心中有数。

二、保本点分析的计算

旅游企业在进行保本分析时，首先要清楚边际贡献（亦称边际利润）这一概念。边际贡献是指旅游企业的营业收入减去变动成本和税金及附加后的余额，公式为

$$边际贡献＝营业收入－变动成本－税金及附加$$

从公式中可以看出，旅游企业实现边际贡献后首先补偿固定成本，当边际贡献等于固定成本总额时，旅游企业不盈不亏，经营保本。当边际贡献小于固定成本总额时，旅游企业发生亏损；反之，当边际贡献补偿固定成本以后出现盈余，则旅游企业实现了

盈利。

边际贡献除可用上述绝对数值来表示外,还有一种相对数值表示的方法,即边际贡献率:

$$边际贡献率=\frac{边际贡献}{营业收入}\times100\%$$

或

$$边际贡献率=1-变动成本率-主营业务税及其附加税率$$

旅游企业经营保本预测,一般可通过下列计算公式求得:

$$保本收入(盈亏临界点收入)=\frac{固定成本总额}{边际贡献率}$$

$$保本销售量(盈亏临界点销售量)=\frac{固定成本总额}{边际贡献}$$

对于旅游企业来说,各部门有不同的业务经营特点,因此经营保本分析的方法也有所不同,现介绍如下。

(一)客房经营保本的分析

$$保本收入=\frac{固定成本总额}{1-变动成本率-税率}$$

上述公式分析出的保本收入表示:旅游企业的收入达到多少时,旅游企业的经营状况是不盈不亏,经营保本。但这一绝对数指标通常很难直观地反映出旅游企业的经营状况,所以在预测保本收入的同时还要预测保本出租率:

$$保本出租率=\frac{保本收入/平均房价}{可供出租客房间天数}\times100\%$$

【例 8-3】 某饭店有客房 300 间,年固定成本总额为 350 万元,每间客房的平均房价为 100 元,单位变动成本为 30 元,则

$$边际贡献=100-30=70(元)$$

$$边际贡献率=\frac{70}{100}\times100\%=70\%$$

$$保本收入=\frac{3500000}{70\%}=5000000(元)$$

$$保本销售量=\frac{3500000}{70}=50000(间天)$$

$$保本出租率=\frac{5000000\div100}{300\times365}\times100\%\approx45.66\%$$

通过以上的测算,旅游企业的经营管理者可以了解到当客房出租率达到 45.66%,年保本收入达到 5000000 元时,该客房部的经营是一种保本状态。客房部要盈利,需要广招客源,提高客房的出租率,增加旅游企业营业收入。

(二)餐饮经营保本分析

相关概念和计算公式如下:

$$毛利=单位收入-直接成本$$

$$加成率 = \frac{毛利}{直接成本}$$

$$= \frac{毛利率}{1-毛利率}$$

$$毛利率 = \frac{加成率}{1+加成率}$$

$$边际贡献 = 单位收入 - 直接成本 - 其他单位变动成本 - 税金及附加$$

$$= 毛利 - 其他单位变动成本 - 税金及附加$$

$$边际贡献率 = 1 - 直接成本率 - 其他单位变动成本率 - 税率$$

$$= 毛利率 - 其他单位变动成本率 - 税率$$

$$保本收入 = \frac{固定成本总额}{毛利率 - 其他单位变动成本率 - 税率}$$

上述公式中,毛利率是指营业收入中扣除食品原材料成本以后的余额占营业收入的百分比,它是按综合毛利率计算的。其他单位变动成本率则是除食品原材料成本外的其他变动成本占营业收入的百分比。

同客房一样,餐饮部在预测保本收入的同时还要分析保本餐位利用率,以便更好地了解旅游企业经营保本状况。保本餐位利用率的计算公式如下:

$$保本餐位利用率 = \frac{保本收入/平均消费水平}{餐位数量 \times 餐次 \times 报告期天数} \times 100\%$$

【例 8-4】 某餐厅年固定成本总额为 100 万元,平均毛利率为 55%,其他单位变动成本率为 10%,税率为 3%,则

$$边际贡献率 = 55\% - 10\% - 3\% = 42\%$$

$$保本收入 = \frac{1000000}{42\%} \approx 2380952.38(元)$$

又知该餐厅人均消费水平 60 元,餐位数量 120 个,则

$$保本餐位利用率 = \frac{2380952.38/60}{120 \times 1 \times 365} \times 100\% \approx 90.60\%$$

计算出餐厅年保本收入,用该指标与餐厅年实际收入进行比较,可以掌握旅游企业盈亏情况。用相对数指标保本利用率与实际情况进行比较,可以随时了解旅游企业经营情况,及时发现问题、解决问题。

(三)商场经营保本预测

$$保本收入 = \sum \left(\frac{某类商品固定成本总额}{1 - 某类商品变动成本率 - 税率} \right)$$

或

$$保本收入 = \sum \left(\frac{某类商品年固定成本总额}{毛利率 - 变动成本率 - 税率} \right)$$

保本收入的第一个公式中的某类商品变动成本率为某类商品变动成本占营业收入的百分比,第二个公式中的变动成本率是指某类商品变动成本扣除商品进价成本以外

Note

的其他变动成本占营业收入的百分比。

由于商场经营各类商品,而各类商品的进销差价率不同,因此应当分类计算各类商品的保本收入。各类商品保本收入之和就形成了商场总的保本收入。由此也就产生了商品销售收入总额构成对商场保本收入的影响。也就是说,在分析保本收入的同时也要分析保本收入的构成,即各类保本收入占整个商场保本收入的百分比。

三、保本点分析法在旅游企业经营决策中的运用

保本点分析法实际上是量本利分析法的一个特例。它是在利润为零的情况下研究销售量(额)与成本之间的变动关系。众所周知,保本并不是目的,盈利才是目的,但是只有先保本才可能有利润。从财务上说,保本是经营活动的最低要求。在此基础上我们再来看具有一定利润的前提下这三者的变动关系。

这三者的变动关系可以用下面的公式来表示,即

$$目标销售量(额)=\frac{固定成本+目标利润}{边际贡献(率)}$$

【例 8-5】　某旅游饭店有客房 300 间,每间客房平均房价为 120 元,单位变动成本为 30 元,年固定成本为 450 万元,税率为 3%,预计本年的客房出租率为 45%,试预测本年度盈利或亏损数额。如要达到 100 万元的目标利润,出租率需提高多少?

$$边际贡献=120-30-120\times3\%=86.4(元)$$

$$300\times45\%\times365\times86.4-4500000=-242640(元)$$

∴亏损 242640 元

$$目标销售量=\frac{4500000+1000000}{86.4}\approx63657(间天)$$

$$目标出租率=\frac{63657}{300\times365}\times100\%\approx58.13\%$$

$$58.13\%-45\%=13.13\%$$

∴出租率需提高 13.13%

本章小结　　旅游企业成本费用的概念、分类,成本费用管理的意义、原则,旅游企业成本控制的基本程序和方法,本章重点介绍了保本点分析的计算及方法的运用。

 **重要概念**

成本费用　固定成本　变动成本　成本控制　保本点分析

 **思考题**

1. 如何理解旅游企业成本费用的概念和内容？
2. 旅游企业成本管理有哪些原则？
3. 旅游企业成本控制有哪些方法？
4. 旅游企业成本费用有哪些分类？

 **计算题**

1. 某饭店有客房 300 间，年固定费用 500 万元，房价为 200 元/间天，单位变动费用为 50 元，试计算保本出租率。

2. 某饭店有客房 200 间，房价为 100 元/间天，单位变动费用为 40 元，年固定成本为 150 万元，预计今年全年营业收入为 220 万元，试计算其盈利或亏损数额。如要实现 50 万元的目标利润，客房出租率需提高多少？如出租率无法提高，要实现目标利润，房价需提高多少？

3. 某餐厅有餐位 200 个，平均消费水平为 60 元，餐厅年固定成本为 260 万元，单位变动费用为 10 元，平均加成率为 150%，税率为 3%，试计算保本餐位利用率。

 案例分析

"周末随心飞"能否搅热航旅市场？

来源：北京日报　时间：2020-06-29 11：48

东航推出的 3322 元"周末随心飞"产品刚刚迎来可以兑换出行的首个周末，万余名旅客率先尝鲜民航领域首款可不限次、任意飞的航空产品；华夏航空紧随其后，近日推出 2999 元的全国无限次飞行套餐。各航空公司花式自救新举措引来旅客热捧的同时，也迅速"回血"部分现金流。

不过有旅客反馈称，看似可"薅羊毛"的"周末随心飞"产品用起来并不随心，有很多限制条件。在民航业内人士看来，各航空公司推出的创新套餐能够短暂带来现金流，但能否挽救行业亏损局面、搅热航旅市场，现在还无法做乐观预测。

6.5 万人次体验"周末随心飞"

"为了做生意，每周我都要往返成都和昆明两地，有了这个套餐感觉自己省了'几个亿'。"6 月 27 日早 7 时，旅客郑先生第一个走到昆明机场东航柜台办理"周末随心飞"业务。

下午,值机柜台陆续迎来去拉萨的旅客,九成旅客都购买了"周末随心飞"产品。"一直想要去拉萨玩,但以前一到假期机票就很贵,这次不用纠结价格了。""周末随心飞"旅客李女士和男朋友在办理值机时说。

6月27日和28日,东航"周末随心飞"产品迎来首个使用周末,第一波尝鲜旅客成功兑换超过6.5万张机票。自东航6月18日发售"周末随心飞"以来,产品销售火爆,旅客已经成功兑换超过10万张机票。

据了解,"周末随心飞"产品6月18日上线,旅客支付3322元就可以在今年年底前无限次兑换每周末的东航国内航班。

"产品既盘活航空公司当前运力资源,也催生旅客新一轮的出行需求,让广大消费者、航空公司、旅游服务等相关产业共同受益,有力地推动了航空经济发展稳中回暖。"东航相关负责人介绍。

部分乘客体验不"随心"

"看起来产品十分诱人,仔细阅读使用规则,使用起来其实并不'随心'。"在北京工作的周洲入手了一套"周末随心飞"产品,准备在疫情形势好转后常往返西安老家。他留意到,使用说明中规定兑换航班后"不得签转,不得改期,退票需至少提前4天(含)以上"。他最关心的是,如发生3次订座兑换后未乘坐,且未在规定时间内办理退票,所购"周末随心飞"将自动作废。"余下使用时间只有20多个周末,疫情影响下尤其北京往返航班不确定性太多,订退票时间限制很严格。"他还不确定后半年的行程是否能"回本","必须得飞个五六次,否则就亏了"。

在微博、知乎等平台,网友对该产品的评价褒贬不一,多数人的吐槽集中在使用条件限制上。

"类似无限飞这样的产品是由航空公司精算过的产品,算定了不会亏本赚吆喝,旅客可能小赚但航司肯定不亏。"有民航业内人士称,产品并不是对所有人都划算,更适合时间灵活的用户。

航空公司花式自救挽回客流

民航局此前披露的数据显示,一季度全行业累计亏损398.2亿元,其中航空公司亏损336.2亿元。根据三大航空公司(国航、东航、南航)一季度业绩数据,其一季度亏损140亿元。疫情重创之下,航空公司现金流成为重中之重。

民航专家林智杰认为,航空公司出售"随心飞""无限飞"等套餐,其实是对下半年的市场进行了预判,座位大量过剩,所以要提前预售。林智杰表示,一位旅客的边际成本其实只有100多元钱,航班若要起飞,多一位旅客乘坐,航空公司只要多付100多元成本,产品从设计上是赚钱的。但如果商务旅客消费降级,多次乘坐后航空公司也存在亏本的可能。他认为,出于自救,国内其他航空公司预计会跟进推出类似"随心飞"的产品,不过因疫情应运而生的这种产品或许将因疫情结束、航班销售情况稳定而取消。

受疫情冲击,各大航空公司不得不放下身段,想尽办法自救。前几个月纷纷推出的"白菜价"机票就是航空公司的无奈之举,各家航空公司还紧急调整运力,将客机改装为货机。深圳航空、西部航空、山东航空更是加入了直播带货的队伍中,厦门航空和四川航空甚至还开启了团餐和外卖服务。

民航业内人士普遍认为,自救与复苏仍是当前民航业的主基调,行业要迎来客流反弹至恢复到原有水平还要等上一段时间。

　　(收录时略有改动)

　　【思考题】

　　1.航空公司推出"随心飞"的目的是什么?

　　2.从航空公司角度,"随心飞"的价格是否可以保本? 其对于航空公司的利润有何影响?

第九章
旅游企业营业收入、税金和利润管理

学习目标：

了解旅游企业价格制定的原则、方法，营业收入的结算方式与控制，税金的管理程序，利润分配的原则、程序、政策；熟悉旅游企业营业收入预算编制方法、税金种类与计算方法、利润预测方法。

素养目标：

聚焦"三观"教育，培养学生洞悉全局的思考习惯，引导学生树立正确的世界观、人生观和价值观。

第一节　旅游企业营业收入管理

旅游企业营业收入管理是旅游企业管理的重要部分。旅游企业营业收入管理是为了保证旅游企业住宿、餐饮营业收入，确保会计资料的准确性与可信性，而制定的协调方法和控制措施。

良好的旅游企业营业收入管理不仅能使旅游企业营业收入提高，而且能够提升旅游企业的服务水平，树立旅游企业形象，促进员工内部团结，对旅游企业的运作具有重要意义。

一、旅游企业营业收入概述

(一)旅游企业营业收入的概念

旅游企业营业收入是指旅游企业在日常活动中形成的、会导致所有者权益增加的、与所有者投入资本无关的经济利益的总流入。它主要包括旅行社组团、接团的收入，以及饭店出租客房、提供餐饮、出售商品及其他服务项目所取得的收入。

(二)旅游企业营业收入的分类

1.按与业务经营的关系不同，划分为营业收入和营业外收入

营业收入是指企业在经营活动中向消费者提供劳务或销售商品等取得的收入。它

是企业业务经营活动的直接成果,包括基本业务收入和其他业务收入。基本业务收入是由企业的主要业务经营活动所带来的收入,又称主营业务收入,是营业收入的主要部分,如饭店的客房收入、餐饮收入、商品收入等。其他业务收入是企业主营业务之外不单独核算的其他业务或附属经营业务所发生的收入,是营业收入的次要部分,具有不稳定的特点,如旅游企业的固定资产出租、无形资产转让和包装物出租等收入。

营业外收入是与企业业务经营无直接关系的各项收入。例如,固定资产盘点溢余、处理固定资产净收益、罚款收入、确定无法支付的应付账款等。

2.按业务类型的不同,划分为饭店营业收入、旅行社营业收入

饭店营业收入是指饭店提供食宿等服务而取得的收入,根据管理的需要,饭店营业收入又可以分为客房收入、餐饮收入、洗涤收入、美容美发收入、康乐收入、宴会收入等。

旅行社营业收入是指旅行社在经营服务过程中,为旅游者提供各种服务,并按照国家规定的旅游收费标准,向旅游者收取的包括代收代付交通费、房费、气费、文娱费等在内的全部收入以及综合服务收入、组团外联收入、零星服务收入、劳务收入、票务收入、地陪及加项收入、其他服务收入和其他非营业收入等。

(三)营业收入的确认

1.销售商品收入的确认

销售商品同时满足以下条件的,才能确认为收入:

(1)企业已将商品所有权上的主要风险和报酬转移给购货方。

(2)企业既没有保留与所有权相联系的继续管理权,也没有对已售出的商品实施有效控制。

(3)收入的金额能够可靠地计量。

(4)相关的经济利益很可能流入企业。

(5)相关的已发生或将发生的成本能够可靠地计量。

2.提供劳务收入的确认

第一,企业在资产负债表日,能够可靠估计提供劳务交易结果,并采用完工百分数法确认收入。提供劳务交易的结果能够可靠估计,是指同时满足下列条件:

(1)收入的金额能够可靠地计量。

(2)相关的经济利益很可能流入企业。

(3)交易的完工进度能够可靠地确定。

(4)交易中已发生和将发生的成本能够可靠地计量。

第二,企业在资产负债表日提供劳务交易结果不能够可靠估计的,应分别按下列情况处理。

(1)劳务成本预计能够得到补偿的,按照已经发生的劳务成本金额确认提供劳务收入,并按相同金额结转劳务成本。

(2)劳务成本预计不能够得到补偿的,应当将已经发生的劳务成本计入当期损益,不确认劳务收入。

3.让渡资产使用权收入的确认

让渡资产使用权收入包括利息收入、使用费收入等。

让渡资产使用权收入同时满足以下条件的,才能确认为收入。

（1）相关的经济利益很可能流入企业。

（2）收入的金额能够可靠地计量。

（四）旅游企业营业收入管理的意义

旅游企业营业收入是旅游企业生产经营成果的货币表现，旅游企业根据市场情况，要有效地组织多种经营活动，及时取得营业收入。加强营业收入管理，对于旅游企业自身以及整个国民经济都有着重要的意义。

1.旅游企业营业收入是旅游企业生存和发展的基本前提

旅游企业进行生产经营活动的目的，是为顾客提供合格的商品与服务，并尽可能取得最大的经济效益。旅游企业只有更多地实现和及时取得营业收入，才能补偿生产资料的耗费，支付职工工资及其他各项费用，保证企业再生产不断进行；如果企业不能及时取得营业收入，生产经营活动中的各种耗费得不到补偿，收不抵支，企业资金无法正常周转，资金运动就会中断，生产经营就不能正常进行。

2.旅游企业营业收入是旅游企业实现利润的基础

旅游企业的营业收入中包含着补偿生产经营耗费及应实现的利润。旅游企业只有取得营业收入，才能实现盈利，才能依法分配利润。旅游企业营业收入是衡量旅游企业经营业绩的重要指标，企业为了实现目标利润，必须千方百计地增加营业收入。

3.旅游企业营业收入是促进社会经济发展的重要因素

旅游业是国民经济的重要组成部分，是国民经济中的支柱产业和朝阳产业，越来越受到人们的重视，旅游业收入在迅猛增长，日益成为国家财政收入的重要来源。

（五）旅游企业营业收入的日常管理

1.做好营业收入的预测、决策和预算工作

预测是编制预算的基础，预测准确与否直接影响到企业经营决策的制定。在复杂多变的市场经济环境中，企业应通过营业收入的预测，掌握旅游市场供求关系变化和价格变化的规律。在营业收入预测的基础上，企业应根据预测所提供的各种依据，在多种可供选择的方案中选出最佳方案，从而做出营业收入决策。营业收入预算属于短期计划，是企业对营业收入决策中销售目标的具体化，预算出企业在年内各种商品或劳务的销售数量和销售收入。企业只有做好营业收入的预测、决策和预算工作，才能增强营业收入管理的预见性和主动性，提高营业收入管理水平，以适应不断变化的旅游市场。

2.强化营销手段，确保收入实现

在市场经济条件下，企业的营销手段对商品或服务的销售会产生重大影响，营销手段高，可以扩大商品或服务的销售量，增加营业收入。在销售商品或服务时，要认真履行与顾客签订的经济合同，这样不仅可以加速销售资金的回笼，而且可以提高企业的信誉，为企业的经营活动创造良好的营销环境。

3.控制好销售环节，保证营业收入及时足额入账

在旅游企业中，营业收入项目繁多，为了保证营业收入准确无误地收回，应对营业收入的发生、计算、取得、汇总等环节进行严格的控制，其基本点有四个方面。

（1）保证营业收入的合法性，就是指企业发生的所有收入都必须有合法的依据和凭证，有合法的手续以及规范的管理制度和程序。

（2）保证营业收入的真实性，就是指企业记录的所有收入必须是真实客观的，而不是虚假的。

（3）保证营业收入的完整性，就是指企业发生的所有收入都应全部收回。企业要采取相应措施加强收入的内部控制，堵塞企业在营业收入取得过程中可能发生的一切漏洞，防止舞弊、贪污等不正当现象的发生。

（4）保证营业收入的及时性，就是指企业发生的所有收入应尽快收回入账；暂时不能收回的应收账款，应采取积极措施催收，尽量避免由于存在应收账款而给企业造成的费用增加、资金周转减缓及资金利用效果的下降。

（六）旅游企业营业收入的控制

旅游企业营业收入控制环节中涉及岗位较多，包括旅游企业服务员、收银员，以及房务中心、厨房、酒吧、前台等部门的多个岗位。要想做好旅游企业营业收入控制，必须明确各岗位权限，只有协调统一才能达到良好的控制效果。

1. 收款

收款，是指向客人收取其享受旅游企业服务的款项。其款项构成了旅游企业的营业收入，工作项目程序如下：

（1）问清客人的房号后收回房卡、钥匙、预付收据，通知房务中心查房，并打出查账单请客人审核确认。

（2）核对电脑账单与原始账单是否一致，有无遗漏。

（3）收到房务中心查房完毕信息后，用电脑结清全部费用并打印出明细账单。

（4）请客人核查明细账单，客人确认无误后，开始收款，如果客人对某项费用有异议，应立即与发生费用的部门联系核查清楚。

（5）如果是现金付款，应按照消费总金额冲减预付金额，多退少补。

（6）如果是支票付款，应检查支票是否有效，印件是否齐全，有无付款单位账号，开户银行单位全称，然后按账单金额仔细填写金额，并检查填写无误后，将支票的第一联和账单递给客人，请客人留下单位全称、联系人、联系电话，以便事后查找。

（7）如果是信用卡付款，应在POSS机上根据预授权签购单做离线交易，请客人签字，并与信用卡背面的签名及身份证件核对无误后，将信用卡回单递给客人。

（8）用电脑做最后结账确认并封户。

2. 夜审

夜审，是指夜间进行的核数工作或从事夜间核数工作的人员。

夜审的工作对象是各收银点的收银员以及各营业部门交来的单据、报表等资料。其工作目标是通过对这些单据、报表深入细致地查对，纠正错弊，追查责任，以保证当天旅游企业收入的真实、正确、合理和合法。工作项目程序如下：

（1）严格按照旅游企业制定的价格政策认真审查，认真检查各营业点上缴的单据和报表。

（2）在电脑中过房费，并算出客账余额。

（3）检查前台入住手续是否完备，房价标准是否符合规定，优惠房价是否有相应的手续。

（4）审核各站点收银员的收入明细表内容是否完整，表、单是否相符，是否与营业收入日报表相符。

（5）审核各收银站点收银员开立的账单是否正确，折扣、冲销账手续是否齐全，客人账单合计数与收银员收入明细表是否一致。

（6）核实房务中心编报的实际客房使用数是否与总台接洽、与收银实际数相符。

（7）审核预收房费单反映的预收金额与收银员收入明细表是否一致，预收款退款手续是否完备、真实。

（8）试算平衡，编制营业收入日报表。

（9）整理、保管好各营业点有关营业日报及原始单据、账单附件等，并于次日交接班时转给日审人员。

（10）根据审计情况做好审计记录及时上报。

3. 日审

日审，又称收入稽核，是旅游企业营业收入的第二次审核。夜审人员经过一夜的工作，第二天早晨把审核过的资料交给日审接班人员继续审核。工作项目程序如下：

（1）负责复检夜间审核员编制的营业报表和单据等。

（2）负责监督和复检总出纳清点的前一天的各项营业款，核对交款凭证与所上交账款是否相符。

（3）符合所有优惠、减免凭单是否内容完整，手续是否齐全，是否符合旅游企业的有关规定。

（4）负责保管各站点、部门的营业日报表及附件单据。

（5）负责整理审核记录每日实际收入、未收账情况、应收款回款情况，并检查每一款项及所填凭证是否相符。

（6）负责整理各部门调拨单，并分发给各部门。

（7）负责收费电视、网络订房等的对账、结算工作。

（8）负责对前厅部促销房进行审核。

二、旅游企业价格管理

旅游企业产品价格是产品价值的货币表现。产品价值包括已耗生产资料的价值、必要劳动创造的价值、剩余劳动创造的价值三部分，用货币形式表现分别为物资消耗支出、劳动报酬支出、税金和利润。所以产品的价格具体表现为产品成本费用、利润和税金。

（一）旅游企业价格的意义

商品或服务的销售价格是对旅游企业营业收入影响非常大的因素之一，是旅游企业之间竞争的一个重要手段，同时也是顾客最为关心的一个方面，因此旅游企业要加强对商品或服务的销售价格的管理。合理的定价，有利于提高旅游企业的竞争能力，能够保证旅游企业在提供一定的商品或服务以后，取得预想的营业收入；同时价格又是市场最敏感、最复杂的问题，定价合理与否，关系着旅游企业劳动消耗是否能够得到补偿，决定着产品的市场销路，直接影响着旅游企业的营业收入和市场竞争能力。

(二)影响旅游企业价格制定的因素

旅游企业产品价格因为受多方面经济因素的影响往往并不等于其产品价值,因此,在确定旅游企业产品价格时应考虑以下几个方面的影响因素。

1. 成本因素

旅游企业在制定价格时要考虑多种因素,其中成本是影响旅游企业价格的最基本因素。同时,成本也是旅游企业制定价格的最低经济界限。从长期来看,旅游企业制定的价格必须不能低于旅游企业的成本。只有这样,旅游企业制定的价格才能补偿旅游企业服务过程中所消耗的生产资料转移价值和支付劳动的合理报酬,旅游企业的经营才能得以维持。也就是说,产品的售价只有高于其成本,才有可能赢利,否则就会亏损。因此,旅游企业在制定价格时必须考虑补偿成本,这是保证旅游企业生存和发展的基本条件。

2. 需求因素

产品的最低价格取决于产品成本,最高价格取决于产品的市场需求,市场需求对旅游企业的定价有着重要影响。分析需求对价格的影响主要是分析潜在顾客人数、顾客可能购买的数量以及顾客对不同价格的反应,也就是分析市场潜力与需求价格弹性。市场潜力是指在一定的价格水平上,市场需求可能达到的最高水平。需求的价格弹性反映需求对价格的敏感程度,以需求变动的百分数与价格变动的百分数之比值来计算,即价格变动百分之一会使需求变动百分之几。在正常情况下,市场需求会按照与价格相反的方向变动。价格提高,市场需求就会减少;价格降低,市场需求就会增加,这是供求规律发生作用的表现。因此,每个旅游企业都要预测各种价格水平下的市场需求状况。根据市场需求的大小。选择合理的价格水平。以便顺利地将产品销售出去,获取尽可能大的利润。同时,旅游企业产品的需求价格弹性制约着旅游企业的价格决策。如果忽视这一点,盲目提高价格,就会抑制市场需求,造成旅游企业产品滞销。

3. 竞争因素

现实的和潜在的竞争对手对于旅游企业产品定价的影响很大。竞争越激烈,对旅游企业价格的影响也越大。在完全竞争的市场中,旅游企业几乎没有定价的主动权,竞争的强度主要取决于旅游企业产品质量的高低和供求的形势。由于竞争影响定价,旅游企业要制定有效的价格措施,必须要充分了解竞争者的情况。比如主要竞争对手来自哪里,他们的实力如何,采取什么定价策略等。

4. 心理因素

在消费者心目中,对产品价格常有一种主观的估计,即在消费者心目中,产品值多少钱,称之为心理价格。心理价格是一种被认为因为情感反应产生的而不是出于经济考虑而产生的价格。随着经济的发展和科学技术的进步,以及消费水平的提高,心理因素对定价的影响越来越大。掌握消费者的心理,使定价恰到好处,有利于旅游企业产品和服务进入市场。假如某种旅游企业服务的需求量一定,当供给量增加时,价格会下降,反之则上升。在其他条件都不变的情况下,旅游企业服务价格越高,需求表现出减少趋势,反之则增加。因此,旅游企业所制定的价格的高低将影响到旅游企业产品的销售,影响旅游企业销售目标的实现。

5.政策和法律因素

在市场经济条件下,国家在自觉运用价值规律的基础上,通过制定物价工作方针和各项政策,对旅游企业产品价格实施宏观调控。国家的制度与规定既有监督性和保护性,也有限制性,旅游企业定价时必须严格遵守。旅游企业虽然有自主定价权,国家不直接进行干预,但对于利用垄断价格牟取暴利,或以不正当的手段哄抬物价,欺骗消费者的行为,国家是坚决反对的。

(三)旅游企业价格制定的目标

价格制定的目标既是明确旅游企业产品定价的方向,又是旅游企业经营目标的具体体现。定价时主要考虑下列制定目标。

1.利润导向目标

利润导向目标是指旅游企业以追求最大利润为目标进行价格决策。

旅游企业追求最大利润要处理好以下关系:

第一,要处理好短期利益与长远利益的关系。旅游企业应把追求最大利润作为一个长期目标、一个战略目标来实现,而不能只顾眼前利益,盲目追求最大利润,做"一锤子买卖"。

第二,要处理好局部利益与整体利益的关系。旅游企业追求最大利润应以旅游企业整体经营效益来衡量,既要考虑旅游企业微观经济效益,又要考虑社会宏观效益。

2.收益导向目标

收益导向目标是指旅游企业以获得其投资的预期收入为目标进行价格决策。任何企业对于其投资都希望获得预期的报酬,预期报酬水平通常用投资收益率指标来衡量。为实现收益导向目标,旅游企业一般采用成本加成定价法,因此难免会忽略诸如市场需求、竞争格局等重要影响因素。所以,实行预期收益定价目标的旅游企业,应具备较强的实力,在本行业中处于领先地位或其经营差异程度较高。

3.销售导向目标

销售导向目标是指旅游企业以达到一定的销售量或市场占有率为目标进行价格决策。市场占有率对旅游企业而言十分重要,它是对一个旅游企业经营状况和竞争力状况的直接反映,旅游企业只有获得更大的市场份额才可能在市场上取得更为有利的控制权。从长远看,获得最大市场份额,就能获得长期最大利润。市场占有率指标对于旅游企业经营具有特殊的作用,因此,部分旅游企业用一定时间的低价和高促销策略来建立和扩充其市场份额,这对处于成长期的产品更为适宜。

4.竞争导向目标

竞争导向目标是指旅游企业以在激烈竞争的市场上应付或避免发生价格竞争为目标进行价格决策。大多数旅游企业对于竞争对手的价格较敏感,旅游企业通常的做法是以对产品价格有决定影响的竞争对手的价格为基础,在广泛收集资料、慎重比较权衡以后,对本旅游企业产品的定价方法做出抉择。采用的方法有:

第一,以低于竞争对手的价格销售产品;

第二,以高于竞争对手的价格销售产品;

第三,以与竞争对手相同的价格销售产品。

5.稳定导向目标

稳定导向目标是指旅游企业成为行业领导者后,其产品已经拥有很大的市场份额。由此,旅游企业会为自己的产品谋求一个相对稳定的价格。稳定的价格通常是获得一定的目标收益的必要条件,尤其当旅游企业拥有丰富的资源,需要一个长期稳定发展的市场时;或者在市场供求与价格经常发生波动的行业,为了稳定市场,稳定价格就显得尤为重要。

(四)旅游企业价格制定的策略

旅游企业在制定价格时,出于不同的目的,针对不同的情况,会选择不同的定价策略。这些定价策略归纳起来一般包括以下几种。

1.差别定价策略

同一旅游产品,按游客的差别或时间、地点差别可以细分市场。针对不同的细分市场,旅游产品需求有明显差异。在每一个细分市场上,都可以确定一个不同的价格,使每一个市场都达到收益最大化,避免同一定价对某一个细分市场收益的负面影响。在差别定价中,常见的是价格歧视,即可以对不同的人收取不同的价格或对不同的消费量收取不同的价格。另外,还有时间差别定价和地点差别定价,这主要是旅游淡旺季的调节手段和市场需求的价格反映。

2.折扣与让价策略

折扣与让价策略一般包括现金折扣、数量折扣、交易折扣三部分。现金折扣是对提前付款的顾客给予一定折扣优待,这样可以鼓励赊欠消费的顾客能按期归还占用企业的资金,加速企业资金的周转;数量折扣是根据顾客购买数量的多少,给予不同的折扣优待,如饭店的团体折扣、长住折扣等,鼓励客人多消费;交易折扣又可称为功能性折扣,是根据不同中间商在市场营销中所担负的功能不同,而给予不同的折扣,以提高中间商推销的积极性,如酒店给旅行社折扣,鼓励它们为酒店推销客房。

3.捆绑定价

捆绑定价是指将一种产品与其他产品组合在一起以一个价格出售。例如,旅行社将酒店、景点、交通等各项产品捆绑在一起出售给游客。

4.转移定价策略

转移定价也叫隐藏定价,通常是将一种旅游产品的价格定得较低,通过产品之间的连带效应,使游客在消费其他产品时,补偿前一种产品的损失,一些门槛较高的旅游产品,常采用此类定价法。如在餐厅经营中,可以推出某些特价菜吸引消费者,而在酒水、菜肴上适当提价以赚取利润。对于像旅游线路这样的综合性旅游产品,可以以较低的交通费用吸引游客,以达到转移定价的目的。

5.新产品定价策略

新产品定价策略一般包括市场撇脂定价策略和渗透定价策略。

市场撇脂定价策略是指在新产品刚进入市场阶段,采取高价策略,以求尽快收回投资获得更多收益,如同在牛奶中撇脂一样。例如,有的饭店对新研制出的菜肴,一开始采取高价策略,这样就能获得高额的利润,尽快收回投资。但是这一策略也有明显的缺点,主要是新产品在消费者中尚未建立起信誉之前,这一策略不利于开拓市场。在建立

起知名度之后,会引来竞争者加入,促使市场竞争加剧。

渗透定价策略,即低价投放新产品的策略,能迅速提高产品市场占有率,通过薄利多销的手段收回投资。这种策略的优点是可以广开销路,有利于开拓新产品市场,可以有力地阻止竞争者加入,但是这种定价策略的投资回收期长,在一定时期内获利较小。

6.追随定价策略

一些旅游企业将竞争者的定价作为它们制定产品价格的标准。例如,某饭店的竞争者将客房价格定为 400 元/间天,根据竞争者的定价,该饭店将客房价格制定为 390 元/间天。当竞争者改变价格时,使用这种定价方法的企业也跟着改变价格。当市场上存在激烈的竞争时,使用这种定价方法看似合理,但是这种方法忽视了企业之间存在的差异,如酒店的选址、产品质量、就餐环境,旅行社的规模、完格、信誉等。此外,这种方法还忽视了产品和服务的生产销售成本。不同的旅游企业在进行定价决策时,必须考虑它们自己的成本结构。如果面对一个处于领导地位并采用低成本结构的酒店,竞争者不顾自己的成本结构而一味奉行追随定价策略,必然会导致企业经营走入困境。

7.心理定价策略

这种定价策略是根据消费者的心理需求来进行定价,通常包括尾数定价策略和声望定价策略。

尾数定价策略一般是利用消费者希望价低的心理,定价不定整数。例如,旅行社将某旅游产品的价格定为 998 元,而不是定为 1000 元。

声望定价策略是指消费者往往把价格与产品质量和本人地位联系起来,认为价高即质高,能够使自己的身份得到体现,根据此心理,企业会有意识地把价格定高,如春秋旅行社率先推出的纯玩团在某种程度上就使用了声望定价策略。

8.检误定价策略

这种策略是旅游企业首先制定一个产品价格,然后观测顾客的反应,并在顾客反应的基础上对这一价格进行调整。这种定价方法似乎充分考虑了顾客方面的因素,但是对顾客的调查需要很长的时间,很多旅游企业往往很难做到这一点,而且往往众口难调,在顾客反馈的基础数据上频繁变动价格会导致顾客和管理人员价格认识上的混乱。

(五)旅游企业价格制定的方法

旅游企业以出售客房、饮食产品及服务为主要经营手段,由于客房、饮食产品、服务的成本和经营方式具有不同的特点,因此,旅游企业应根据这些特点采取不同的定价方法,灵活地制定价格,以实现经营目标。下面就以客房、饮食制品为例说明旅游企业价格制定的方法。

1.客房产品的定价方法

1)成本定价法

成本定价法是以客房固定成本、变动成本为基础,通过分析成本、税金和利润的数量关系,根据客房出租率来制定客房价格的一种方法。

计算公式如下:

$$理论成本 = \frac{客房总成本费用}{365 \times 客房总面积} \times 平均每间客房面积$$

$$出租成本 = \frac{理论成本}{1 - 房间闲置率 \times 每天每间客房固定成本占单位成本的比率}$$

$$平均房价 = \frac{出租成本}{1 - 税率 - 利润率}$$

【例 9-1】 某旅游企业有客房 400 间,客房总面积 8800 平方米,预算客房年度固定成本费用 700 万元,单位变动成本费用 35 元/间天,每天每间客房中固定成本费用占单位成本费用的 50%,预计出租率 70%,利润率 40%,计算旅游企业客房的平均价格。

$$客房总成本费用 = 7000000 + 35 \times 400 \times 70\% \times 365 = 10577000(元)$$

$$客房理论成本 = \frac{10577000}{365 \times 8800} \times (8800 \div 400) \approx 72.45(元)$$

$$客房出租成本 = \frac{72.45}{1 - (1 - 70\%) \times 50\%} \approx 85.24(元)$$

$$客房平均房价 = \frac{85.24}{1 - 40\%} \approx 142(元)$$

2)目标利润定价法

目标利润定价法是在客房成本预算的基础上,通过确定目标利润来制定客房价格的一种方法。计算方法如下:

第一,预算年度成本费用,包括人工费、固定资产折旧费、开办费、能量消耗、物质消耗、利息、保险费、办公费等。

第二,确定目标利润。

计算公式如下:

$$目标利润 = 年度总成本费用 \times 成本费用利润率$$

第三,制定平均房价。

计算公式如下:

$$平均房价 = \frac{年度总成本费用 + 目标利润}{客房数量 \times 客房出租率 \times 365}$$

【例 9-2】 某旅游企业有客房 300 间,年度总成本费用 6300000 元,客房出租率 70%,目标成本费用利润率 50%,计算平均房价。

$$平均房价 = \frac{6300000 + 6300000 \times 50\%}{300 \times 70\% \times 365} \approx 123.29(元)$$

3)总经费法

总经费法是在客房成本预算的基础上制定客房价格的一种方法。

计算公式如下:

$$每日经费 = \frac{全年总经费}{日历天数}$$

$$日均目标营业额 = \frac{每日经费}{1 - 税率 - 利润率}$$

$$平均房价 = \frac{日均目标营业额}{客房数量 \times 客房出租率}$$

式中,全年总经费是指客房经营过程中全年的费用开支,包括固定费用和变动费用。

【例 9-3】 某旅游企业有 500 间客房,客房销售有季节性波动,全年客房固定成本费用总额为 9125000 元,单位变动成本费用 40 元/间天,淡季 110 天,利润率 15％,出租率 50％;旺季 255 天,利润率 45％,出租率 80％。计算不同时期的客房平均价格。

计算客房总经费:

$$淡季客房总成本费用＝9125000×\frac{110}{365}＋40×500×50％×110＝3850000（元）$$

$$旺季客房总成本费用＝9125000×\frac{255}{365}＋40×500×80％×255＝10455000（元）$$

计算客房每日经费:

$$淡季每日经费＝\frac{3850000}{110}＝35000（元）$$

$$旺季每日经费＝\frac{10455000}{255}＝41000（元）$$

计算客房日均目标营业额:

$$淡季客房日均目标营业额＝\frac{35000}{1－15％}≈41176（元）$$

$$旺季客房日均目标营业额＝\frac{41000}{1－45％}≈74545（元）$$

计算客房平均价格:

$$淡季客房平均价格＝\frac{41176}{500×50％}≈165（元）$$

$$旺季客房平均价格＝\frac{74545}{500×80％}≈186（元）$$

2.饮食制品的定价方法

旅游企业饮食制品的价格是由原材料成本和毛利额构成,其中,定价的重点是掌握好毛利率的高低。旅游企业可根据"按质论价、优质优价、时菜时价"的原则,按国家规定的毛利率幅度和旅游企业经营服务特点,逐一确定饮食制品的毛利率以后,再根据饮食制品的原材料成本计算饮食制品的销售价格。

1)销售毛利率法

销售毛利率就是饮食制品的毛利与其销售额之间的比率。销售毛利率法就是按饮食制品的毛利与其销售额之间的比率来制定价格的方法。

计算公式如下:

$$销售价格＝\frac{食品原材料成本}{1－销售毛利率}$$

采用销售毛利率计算价格,可以对毛利在产品销售额中的比重十分清楚,有利于销售核算。

2)成本毛利率法

成本毛利率就是饮食制品的毛利与其成本之间的比率,也称外加毛利率或加成率。成本毛利率法就是按照既定的成本毛利率来制定价格的方法。

计算公式如下:

$$销售价格＝食品原材料成本×（1＋成本毛利率）$$

成本毛利率法也称为外加毛利率法或外加法。用成本毛利率法计算饮食制品的销售价格,简单明了,易于掌握,但不易反映饮食制品营业收入中毛利所占的比重,所以一般不采用此法。

3.旅行社的定价方法

1)中国现行旅游价格构成

(1)综合服务费。

综合服务费包括全程陪同费、翻译导游费、领队减免费、组团社和接团社手续费、旅游宣传费、杂费等。

(2)房费。

房费单列。旅游者的房费一般有三种方式:海外旅行社自订、组团社代订、委托接团社代订。

(3)餐费。

餐费单列。餐费标准采用标准加餐差的办法,即早餐标准不分地区统一按规定标准安排,与饭店房费一起收取,午、晚餐采用标准餐加餐差的方法,各旅行社最低的订餐标准为国家规定的标准餐费。

(4)车费。

车费单列。具体包括市内交通费(含行李运输费)、停车费等,目前均采用包车计价方式。

$$包车价＝车公里(千米)租价×包车公里(千米)＋附加费$$

(5)文娱活动费。

文娱活动费是旅行社为旅客安排文化娱乐等项目而收取的手续费和门票费。

(6)城市间交通费。

城市间交通费包括飞机、轮船、内河及古运河船和汽车客票价格。

(7)专项附加费。

专项附加费包括汽车超里程费、特殊游览点门票费、风味餐费、专业活动费、不可预见费等。

2)中国现行旅游价格形式

(1)全包价。

全包价是指价格中包含了综合服务费、房费餐费、交通费(市内车费)、文娱活动费、城市间交通费和专项附加费等。

(2)小包价。

小包价的确切含义是选择性旅游价,即旅游者可按本人意愿选择所需的旅游项目。旅游者按照旅行社所能提供的旅游服务进行选择,费用现付。

(3)半包价。

半包价与全包价的区别主要在于提供服务的内容不包括午、晚餐两项,其他服务完全一样。

(4)零包价。

零包价是一种独特的价格形态,多见于旅游发达国家,是指旅游者必须随团前往和

离开旅游目的地,但在旅游目的地的活动是完全自由的,形同散客。参加零包价旅游的旅游者可以获得团体机票价格的优惠,并可由旅行社统一代办旅游签证。

(5)特殊形式的旅游收费。

特殊形式的旅游是指旅行社开展的新婚旅游、会议旅游、学术交流旅游等特殊形式的旅游项目,在执行组团包价时,要按客人的特殊要求收取特殊服务费用,并扣除没有发生的费用。

三、旅游企业营业收入预算

营业收入预算,即确定旅游企业销售商品和提供劳务的数量和金额的预算。营业收入预算是财务预算的关键,是编制利润预算的基础。在编制营业收入预算时,应通过量本利分析,确定有可能使旅游企业经济效益最佳的销售量和销售单价,同时还考虑旅游企业现有经营能力、季节性因素等,下面以旅游企业客房、餐饮、商品部门为例加以说明。

(一)客房预算收入的编制

客房营业收入由客房数量、出租率和平均房价三个因素决定,在客房数量一定、平均房价不变的情况下,客房出租率越高,客房收入也越高;当平均房价发生变动时,客房收入也会发生变动。但整体来说,出租率是影响旅游企业客房收入的重要因素(见表9-1)。客房预算收入的计算公式如下:

$$客房预算收入 = \sum(某种类型客房平均房价 \times 某种类型客房可供出租的套数 \times 预算期内某种类型客房平均出租率 \times 预算期内天数)$$

表 9-1 客房营业收入预算

项目		数量/间	平均开房率	平均房价/元	天数	金额/万元
客房	豪华套房	3	40%	780	300	28.08
	单人间	20	60%	500	300	180.00
	标准间	100	70%	380	300	798.00
	小计	123			300	1006.08

【例 9-4】 某旅游企业豪华套房的平均房价 780 元,共有 3 间,该客房平均出租率为 40%,如果预算期天数为 300 天,计算豪华套房预算收入。

$$豪华套房预算收入 = 780 \times 3 \times 40\% \times 300 = 28.08(万元)$$

(二)餐饮预算收入的编制

餐饮营业收入预算要结合客房出租量,客人数量及消费水平,早、午、晚各餐厅上座率,预算期天数等编制。

餐饮部预算营业收入计算公式如下:

$$餐厅部预算营业收入 = \sum(某餐厅人均消费额 \times 餐厅的餐位数 \times 某餐厅餐位上座率 \times 预算期营业天数)$$

餐饮营业收入预算如表9-2所示。

表9-2　餐饮营业收入预算

餐厅	餐位数/个	平均消费水平/元	餐位上座率	天数	小计/万元
中餐厅	220	80	90%	320	506.88
大堂酒吧	60	50	15%	320	14.40
中餐包厢	80	130	50%	320	166.40
西餐厅	70	100	40%	320	89.60
宴会厅	300	90	50%	320	432.00
合计	730				1209.28

【例9-5】　某旅游企业中餐厅有餐位210位,早餐、午餐、晚餐的平均消费水平分别为20元、60元、70元,餐厅上座率分别为80%、50%、70%,如果预算期营业天数为320天,计算该餐厅的营业收入。

$$营业收入=(20×210×80\%+60×210×50\%+70×210×70\%)×320$$
$$=638.4(万元)$$

(三)商品部营业收入预算的编制

商品是旅游企业营业收入的又一重要组成部分,商品部分业务收入预算的编制,可以将商品部按商品类别划分为不同的营业柜组,分别预算营业柜组在预算期内的主营业务收入额。

$$商品部主营业务收入预算=\sum(某类商品预计销售价×商品预计销售数量)$$

商品营业收入预算如表9-3所示。

表9-3　商品营业收入预算　　　　　　　　　　　　　　单位:万元

营业柜组	金额	计算依据
品牌服装(代销)	9	1.5×320×20%=96
工艺品(代销)	19.2	0.3×320×20%=19.2
烟酒糖茶	160	0.5×320=160
合计	188.2	

【例9-6】　某旅游企业有品牌服装营业柜组,该柜组的商品属于代销商品,平均每天销售1.5万元,20%的代销手续费,如果预算期天数为320天,计算该品牌服装营业柜组的收入。

$$营业收入=1.5×320×20\%=96(万元)$$

第二节　旅游企业税金管理

一、旅游企业税金的种类与计算

税金是国家财政收入的组成部分,是国家按照法律规定的标准取得财政收入的一种手段。

目前,旅游企业向国家交纳的税金主要有:增值税、消费税、城市维护建设税、房产税、车船税、城镇土地使用税、印花税、所得税等。按财务处理方式不同分为三类:第一类是销售税,即以销售额为计税依据的流转税,包括增值税、消费税、城市维护建设税;第二类是计入管理费用的税金,包括房产税、车船税、城镇土地使用税、印花税;第三类是所得税,即以应纳税所得额为计税依据的税金。

(一)增值税

增值税是以商品和劳务在流转过程中产生的增值额作为征税对象而征收的一种流转税。按照我国增值税法的规定,增值税是对在我国境内销售货物或者加工、修理修配劳务(以下简称劳务)、销售服务、无形资产、不动产以及进口货物的单位和个人,就其销售货物、劳务、服务、无形资产、不动产(以下统称应税销售行为)的增值额和货物进口金额为计税依据而课征的一种流转税。

增值税之所以能够在众多国家推广,是因为其可以有效地防止出现商品在流转过程中的重复征税问题,并使其具备保持税收中性、普遍征收、税收负担由最终消费者承担、实行税款抵扣制度、实行比例税率、实行价外税制度等特点。

我国从 1979 年开始在部分城市试行生产型增值税。1994 年在生产和流通领域全面实施生产型增值税。2008 年国务院决定全面实施增值税改革,即将生产型增值税转为消费型增值税。2011 年年底,我国决定在上海试点营业税改征增值税(以下简称“营改增”)工作,并逐步将试点地区扩展到全国。2016 年 3 月 23 日,经国务院批准,财政部和国家税务总局发布了《关于全面推开营业税改征增值税试点的通知》,通知决定自 2016 年 5 月 1 日起,在全国范围内全面推开“营改增”试点,将建筑业、房地产业、金融业、生活服务业等全部营业税纳税人纳入试点范围,由缴纳营业税改为缴纳增值税。2017 年 11 月 19 日发布了《国务院关于废止〈中华人民共和国营业税暂行条例〉和修改〈中华人民共和国增值税暂行条例〉的决定》,正式结束了营业税的历史使命。之后又逐步发布了诸多“营改增”的具体实施办法和措施。

从计税原理上说,增值税是对商品生产、流通、劳务服务中多个环节的新增价值或商品的附加值征收的一种流转税。增值税实行价外税,也就是由消费者负担,有增值才征税,没增值不征税,但实际上,商品新增价值或附加值在生产和流通过程中是很难准确计算的,因此,我国也采用国际上普遍采用的税款抵扣办法,即根据销售商品或劳务的销售额,按规定的税率计算出销项税额,然后扣除取得该商品或劳务时所支付的增值税款,也就是进项税额,其差额就是增值部分应交的税额。这种计算方法体现了按增值

因素计税的原则。

一般纳税人发生应税销售行为适用一般计税方法计税,其计算公式如下:

$$增值税应纳税额＝当期销项税额－当期进项税额$$

增值税是对增值额课征的一种流转税,实践中由于各个国家基本情况及经济政策目标各不相同,各国税法规定的增值额并不一致,与理论上的增值额也不尽相同,因此形成了不同类型的增值税。

小规模纳税人发生应税销售行为适用简易计税方法计税,简易计税方法的公式如下:

$$当期应纳增值税税额＝当期销售额(不含税)×税率$$

按增值额内容和扣除项目的不同,增值税分为消费型增值税、收入型增值税和生产型增值税。它们之间的区别主要在于税基的宽窄不同。

一般来说,增值额既可以按全部的增值项目相加计算得出,也可以按全部商品的价值扣除未增值的部分计算得出。若按后一种方法计算,则需要扣除的项目包括两部分:一部分是劳动手段(生产资料)的当期转移价值;另一部分是劳动对象的转移价值。其中,扣除劳动对象的转移价值一般是没有异议的,但对劳动手段的转移价值是否扣除,能扣除多少,这是区别三种类型增值税的关键所在。

消费型增值税在计算增值额时允许把当期购买的固定资产价值在当期全部予以抵扣,而不管其是否转移到产品价值中去。

收入型增值税仅允许扣除当期转移到商品价值中的那部分固定资产的价值。

生产型增值税只允许扣除劳动对象转移到商品价值中去的价值,而不准对任何固定资产的价值给予扣除。

目前,国际上通行的增值税计算方法是间接计算法,其计税依据是商品或劳务的流转额。计算中运用税款抵扣的原则,使营业额中已含税的部分或在以前阶段已纳税的部分,在本阶段不再征税,只就未征过税的那部分增值额征税。

增值税税目税率如表9-4所示。其中,小规模纳税人税率为3%。小规模纳税人不实行返款抵扣制,按销售额乘以3%来计算应纳税额。

表 9-4　增值税税目税率表

	简易计税	征收率
小规模纳税人以及允许适用简易计税方式计税的一般纳税人	小规模纳税人销售货物或者加工、修理修配劳务,销售应税服务、无形资产;一般纳税人发生按规定适用或者可以选择适用简易计税方法计税的特定应税行为,但适用5%征收率的除外	3%
	销售不动产;符合条件的经营租赁不动产(土地使用权);转让营改增前取得的土地使用权;房地产开发企业销售、出租自行开发的房地产老项目;符合条件的不动产融资租赁;选择差额纳税的劳务派遣、安全保护服务;一般纳税人提供人力资源外包服务	5%
	个人出租住房,按照5%的征收率减按1.5%计算应纳税额	5%减按1.5%
	纳税人销售旧货;小规模纳税人(不含其他个人)以及符合规定情形的一般纳税人销售自己使用过的固定资产,可依3%征收率减按2%征收增值税	3%减按2%

续表

增值税项目

	增值税项目	税率
一般纳税人	销售或者进口货物(另有列举的货物除外);销售劳务	13%
	销售或者进口: (1)粮食等农产品、食用植物油、食用盐; (2)自来水、暖气、冷气、热水、煤气、石油液化气、天然气、二甲醚、沼气、居民用煤炭制品; (3)图书、报纸、杂志、音像制品、电子出版物; (4)饲料、化肥、农药、农机、农膜; (5)国务院规定的其他货物	9%

购进农产品进项税额扣除率

	购进农产品进项税额扣除率	扣除率
一般纳税人	对增值税一般纳税人购进农产品,原适用10%扣除率的,扣除率调整为9%	9%
	对增值税一般纳税人购进用于生产或者委托加工13%税率货物的农产品,按照10%扣除率计算进项税额	10%

营改增项目

	营改增项目	税率
一般纳税人	交通运输服务	9%
	邮政服务	9%
	基础电信服务	9%
	增值电信服务	6%
	建筑服务	9%
	销售不动产	9%
	金融服务	6%
	研发和技术服务	6%
	信息技术服务	6%
	文化创意服务	6%
	物流辅助服务	6%
	鉴证咨询服务	6%
	广播影视服务	6%
	商务辅助服务	6%
	其他现代服务	6%
	有形动产租赁服务	13%
	不动产租赁服务	9%

续表

	营改增项目	税率
一般纳税人	文化体育服务	6%
	教育医疗服务	6%
	旅游娱乐服务	6%
	餐饮住宿服务	6%
	居民日常服务	6%
	其他生活服务	6%
	转让技术、商标、著作权、商誉、自然资源和其他权益性无形资产使用权或所有权	6%
	转让土地使用权	9%

(二)消费税

消费税是指对消费品和特定的消费行为按流转额征收的一种商品税。广义上看，消费税应对所有消费品包括生活必需品和日用品普遍课税。但从征收实践上看，消费税主要指对特定消费品或特定消费行为等课税。消费税主要以消费品为课税对象，属于间接税，税收随价格转嫁给消费者负担，消费者是税款的实际负担者。消费税的征收具有较强的选择性，是国家贯彻消费政策、引导消费结构，从而引导产业结构的重要手段。因此，消费税在保证国家财政收入、体现国家经济政策等方面具有十分重要的意义。

消费税的征收对象为15种税目，主要包括过度消费会对人类健康、社会秩序、生态环境等造成危害的特殊消费品，如烟、酒、鞭炮、焰火等；奢侈品和非生活必需品，如高档化妆品、贵重首饰及珠宝玉石等；高能耗及高档消费品，如小汽车、摩托车；不可再生和替代的石油消费品，如汽油、柴油等。消费税一般在应税消费品的生产、委托加工和进口环节缴纳。

消费税税目税率如表9-5所示。

表9-5 消费税税目税率表

税目	税率
生产环节：甲类卷烟(调拨价70元(不含增值税)/条以上(含70元))	56%加0.003元/支
生产环节：乙类卷烟(调拨价70元(不含增值税)/条以下)	36%加0.003元/支
商业批发环节：甲类卷烟(调拨价70元(不含增值税)/条以上(含70元))	11%加0.005元/支
商业批发环节：乙类卷烟(调拨价70元(不含增值税)/条以下)	11%加0.005元/支
雪茄烟	36%
烟丝	30%

续表

税目	税率
白酒	20％加 0.5 元/500 克(毫升)
黄酒	240 元/吨
甲类啤酒	250 元/吨
乙类啤酒	220 元/吨
其他酒	10％
高档化妆品	15％
金银首饰、铂金首饰和钻石及钻石饰品	5％
其他贵重首饰和珠宝玉石	10％
鞭炮、焰火	15％
汽油	1.52 元/升
柴油	1.20 元/升
航空煤油	1.20 元/升
石脑油	1.52 元/升
溶剂油	1.52 元/升
润滑油	1.52 元/升
燃料油	1.20 元/升
气缸容量 250 毫升(含 250 毫升)以下的摩托车	3％
气缸容量 250 毫升以上的摩托车	10％
气缸容量在 1.0 升(含 1.0 升)以下的乘用车	1％
气缸容量在 1.0 升以上至 1.5 升(含 1.5 升)的乘用车	3％
气缸容量在 1.5 升以上至 2.0 升(含 2.0 升)的乘用车	5％
气缸容量在 2.0 升以上至 2.5 升(含 2.5 升)的乘用车	9％
气缸容量在 2.5 升以上至 3.0 升(含 3.0 升)的乘用车	12％
气缸容量在 3.0 升以上至 4.0 升(含 4.0 升)的乘用车	25％
气缸容量在 4.0 升以上的乘用车	40％
中轻型商用客车	5％
高尔夫球及球具	10％
高档手表	20％
游艇	10％
木制一次性筷子	5％
实木地板	5％
铅蓄电池	4％
涂料	4％

消费税的征税办法采取从价计征、从量计征和从价从量复合计征三种办法。现行消费税的征收范围中,只有卷烟、白酒采用复合计征方法。

其计算公式分别如下:

从价计征:　　　　　　应纳税额＝销售额×适用税率

从量计征:　　　　　　应销税额＝销售数量×单位税额

从价从量复合计征:　　应纳税额＝应税销售数量×定额税率

　　　　　　　　　　　　　　＋应税销售额×比例税率

按照《中华人民共和国消费税暂行条例》的规定,消费税的纳税期限分别为 1 日、3 日、5 日、10 日、15 日、1 个月或者一个季度。纳税人的具体纳税期限,由主管税务机关根据纳税人应纳税额的大小分别核定;不能按照规定期限纳税的,可以按次纳税。纳税人以 1 个月或一个季度为 1 个纳税期的,自期满之日起 15 日内申报纳税;以 1 日、3 日、5 日、10 日或者 15 日为 1 个纳税期的,自期满之日起 5 日内预缴税款,于次月 1 日起至 15 日内申报纳税并结请上月应纳税款,为正确计缴消费税,旅游企业对提供的税率(税额)不同的应税消费品应分别核算,再汇总缴纳;否则,依最高税率征收就有可能给旅游企业带来损失。

(三)城市维护建设税

1.城市维护建设税的概念

城市维护建设税是为筹集城市维护和建设资金,于 1985 年开征的一个税种,以缴纳增值税、消费税的单位和个人为纳税人。

2.征税对象

城市维护建设税的征税对象是纳税人实缴的增值税额、消费税额。

3.计税依据

城市维护建设税的计税依据是纳税人依法实际缴纳的增值税、消费税税额。

4.税率

城市维护建设税根据纳税人所在地的不同,分别规定不同的比例税率。纳税人所在地为市区的,税率为 7％;纳税人所在地为县城、镇的,税率为 5％;纳税人所在地不为市区、县城或镇的,税率为 1％。

5.城市维护建设税的计算

其计算公式如下:

应纳税额＝(增值税＋消费税)×适用税率

(四)教育费附加

1.教育费附加的概念

教育费附加和地方教育附加是国家为发展教育事业而征收的一种费用,是对缴纳增值税、消费税的单位和个人征收的一种附加费。

2.征税对象

凡缴纳增值税、消费税的单位和个人,均为教育费附加的纳费义务人。

3.计税依据

以纳税人实际缴纳的增值税、消费税的税额为计费依据,与增值税、消费税同时

缴纳。

4.税率

教育费附加税率为 3%,地方教育附加税率从 2010 年统一为 2%。

5.教育费附加税的计算

其计算公式如下:

$$应纳教育费附加税=(增值税+消费税)×3\%$$

(五)房产税

房产税是以房屋为征税对象,按照房屋的计税余值或租金收入,向产权所有人征收的一种财产税。我国现行房产税采用的是比例税率。由于房产税的计税依据分为从价计征和从租计征两种形式,所以房产税的计税依据有两种情况:一种是依照房产原值一次减去一定比例(10%—30%)后的余值计算缴纳,税率为 1.2%;另一种是以房产租金收入为计税依据计算缴纳,税率为 12%。自 2008 年 3 月 1 日起,对个人出租住房,不区分用途,均按 4%的税率征收房产税。对企事业单位、社会团体以及其他组织按市场价格向个人出租用于居住用途的住房,减按 4%的税率征收房产税。

(六)车船税

1.车船税的概念

车船税是对拥有车船的单位和个人征收的一种税。车船税在具体征收时,按照其种类和大小设计税额。机动车船税额高,非机动车船税额低;吨位大的车船税额高,吨位小的车船税额低。实行定额征税,按年征收,分期缴纳。

2.征税对象

车船税的征税对象是车辆和船舶。

3.税率

车船税采用定额税率,车辆的具体适用税额由省、自治区、直辖市人民政府依照《中华人民共和国车船税法》所附的车船税税目税额表规定的税额幅度和国务院的规定确定。船舶的具体适用税额由国务院在《中华人民共和国车船税法》所附的"车船税税目税额表"规定的税额幅度内确定。

(七)城镇土地使用税

1.城镇土地使用税的概念

城镇土地使用税是对在中国境内使用城镇土地的单位和个人,就其实际使用的土地面积从量定额征收的一种税。

2.征税对象

城镇土地使用税的征税对象是纳税人实际占用的土地。城镇土地使用税的征税范围是城市、县城、建制镇和工矿区。

3.计税依据

城镇土地使用税以纳税人实际占用的土地面积为计税依据。

4.税率

城镇土地使用税采用定额税率,即采用有幅度的差别税额,按大、中、小城市和县

城、建制镇、工矿区分别规定每平方米土地使用税年应纳税额。具体标准如下：

大城市	1.5—30 元
中等城市	1.2—24 元
小城市	0.9—18 元
县城、建制镇、工矿区	0.6—12 元

5.城镇土地使用税的计算

其计算公式如下：

$$全年应纳税额＝实际占用应税土地面积（平方米）×适用单位税额$$

（八）印花税

印花税是国家对经济活动和经济交往中书立、领受具有法律效力的凭证的行为而征收的一种税。这些书立、领受的凭证包括赊销、财产租赁、具有合同性质的凭证、营业账簿等。不同的凭证税率是不相等的。

（九）企业所得税

1.企业所得税的概念

企业所得税是指对在中国境内的企业和其他取得收入的组织的生产经营所得和其他所得征收的一种税。

2.征税对象

企业所得税的征税对象是企业的生产经营所得、其他所得和清算所得。

3.计税依据

企业所得税的计税依据是应纳税所得额，应纳税所得额不是企业的利润总额，而是纳税人的收入总额扣除与纳税人取得收入有关的各项成本、费用和相关损失后的余额。

4.税率

企业所得税实行比例税率，一般企业所得税的税率为 25％；非居民企业在中国境内未设立机构、场所的，或者虽设立机构、场所但取得的所得与其所设机构、场所没有实际联系的，适用低税率 20％，但实际征税时适用 10％的优惠税率。

5.纳税期限

企业所得税按年计征，分月成分季预缴，年终汇算清缴，多退少补。月份或者季度终了后 15 日内预缴，年度终了后 5 个月内汇算清缴。

6.企业所得税的计算

（1）应纳税所得额的确定。

应纳税所得额，是指纳税人每一纳税年度（自公历 1 月 1 日至 12 月 31 日止）的收入总额减去允许扣除项目金额后的余额。计算公式如下：

$$应纳税所得额＝收入总额－不征税收入－免税收入－各项扣除金额$$
$$－允许弥补的以前年度亏损$$

（2）应纳所得税税额的计算。

确定应纳税所得额之后，乘以适用税率，即可得出应纳所得税税额。计算公式如下：

$$应纳所得税税额＝应纳税所得额×适用税率－减免税额－抵免税额$$

二、旅游企业税金的管理

旅游企业税金管理是一项政策性很强的工作，必须指定专人负责。向国家税务机关缴纳税金一般应做好以下几方面工作。

(一)办理税务登记

旅游企业在经工商管理部门批准开业、领取营业执照起 30 日内，应持有关证件向当地税务机关办理税务登记。登记的内容包括：纳税人名称、纳税人地址、法定代表人、登记类型、核算方式、经营方式、经营范围以及其他有关事项。主管税务机关审核后，发放税务登记证。

旅游企业办理税务登记后，发生转业、分设、合并、联营、歇业、停业、破产，以及其他需要改变税务登记的情况时，如改变经营方式、经营范围等，都应当在有关部门批准或宣告之日起 30 日内，向主管税务机关申报办理变更登记、重新登记或者注销登记。

旅游企业所属的跨地区的非独立经济核算的分支机构，应当在设立之日起 30 日内，向该分支机构所在地的税务机关申报办理注册登记。

(二)办理纳税申报

凡有纳税义务的旅游企业，在发生纳税义务之后，都应按规定的期限进行纳税申报。纳税申报的具体内容，因税种不同而异。

(三)按期缴纳税金

旅游企业应严格执行由税务机关核定的旅游企业缴纳各项税金的期限，及时足额地缴纳税金。做到月税月清，季税季清，年税年清。如果发生欠税、偷税、抗税和骗税等违反税法的行为，税务机关除按规定限期追缴、加收滞纳金、处以罚款外，还要追究个人责任甚至法律责任。

(四)加强账务票证管理

税收征管相关条例规定，企业必须按照国家财务会计法规和税务机关的规定，建立健全财务会计制度，设置人员办理纳税事项，并完整保存账簿、凭证、缴款书、完税证等纳税资料。

(五)接受税务检查

旅游企业应自觉地履行纳税义务。税务机关对企业纳税要进行检查，这是税务机关根据税法和财会制度规定，对纳税单位和个人履行纳税义务的情况进行监督检查的一项管理制度，是税务机关行使其职权，贯彻执行税收政策法令的一项业务工作，是征收管理的重要环节。旅游企业应主动接受税务检查，通过检查，促进旅游企业建立和健全财务管理制度，加强经济核算，提高经济效益。

第三节　旅游企业利润管理

一、旅游企业利润的概念

旅游企业利润是指以旅游企业的全部收入抵补全部支出（包括缴纳的增值税等）后的盈利。在旅游企业的全部收入不足以抵补全部支出时，则表现为旅游企业亏损。

（一）旅游企业利润总额

旅游企业利润总额由营业利润和营业外收支构成。计算公式如下：

$$利润总额＝营业利润＋营业外收入－营业外支出$$
$$营业利润＝营业收入－营业成本－税金－销售费用－管理费用－财务费用$$
$$－资产减值损失＋公允价值变动净收益＋投资净收益$$

（二）旅游企业净利润

旅游企业净利润是旅游企业当期利润总额减去所得税以后的余额，即旅游企业的税后利润。计算公式如下：

$$净利润＝利润总额－所得税$$

二、旅游企业进行利润管理的意义

利润是旅游企业生存和发展的基础，追逐利润是旅游企业经营的根本动力。利润管理在旅游企业的经营管理中，特别是在财务管理中具有广泛的意义。

（一）利润是旅游企业对社会发展做出的贡献

随着经济的发展，我国旅游业的发展也日益突显出强劲的发展势头。旅游企业作为旅游企业发展的主体之一，通过向顾客提供合格的产品及服务获取利润，同时将利润回馈社会。这主要表现在以下两方面：

一方面，旅游企业在提供服务过程中要耗费各种人力、物力、财力等资源，形成旅游企业的成本和费用。在资源相对有限的条件下，各企业都要求对资源进行最有效的配置，即社会鼓励资源耗费低于产品和服务的价格的企业。利润就是社会向旅游企业支付的价格超出企业资源损耗的差额，是社会对旅游企业的一种间接承认方式。

另一方面，这也是旅游企业的价值所在。旅游企业的利润回馈社会的最主要方式是向国家纳税，即旅游企业按照《中华人民共和国税法》的规定按期足额上缴各项税款，支持国家和社会建设的需要。

另外，旅游企业也可以通过各种公益性赞助直接参与社会公益事业，为社会发展做出贡献。旅游企业回馈社会的资金来自旅游企业的利润，旅游企业只有获取更多的利

润,才能对社会做出更大的贡献。

(二)利润是旅游企业经营管理水平的反映

利润是一项综合性很强的指标,旅游企业经营管理的质量、市场开拓能力、成本费用控制能力与水平、各种财务风险防范水平等最终都会在企业利润上体现出来,因而利润的高低可以在很大程度上反映企业的经营管理水平,同时,它也是对旅游企业经营状况评估的一项重要指标。

(三)利润是旅游企业对股东回报的源泉

股东投资旅游企业的最主要目的是获取投资收益。旅游企业取得的利润在缴纳所得税以后,是旅游企业可供分配的利润,按规定应先计提一定比例的公积金,余额可以用于向股东发放股利。利润的不断增加,是股利不断增加的前提。旅游企业应以不断增加的股利回报股东的投资。

(四)利润是旅游企业扩大再生产的资金保障

无论是对社会多做贡献还是给股东以更多的回报,或者是使旅游企业价值得到更大的提升,都要求旅游企业取得尽可能多的利润。旅游企业利润的增加固然可以通过节约成本和费用开支来实现,但成本和费用开支的节约不能以牺牲产品品质为代价,而应通过各种途径增加旅游企业的营业收入,从而增加利润。挖掘现有企业的潜力,使现有资源得到更充分的利用,可以为旅游企业带来更多的营业收入。追加投资,也是增加营业收入的重要途径。利用留存收益追加投资,扩大旅游企业的经营规模,不但能给旅游企业带来更多的利润,也有利于提高财务的安全性和实现企业的持续发展。

三、旅游企业利润的预测

利润预测是旅游企业为实现其目标利润对其经营活动规模和水平进行的综合调整。它是旅游企业编制期间预算的基础。

利润预测要把旅游企业继续存在和发展及实现目标利润所需的资金、可能取得的收益,以及未来要发生的成本和费用这三者紧密联系起来。

(一)目标利润的确定

1.预测目标利润

旅游企业利润主要受旅游企业销售收入、固定成本和变动成本高低的影响。一般来说,在旅游企业不进行改扩建或其他改造的条件下,固定成本总额相对不变。因此,进行利润的预测应对变动成本的变动情况进行预测,并根据旅游企业销售预测中预计的经营活动水平(销售量),测定计划期间将实现的目标利润。

$$目标利润 = 目标销售收入 - 目标变动成本 - 固定成本$$

或

$$目标利润 = 目标销售收入 \times 目标边际贡献率 - 固定成本$$

【例 9-7】 某旅游企业共有可出租客房 300 间,全年需支付固定成本 400 万元,每间天综合收入为 300 元,每间天变动成本为 120 元。该旅游企业总经理根据市场情况分析,认为该旅游企业预算出租率可达 90％,每间天变动成本可降低 10％,那么该旅游企业目标利润应为多少?

(1)计算目标单位边际贡献。

$$目标单位边际贡献＝300－120×(1－10％)＝192(元)$$
$$目标边际贡献率＝192÷300×100％＝64％$$

(2)计算目标销售收入。

$$目标销售收入＝300×365×90％×300＝29565000(元)$$

(3)计算目标利润。

$$目标利润＝29565000－300×365×90％×120×(1－10％)－4000000$$
$$＝14921600(元)$$

或

$$目标利润＝29565000×64％－4000000＝14921600(元)$$

2.确定目标利润

对旅游企业预算期可能实现的利润进行预测以后,就可以把旅游企业的目标利润确定下来。目前可根据各种不同的利润率来确定目标利润。

(1)根据销售利润率来确定。

$$销售利润率＝\frac{利润}{销售收入}×100％$$

$$目标利润＝目标销售收入×销售利润率$$

【例 9-8】 根据【例 9-7】,如果确定该旅游企业的销售利润率为 40％,则:

$$目标利润＝29565000×40％＝11826000(元)$$

(2)根据资金利润率来确定。

旅游企业经营方针一般是用资金利润率的具体百分比来表示的。资金利润率是利润与资金占用额的比率,它可以用销售利润率(利润与销售收入的比率)和资金周转率(销售收入与资金的比率)的乘积来计算。

$$资金利润率＝\frac{利润}{资金平均占用额}×100％$$
$$＝\frac{利润}{销售收入}×\frac{销售收入}{资金平均占用额}$$
$$＝销售利润率×资金周转率$$

$$目标利润＝预计资金平均占用额×资金利润率$$

【例 9-9】 某旅游企业预计预算期间资金平均占用额为 5200 万元,销售利润率为 50％,资金周转率为 110％,计算该旅游企业的目标利润。

$$目标利润＝5200×50％×110％＝2860(万元)$$

3.预测目标销售量

根据旅游企业已确定的目标利润,预测需要的经营活动水平(销售量)。

由于目标利润与固定成本一样,必须由边际贡献来补偿,因此,旅游企业的目标出租率与目标销售收入的计算公式如下:

$$目标出租率=\frac{固定成本总额+目标利润}{可出租客房数×日历天数×每间天目标边际贡献}×100\%$$

$$目标销售收入=\frac{固定成本总额+目标利润}{目标边际贡献率}$$

【例9-10】 根据【例9-7】,假设该旅游企业确定目标利润为1300万元,计算目标出租率和目标销售收入

$$目标出租率=\frac{4000000+13000000}{300×365×192}×100\%≈80.86\%$$

$$目标销售收入=\frac{400+1300}{64\%}=2656.25(万元)$$

应该注意的是,这里的目标利润一般是指税前利润。如旅游企业交纳所得税以后,旅游企业的目标利润应改为税后利润。

$$∵\qquad 税后利润=税前利润×(1-所得税率)$$

$$∴\qquad 税前利润=\frac{税后利润}{1-所得税率}$$

$$目标出租率=\frac{固定成本总额+税后利润/(1-所得税率)}{可出租客房数×日历天数×每间天目标边际贡献}×100\%$$

$$目标销售收入=\frac{固定成本总额+税后利润/(1-所得税率)}{目标边际贡献率}$$

(二)实现目标利润的条件

旅游企业的目标利润确定后。还要根据本旅游企业的经营能力、目标成本和市场供求情况进行各种测算,看其能否达到目标利润的要求。这种分析各有关因素的变动对旅游企业目标利润的影响程度的方法,叫作利润敏感性分析法。

1.有关因素变动对利润的影响

【例9-11】 某旅游企业拥有客房300间,出租率为70%,平均每间天综合收入270元。平均每间天变动成本130元,全年固定成本700万元。其客房利润计算如表9-6所示。

表9-6 旅游企业客房利润表

销售收入	300×70%×270×365	2069.55万元
成本:		1696.45万元
变动成本	300×70%×130×365	996.45万元
固定成本		700万元
利润		373.10万元

从表9-6可以看出,销售价格、变动成本及固定成本、出租率变动,都会对旅游企业的最终利润产生一定的影响。假设预算期间影响利润的有关因素每变动1%,对利润的影响程度可通过表9-7反映。

表 9-7　利润敏感性计算表

影响利润变动的有关因素	变动程度/(%)	变动后利润	影响程度	
			利润增加绝对额	利润增加百分率
出租率	+1%	300×71%×(270−130)×365−7000000=3884300 元	388.43−373.10=15.33 万元	15.33÷373.10=4.11%
每间天综合收入	+1%	300×70%×(270×101%−130)×365−7000000=3937955 元	393.80−373.10=20.70 万元	20.70÷373.10=5.55%
每间天变动成本	−1%	300×70%×(270−130×99%)×365−7000000=3830645 元	383.06−373.10=9.96 万元	9.96÷373.10=2.67%
固定成本	−1%	300×70%×(270−130)×365−7000000×99%=3801000 元	380.10−373.10=7.00 万元	7.00÷373.10=1.88%

从表 9-7 可以看出。在影响利润变动的各有关因素中,每间天综合收入的敏感性最大,出租率次之,再次之为每间天变动成本,固定成本的敏感性最小。具体掌握各有关因素对利润变动的敏感程度,对于正确地进行管理决策,有着较大的意义。

2. 为实现目标利润应采取的措施

根据旅游企业长期发展和员工生活福利的需要,旅游企业必须达到特定利润水平。这种情况下,应当研究如何利用旅游企业现有资源,合理安排销量、收入和成本支出,以实现特定利润,也就是分析实现目标利润应采取的措施。

1)分项单独计算各个因素变动的影响

【例 9-12】　根据【例 9-11】,该旅游企业在现有基础上,如要求利润增加 15%,由现在的 373.10 万元增加到 429.07 万元,可以从以下几个方面着手,采取相应的措施。

(1)提高销售单价。

$$每间天综合收入=\frac{变动成本+固定成本+目标利润}{可出租客户数×出租率×日历天数}$$

$$=\frac{9964500+7000000+4290700}{300×70\%×365}≈277.30(元)$$

如其他条件不变,每间天综合收入从 270 元提高到 277.30 元,即提高 2.70%,就可保证目标利润的实现。

(2)增加出租率。

$$目标出租率=\frac{固定成本+目标利润}{可出租客房数×日历天数×(每间天综合收入−每间天变动成本)}×100\%$$

$$=\frac{7000000+4290700}{300×365×(270−130)}×100\%=73.65\%$$

其他条件不变,出租率从 70% 增加到 73.65%,即增长 3.65%,可保证目标利润的实现。

(3)减少变动成本。

$$每间天变动成本=\frac{销售收入-固定成本-目标利润}{可出租客房数×出租率×日历天数}$$

$$=\frac{20695500-7000000-4290700}{300×70\%×365}$$

$$=122.70(元)$$

如其他条件不变,每间天变动成本从 130 元降低到 122.70 元,降低 5.62%,可保证目标利润的实现。

(4)减少固定成本。

$$固定成本=销售收入-变动成本-目标利润$$
$$=2069.55-996.45-429.07=644.03(万元)$$

如其他条件不变,固定成本从 700 万元降低到 644.03 万元,降低 8.00%,可保证目标利润的实现。

2)综合计算各有关因素同时变动的影响

在现实经济生活中,各有关因素往往不是孤立存在,而是相互影响的。因此,为如实反映客观实际情况,需要综合计算各有关因素同时变动的影响。根据量本利分析的基本公式,影响利润的各项因素同时变动时,预测为实现目标利润所需要的销售额计算公式如下:

$$销售收入=\frac{固定成本×(1±固定成本变动率)+目标利润}{1-\dfrac{变动成本率×(1±变动成本变动率)}{1±售价变动率}}$$

【例 9-13】 根据【例 9-11】,该旅游企业通过进一步分析,发现由于售价太高,销路受到限制。为了打开销路,旅游企业拟将售价下降 10%,并争取实现目标利润 429.07万元,那么出租率要提高到多少,才能实现这一目标?

现分两步计算:

(1)计算降价 10% 以后,达到保本点的销售收入、出租率。

$$保本销售收入=\frac{固定成本}{1-变动成本率/(1-售价降低率)}$$

$$=\frac{700}{1-48\%/(1-10\%)}$$

$$=1500(万元)$$

$$保本出租率=\frac{保本销售收入}{可出租客房×每间天综合收入×日历天数}×100\%$$

$$=\frac{15000000}{300×270×(1-10\%)×365}×100\%$$

$$=56.37\%$$

(2)计算降价 10% 以后,仍要实现目标利润为 429.07 万元的销售收入、出租率。

$$销售收入=\frac{固定成本+目标利润}{1-变动成本率/(1-售价降低率)}$$

$$=\frac{700+429.07}{1-48\%/(1-10\%)}$$

$$=2419.44(万元)$$

$$出租率 = \frac{销售收入}{可出租客房 \times 每间天综合收入 \times 日历天数} \times 100\%$$

$$= \frac{24194400\,元}{300 \times 270 \times (1-10\%) \times 365} \times 100\% = 90.93\%$$

四、旅游企业利润的分配

(一)旅游企业利润分配的原则

利润分配是对旅游企业实现的利润或亏损进行分配和处理的过程。旅游企业利润分配是一项政策性很强的工作,它体现着旅游企业与国家、投资者及职工之间的经济利益关系,因此,必须遵循一定的分配原则。

1.依法分配原则

利润分配必须贯彻依法分配原则,严格遵守国家的财经法规。旅游企业利润首先应按税法规定缴纳所得税,然后才能进行税后利润的分配;税后利润分配应严格遵守国家制定的《公司法》《企业会计制度》及其他法规的规定,按财经法规的要求合理确定税后利润分配的项目、顺序及比例。

2.兼顾各方利益原则

税后利润分配合理与否,直接影响着旅游企业、投资者、经营者和员工等各方面的经济利益。利润分配不能只强调长远利益和整体利益,而忽视投资者和员工的近期利益和局部利益,挫伤投资者和旅游企业的积极性;也不能只顾近期利益而损害旅游企业的长远发展。旅游企业应从全局出发,充分兼顾各方面的利益,协调好近期利益与旅游企业长远发展的关系,做到统筹兼顾、合理安排。

3.分配与积累并重原则

旅游企业进行利润分配,应正确处理近期利益与长远利益的关系,将二者有机结合起来,坚持分配与积累并重。考虑旅游企业未来发展需要,旅游企业除按规定提取法定盈余公积金以外,应适当留存一部分利润作为积累。旅游企业留用利润,用于发展经营,增强旅游企业的发展后劲,提高旅游企业抵御风险的能力。否则旅游企业将缺乏应付经营风险的能力,旅游企业的投资发展也将受到阻碍,最终将损害投资者的利益。当然,在保证积累的前提下,还需正确处理积累与分配的关系,以充分调动员工的积极性。

4.投资收益对等原则

旅游企业税后利润分配直接关系到投资者的经济利益,旅游企业在向投资者分配利润时,应一视同仁地对待所有投资者。应当体现谁投资谁收益,收益大小与投资比例相适应,即投资与收益对等原则。所有投资者应按其投资比例分享收益,做到同股同权、同股同利。

5.弥补年度亏损的原则

旅游企业发生经营性亏损,国家不再予以弥补,而是由旅游企业用以后年度实现的利润弥补。旅游企业发生的本年度亏损,可用下一年度税前利润弥补,下一年度利润不足以弥补的,可以在以后 5 年内延续弥补。5 年内不足以弥补的,用税后利润弥补。

（二）旅游企业利润分配的程序

旅游企业利润的分配是财务活动的一个重要方面，是对旅游企业已实现的利润或亏损进行分配和处理的过程。它体现旅游企业与国家、投资者及员工之间的经济利益关系，因此，必须在兼顾各方利益的基础上予以合理的分配。

（1）弥补以前年度亏损。根据现行法律法规的规定，企业发生年度亏损，可以用下一年度的税前利润弥补，下一年度税前利润不足弥补时，可以在 5 年内延续弥补，5 年内仍然未弥补完的亏损，可用税后利润弥补。

（2）提取法定盈余公积，比例为当年税后利润（减弥补亏损）的 10%，当法定盈余公积已达注册资金的 50% 时，可以不再提取。

（3）提取任意公积金。从税后利润中提取法定公积金后，经股东大会决议，还可以从税后利润中提取任意公积金。法定公积金和任意公积金都是旅游企业在税后利润中提取的积累资本，是企业用于防范和抵御风险、提高经营能力的重要资本来源。

盈余公积金和未分配利润都属于企业的留用利润，从性质上看属于股东权益。公积金可以用于弥补亏损、扩大生产经营或者转增公司股本，但转增股本后，所留存的法定公积金不得低于转增前公司注册资本的 25%。

（4）向投资者分配利润。在按照上述程序弥补亏损、提取公积金之后，所余当年利润与前一年度的未分配利润构成可供分配的利润，旅游企业可以向股东（投资者）分配股利（利润）。

按照现行制度规定，股份有限公司依法回购后暂未转让或者注销的股份，不得参与利润分配；弥补以前年度亏损和提取公积金后，当年没有可供分配的利润时，一般不得向股东分配股利。

如果旅游企业经营不善导致严重亏损，净现金流量不足出现债务危机时，有可能会以破产而告终。破产需由清算组执行：首先要清理破产财产，已抵押担保的财产不能作为破产财产；其次审查破产债权有多少；最后按清算方案要求进行有关财产的变卖；将变卖后的所得按求偿顺序进行清偿。

 **本章小结**　影响旅游企业价格制定的因素、旅游企业价格制定的目标、方法，营业收入预算的编制、结算方式及控制，旅游企业税金的种类、计算方法，税金管理，利润分配的原则、程序。

重要概念

定价原则　增值税　企业所得税　利润分配原则

思考题

1. 试述对营业收入进行管理的重要性。
2. 影响旅游企业价格制定的因素有哪些?
3. 制定旅游企业价格时应遵循哪些原则?
4. 旅游企业价格制定的策略和方法有哪些?

计算题

1. 某旅游企业中餐厅有餐位数 200 位,早餐、午餐、晚餐的平均消费水准分别为 20 元、60 元、80 元,餐厅上座率分别为 70%、80%、90%,如果预算期营业天数为 300 天,预算该餐厅的营业收入。

2. 某旅游企业共有可出租客房 300 间,全年需支付固定成本 800 万元,每间天综合收入为 260 元,每间天变动成本为 120 元。该旅游企业总经理根据市场情况分析,认为该旅游企业预算出租率可达 70%,每间天变动成本可降低 10%,那么该旅游企业目标利润应为多少?假设该旅游企业确定目标利润为 600 万元,求目标出租率和目标销售收入。

案例分析

节前景区门票纷纷降价 上市公司积极应对减少冲击

来源:证券时报 时间:2018-09-28

伴随着国庆长假的到来,国内重点景区的降价政策正在加快落地。2018 年 9 月以来,桂林旅游股份有限公司(以下简称"桂林旅游")、云南旅游股份有限公司(以下简称"云南旅游")、黄山旅游发展股份有限公司(以下简称"黄山旅游")、中青旅控股股份有限公司(以下简称"中青旅")、峨眉山旅游股份有限公司(以下简称"峨眉山旅游")、丽江玉龙旅游股份有限公司(以下简称"丽江旅游")6 家上市公司宣布旗下景区门票价格下调,与此同时,上述公司也采取不同的应对措施来中和短期收入的减少带来的影响。

为了落实发改委政策,国内多地景区门票价格下调。目前上市公司的景区中,张家界、峨眉山、乌镇、昆明世博园、黄山,以及桂林旅游旗下景区和丽江旅游旗下索道已经公布了门票下调的方案。

其中,昆明世博园门票价格由之前的 100 元调整到 70 元,下调 30%;丽江玉龙雪山大索道票价由 180 元降至 120 元,下调 33.3%,云杉坪索道票价由 55 元下调至 40 元,下调 27.3%,牦牛坪索道票价从 60 元调整到 45 元,下调 25%;黄山风景区门票价格由旺季的 230 元下调至 190 元,降幅 17.4%,淡季保持不变;桂林漓江景区三星游船和四星游船价格分别下降为 55 元和 90 元。

多地发布旅游惠民新举措。

云南省自 2018 年 10 月 1 日起，省内石林、玉龙雪山、普达措国家公园等 99 个景区将实施降价，门票价格平均降幅度达 33.2%，丘北普者黑景区等 6 家景区将免收门票。

海南省自 2018 年 10 月 1 日起，降低实行政府定价管理的三亚大小洞天旅游区等全部 6 家 5A 级景区和天涯海角游览区等 3 家 4A 级景区共 9 家景区门票价格，降幅最高为 30%，预计每年可为游客减少近 3 亿元的门票支出。

陕西省物价局发布通知，"十一"黄金周前夕，陕西省秦始皇帝陵博物院、华清宫、法门寺、黄帝陵、大雁塔等一批国有旅游景区门票价格下调，降价幅度为 10%—20%。截至 2018 年 9 月底，陕西省内降价国有旅游景区已达 80 个，另有 4 个免费开放。按降价景区 2017 年购票人数计算，年门票收入减少约 3.7 亿元。

据报道，截至 2018 年 9 月 9 日，全国已有 21 个省份出台或公布 157 个景区降价或免费措施，还有 157 个景区将在"十一"黄金周前宣布降价。

对于以门票收入为主的景区类上市公司来说，门票价格下调将直接影响全年利润。根据各家上市公司公布的年报数据，2017 年，曲江文旅、桂林旅游、峨眉山旅游的门票占总营收的比例较高，分别为 66%、47%、42%；黄山旅游、张家界旅游、云南旅游等则在 10% 左右。以峨眉山旅游为例，门票价格调整后，峨眉山风景名胜区门票平均价格降幅约 13.5%，参照 2017 年度游客人数计算，峨眉山旅游预计 2018 年公司门票收入减少约 1000 万元；2019 年公司门票收入减少约 5000 万元。云南旅游和丽江旅游也分别宣布，由于票价下调，预计公司 2019 年门票收入分别减少 600 万元和 0.8 亿—1.2 亿元。

值得注意的是，上述公司在下调门票价格的同时也公布了应对短期利空的举措。

桂林旅游公告指出：一方面，公司将继续加强内部管理，合理控制成本；另一方面，公司将强化整合营销力度，实现对公司及桂林旅游发展总公司现有旅游资源产品的整合营销，持续打造新的旅游产品，深度发掘线上线下渠道，加大新推广力度。同时，公司将通过对景区非门票业务的研究、策划，加大对游客二次消费的挖掘力度，努力拓展间接消费的渠道和空间，进一步提升公司收入。

云南旅游表示，目前公司正在酝酿收购深圳华侨城文化旅游科技股份有限公司100% 股权。通过置入文旅科技，对景区进行优化和改造，实现云南旅游传统旅游模式的转型升级。

黄山旅游表示，公司一方面将继续加强内部管理，提升管理效益；另一方面，以黄杭高铁的通车为契机，进一步加大市场营销力度，致力提升综合消费水平。峨眉山旅游也表示：公司一方面将通过索道、酒店等产生的综合收益弥补门票降价带来的损失；另一方面，将加快打造一批有特色、有吸引力和有较强盈利能力的新兴项目，推动公司高质量、高效益发展。

（收录时略有改动）

【思考题】

1.门票免费或打折对于旅游企业的利润会有怎样的影响？旅游企业该如何应对？

2.景区门票定价受哪些因素影响？如何合理定价？

第十章
旅游企业财务分析管理

学习目标:

了解旅游企业财务分析的目的、内容、方法,掌握旅游企业偿债能力、营运能力和获利能力分析指标,能够灵活运用相关分析指标进行财务分析。

素养目标:

培养诚信、独立、客观、公正的职业道德和勤勉尽责的职业素养。

第一节　财务分析概述

财务分析是指以财务报表为主要依据,运用科学的方法对企业过去和现在的经营成果、财务状况及其变动情况进行比较和剖析的一项经济管理活动。其目的是评价企业过去的经营业绩,衡量企业现时的财务状况,预测企业未来的发展趋势,满足企业报表使用者的需要。

一、财务分析的目的

(一)满足企业投资者了解企业经营和盈利状况的需要

企业的投资者向企业投入资本,是企业财产的所有者,他们所关心的是资本的保值与增值及投资的报酬与风险。投资者需要通过财务分析,评价企业的经营成果和盈利能力,了解企业经营管理人员的业绩,以此作为投资决策的依据。例如,为了决定是否投资,需要分析企业资产的盈利能力和企业的发展前景;为了考核经营管理人员的业绩,需要分析企业的经营状况、破产风险和市场竞争能力等。

(二)满足企业债权人了解企业偿债能力的需要

债权人将资金借给企业,其目的是能按期收取固定的利息和到期收回本金。这就决定了债权人势必会对其投入资金的安全性予以关注。因此,债权人最关心的是企业的偿债能力,即企业能否及时、足额地偿还其债务本息。债权人为了了解企业的短期偿债能力,需要分析企业资产的流动状况;为了了解企业的长期偿债能力,需要分析企业的盈利状况。

(三)满足企业经营管理者进行管理和决策的需要

经营管理人员是企业财产的经营者,其经营、理财的基本动机是追求企业价值最大化,使企业的资本得以保值和增值。因此,他们必须对企业经营、理财的各个方面,包括营运能力、偿债能力、获利能力及社会贡献能力的全部信息进行详尽的了解和掌握,以便发现问题,改善经营管理水平,科学地进行经营决策。

(四)满足政府经济管理机构的需要

政府对国有企业投资的目的,除关注投资所产生的社会效益外,必须对投资的经济效益予以考虑。因此,政府作为企业一个特殊的产权所有者,其财务分析的主要目的是了解企业的纳税情况,遵守政府法规和市场秩序的情况,员工收入和就业状况等。

(五)满足其他报表使用者的需要

通过财务分析,供应商可以决定能否与企业长期合作,能否向企业提供商业信用;职工可以分析判断企业盈利与其收入、保险、福利之间是否适应;审计人员可以确定其审计重点等。

二、财务分析的种类

财务分析可以按照不同的标准进行分类。

第一,按分析的服务对象不同,可分为对内分析和对外分析。

对内分析是指服务于企业内部经营管理人员的财务分析;对外分析是指服务于企业外部有关方面的财务分析。这种分类有利于体现财务分析的目的。

第二,按分析的主要依据不同,可分为资产负债表分析、利润表分析和现金流量表分析。

资产负债表分析是以资产负债表为依据进行的分析,这种分析可以了解企业资产的流动状况、偿债能力及负债水平等。

利润表分析是以利润表为依据进行的分析,这种分析可以了解企业盈利状况和长期偿债能力等。

现金流量表分析是以现金流量表为依据进行的分析,这种分析可以了解企业获得现金和现金等价物的能力。

第三,按分析的方法不同,可分为比较分析法、比率分析法和因素分析法。

第四,按分析内容不同,可分为偿债能力分析、营运能力分析、盈利能力分析、趋势分析和综合分析。

三、财务分析的内容

尽管财务分析有着不同的目的,但其分析的内容基本一致。财务分析的基本内容,

主要包括以下几方面。

（一）偿债能力分析

偿债能力分析包括短期偿债能力分析和长期偿债能力分析。

短期偿债能力分析主要是指通过对流动比率、速动比率和现金比率指标的分析,反映企业流动资产对流动负债及时、足额偿还的保证程度。短期偿债能力是衡量企业当前财务能力,特别是流动资产变现能力的重要指标。

长期偿债能力是指企业偿还长期负债的能力。通过对长期偿债能力分析,不仅可以判断企业的经营状况,还可以促使企业提高筹资的能力。

（二）营运能力分析

营运能力分析主要是指对企业的流动资产、固定资产和总资产进行全面分析,以了解企业资产的分布情况和周转使用情况,促使企业挖掘潜力,提高资产的使用效果。

（三）盈利能力分析

盈利能力分析主要是通过将会计基本要素与经营成果相结合来分析企业的各项报酬率指标,从而从不同角度判断企业的获利能力。

（四）趋势分析

趋势分析主要是通过比较企业连续数期的会计报表资料,来了解企业经营成果与财务状况的变化趋势,并以此来预测企业未来经营成果与财务状况。

（五）综合分析

综合分析是将营运能力、偿债能力和盈利能力等方面的分析纳入一个有机的整体中,全面地对企业经营状况、财务状况进行解剖和分析,从而对企业经济效益的优劣做出准确的判断与评价。

四、财务分析的方法

（一）比较分析法

比较分析法是指对两个或几个有关的可比数据进行对比,以揭示差异和矛盾的一种分析方法。它是财务分析最常用的一种方法,具体可分为以下几种形式。

（1）纵向比较。

纵向比较指将企业不同时期的财务指标或财务比率相比较。

（2）横向比较。

横向比较指将企业财务指标与同类企业相比较,或与行业平均数相比较。

（3）与计划比较。

与计划比较指将企业的财务指标与计划、预算相比较,即实际执行结果与计划指标相比较,又称差异分析。

(二)比率分析法

比率分析法是指将同一时期财务报表上某些彼此存在关联的项目相比,得出一系列财务比率,以此来反映企业财务状况和经营成果的一种分析方法。比率是一个相对数,采用这种方法,能够把某些条件下的不可比指标变为可比指标,以利于分析。

比率指标主要分为以下三类。

1. 构成比率

构成比率又称结构百分比,是指某项经济指标的各个组成部分与总体的比率,反映部分与总体的关系。通常我们在财务分析中把损益表、资产负债表和现金流量表换成结构百分比报表。例如,以收入为100%,计算损益表各项目占收入的比重。利用构成比率可以考察总体中某个部分的形成和安排是否合理,以便协调各项财务活动。

2. 效率比率

效率比率是某项经济活动中支出与所得的比率,反映投入与产出的关系。例如,将净利润与销售收入、权益资本加以对比,可计算出销售净利率、权益净利率等盈利能力指标。利用效率比率指标,可以考察企业经营成果,评价企业经济效益。

3. 相关比率

相关比率是以某个项目和与其有关但又不同的项目加以对比所得的比率,反映有关经济活动的相互关系。如将流动资产与流动负债加以对比,计算出流动比率,据以判断企业短期偿债能力。利用相关比率指标可以考察有联系的相关业务安排得是否合理,以保障企业营运活动能够顺利进行。

(三)因素分析法

因素分析法是指依据分析指标和影响因素的关系,从数量上确定各因素对指标的影响方向和影响程度的一种分析方法。

进行因素分析,首先要确定构成某一经济指标的因素是什么,其次要确定各因素与该指标的关系,再次要分别测定各因素对该指标的影响方向和影响程度,最后要综合分析各种因素给该指标带来的总体影响。

因素分析法的计算方法是以被比较的数值为基础,然后将影响旅游企业经营状况的因素逐个替代。将第一次替代的结果与被比较的数值比较,其差额为第一个因素的影响程度;将第二个因素进行替代时,第一个已经用实际指标替代的因素的数值不再变动,将第二个因素替代的结果与第一个因素替代的结果进行比较,其差额为第二个变动因素结果。这种逐个因素进行替代,并用环比的方式来计算各种因素的影响程度的方法也叫连环替代法。

因素分析法是将各影响因素逐个替代进去,从而分析各因素变化对指标的影响程度,在分析时必须注意以下几点。

(1)所确定的影响因素必须是与指标紧密联系的客观因素,不能随意拼凑。

(2)各因素必须依照它们之间的依存关系排列,也就是按照它们之间的主从关系排列,将主要的、基本的因素排在前面,将次要的因素排在后面。因素的排列不能随心所欲,前后颠倒,否则分析出来的结果就失去了科学依据,可能得出错误的结论。

在实际工作中,为了简便可以不用全部因素或指标金额来进行替代,而是以变化了的因素中的比较数与被比较数的差额来计算该因素变化的影响。

例如:旅行社组团收入分析。旅行社组团包括组织境内居民在境内和境外旅游,以及从境外组织游客入境旅游。旅行社组团收入的多少一般取决于参团人数、收费标准和旅游团在目的地停留时间的长短等。组团收入可用以下公式表示:

$$组团收入 = \sum (参团人数 \times 日收费标准 \times 停留天数 \times 交通费用)$$

从公式可以看出,对旅行社组团收入带来影响的因素有以下几种。

第一,参团人数。参团人数是决定旅行社组团收入的基础,因为有了旅游者才有收费的对象。旅行社一般根据目标市场推出若干产品,根据旅游者档次的不同,组织不同等级的旅游团,各种等级的旅游团有固定的收费标准。在相同等级中又会按人数的多少确定收费标准,旅游者人数的变化给旅行社带来的收入波动是比较大的。

需要注意的是,作为计算收入的旅游者人数,不包括享受免费优惠的旅游者,因此,若有享受免费优惠的旅游者,在计算收入时应该剔除。

旅游者人数的变化一般受以下几个因素的影响:

首先是旅游目的地的吸引力,其中包括导游人员的服务质量及当地旅游基础设施的质量等。

其次是收费标准的高低,旅游团收费标准的高低是影响旅游者决策的重要因素。一般来说,同类型地区中价格水平相对较低的旅游线路往往能吸引更多的旅游者前往。

最后是旅游者所在国家的整体发展状况及国际政治局势等。如旅游者所在国整体发展良好,旅游者出行的可能性就会比较大;而目的地国如发生战争、自然灾害等,会影响旅游者的选择。

第二,日收费标准。收费标准是指综合服务费(简称综费)的收费标准。

第三,交通费用。一般来说,综费以外的交通费是指境外的往返机票和境内城市的机票、车票。

第四,停留天数。停留天数是指旅游团在目的地的停留天数。

第五,旅游线路。在计算旅游收入时,应该按照不同的旅游线路划分不同等级的旅游团。

分析组团收入应就以上影响因素按主次顺序运用连环替代法逐个加以分析。

第二节　旅游企业偿债能力的分析

企业偿债能力是指企业偿还各种到期债务(包括本、息)的能力。如果企业无力偿还到期债务,则表明企业偿债能力不足,可能会陷入财务困境甚至面临破产。因此,财务分析首要先要对企业偿债能力进行分析。

一、短期偿债能力分析

短期偿债能力是指企业偿还流动负债的能力。流动负债通常是以短期内可变现的

资产来偿还。流动资产比长期资产的变现能力强,因此,流动资产是偿还流动负债的基础。

短期偿债能力分析主要是对流动资产和流动负债的分析,流动资产大于流动负债,说明企业具有短期偿债能力,变现流动资产越多,短期偿债能力越强;反之,则越弱。

企业短期偿债能力的衡量指标主要有流动比率、速动比率和现金比率三项。

(一)流动比率

流动比率是流动资产除以流动负债的比值,它表明企业用以偿付每 1 元流动负债所具有的流动资产额。

其计算公式如下:

$$流动比率 = \frac{流动资产}{流动负债}$$

流动比率分析:一般情况下,流动比率越高,短期偿债能力越强,债权人的权益越有保证。一般认为企业较合理的最低流动比率是 2,即每 1 元的流动负债至少有 2 元的流动资产作为偿还的保证。这是因为,流动资产中变现能力较差的存货金额约占流动资产总额的一半,剩下的流动性较大的流动资产至少要等于流动负债,企业偿还短期债务才有保障。不过,每个企业的资产变现能力不同,这个比值还不能成为统一的标准。

在运用流动比率指标进行分析时,必须注意以下几个问题。

第一,虽然流动比率较高,企业偿还短期债务的流动资产保证程度越强,但这并不能说明企业肯定有足够的现金用来偿债。流动比率高也可能是短期内不能变现的流动资产所占比重较大的缘故,如存货积压、应收账款增多且收账期延长等。因此,在计算流动比率的基础上,应进一步结合企业现金流量进行分析。

第二,从短期债权人的角度看,自然是流动比率越高越好。但从企业经营角度来看,过高的流动比率通常意味着企业闲置现金的持有量过多,必然造成企业机会成本的增加和获利能力的降低。因此,企业应在提高资产变现能力的同时,尽量使现金持有量保持在最佳水平。

第三,运用这一指标时要因行业而异,只有与同行业平均流动比率、本企业历史的流动比率进行比较,才能知道这个比率是高还是低。

【**例 10-1**】 某旅游企业 2018 年年初和年末的流动资产总额分别为 185 万元、210万元,流动负债总额分别为 100 万元、104 万元,则

$$年初流动比率 = \frac{185}{100} = 1.85$$

$$年末流动比率 = \frac{210}{104} \approx 2.02$$

流动比率年末比年初提高了 0.17,且大于 2。这说明该企业短期偿债能力有所提高,且具有较强的短期偿债能力。

(二)速动比率

速动比率指速动资产除以流动负债的比值,即企业用以偿付每 1 元流动负债所具有的速动资产额。所谓速动资产,是指流动资产总额减去变现能力较差或不能变现的

存货、待摊费用、待处理流动资产损失等后的余额。由于剔除了存货等变现能力较弱且不稳定的资产,因此速动比率较之流动比率更能准确、可靠地评价企业资产的流动性及其偿还短期负债的能力,其计算公式如下:

$$速动比率 = \frac{速动资产}{流动负债}$$

速动比率分析:通常认为,正常的速动比率为1,即企业每1元的流动负债应该有1元的速动资产作为偿还债务的保证。如果速动比率小于1,表明企业短期偿债能力不足,可能会使企业面临很大的偿债风险;如果速动比率大于1,尽管债务偿还的保证程度很高,但会因企业现金及应收账款资金占用过多而增加了企业的机会成本,降低了企业的获利能力。

在运用速动比率指标进行分析时,需注意以下几点。

第一,尽管速动比率较流动比率更能反映出流动负债的偿还的安全性和稳定性,但并不能认为速动比率较低的企业流动负债到期绝对不能偿还。实际上,如果企业存货周转速度快,变现能力强;或者近期内有准备变现的长期资产;或者企业筹资能力强(可举借新债还旧债),即使速动比率较低,企业仍然有能力偿还到期的债务。

第二,在实际分析中,应根据行业的具体情况来评价。因为行业不同,速动比率会有很大的差别,没有统一标准的速动比率。例如,采用大量现金销售的零售企业几乎没有应收账款,大大低于1的速动比率则是很正常的。

第三,计算出该比率应与同行业或本企业历史水平相比较。

【例10-2】 根据【例10-1】,假定该旅游企业2018年年初、年末存货分别为86万元、70万元,则该旅游企业:

$$年初速动比率 = \frac{185-86}{100} = 0.99$$

$$年末速动比率 = \frac{210-70}{104} = 1.35$$

速动比率年末比年初提高了0.36,而且大于1。因此,无论是从流动比率还是从速动比率来看,该企业的短期偿债能力都较强。

(三)现金比率

现金比率是现金及现金等价物除以流动负债的比值。一般情况下,现金及现金等价物可以保证相等数额的流动负债的偿还,因此,现金比率较流动比率、速动比率衡量企业短期偿债能力更为可靠。其计算公式如下:

$$现金比率 = \frac{现金及现金等价物}{流动负债}$$

其中,现金及现金等价物是指会计期末企业拥有的现金数额,它可以从现金流量表中"现金及现金等价物净增加额"项目获得。

现金比率分析:现金比率越高,反映企业直接偿付流动负债的能力越强。但需注意的是企业不可能也没必要保留过多的现金类资产。因为流动性强的资产收益低,过高的现金比率意味着企业的资产经常以获利能力低的现金类资产保持着,未能得到充分、合理的运用,这会导致企业的机会成本大大增加。

二、长期偿债能力分析

长期偿债能力是指企业偿还长期负债的能力,虽然企业可以在短期内举借新债还旧债,但如果没有获利能力,迟早会因借不到钱而无法周转,从而不能偿还到期债务。因此,衡量企业长期偿债能力高低主要是看企业财务结构是否合理,获利能力是否较强。分析长期偿债能力的主要指标有资产负债率、产权比率、利息保障倍数、现金债务总额比率等指标。

(一)资产负债率

资产负债率又称负债比率,是负债总额除以资产总额的百分比,即每百元资产所承担的负债数额。它表明在企业总资产中通过借债来筹资的比例,以及企业总资产对债权人权益的保障程度。其计算公式如下:

$$资产负债率 = \frac{负债总额}{资产总额} \times 100\%$$

公式中的负债总额不仅包括长期负债,而且还包括流动负债,这是因为流动负债作为一个整体,企业总是长期占用着,可以视同为长期负债。例如,一个应付账款明细科目可能是短期性的,但企业总是长期保持着一个相对稳定的应付账款总额,这部分应付账款可以视同为长期负债。本着稳健的原则,在分析长期偿债能力时考虑流动负债是合适的。

资产负债率分析:资产负债率越低,表明企业的长期偿债能力越强,但企业的债权人、投资者和经营者对该指标的分析各有侧重。

(1)从债权人的角度看,资产负债率越低越好,说明企业偿债有足够的资产作保证,债权人不会承担太大的风险。

(2)从投资人的角度看,资产负债率越高越好,说明投资人利用较少的权益资本投资,形成了较多的生产经营性资产,不仅扩大了生产经营规模,而且在权益净利率大于负债利率的情况下,还可以发挥财务杠杆作用,获得更多的额外利润。

(3)从经营者的角度看,资产负债率不能过高也不能过低。该指标过高,表明企业的债务负担重,企业资金实力不足,可能会面临破产的风险;该指标过低,则说明企业利用债权人资本进行经营活动的能力很差,获利能力不佳。经营者在进行财务决策时,应充分估计预期的利润和增加的风险,使资产负债率维持在理想的水平上,一般以50%左右为宜。

【例 10-3】 某旅游企业 2018 年年初、年末资产总额分别为 328 万元、400 万元,年初、年末负债总额分别为 210 万元、215 万元,则

$$年初资产负债率 = \frac{210}{328} \times 100\% = 64.02\%$$

$$年末资产负债率 = \frac{215}{400} \times 100\% = 53.75\%$$

资产负债率年末数较年初数有所下降,且略高于 50%。这说明该旅游企业财务结构较合理,长期偿债能力有所增强。

（二）产权比率

产权比率又称资本负债率,是指企业负债总额除以所有者权益的百分比,即每百元所有者权益所承担的负债数额。它反映企业所有者权益对债权人权益的保障程度,同时也是衡量企业财务结构稳健与否的重要标准。其计算公式如下:

$$产权比率 = \frac{负债总额}{所有者权益} \times 100\%$$

产权比率分析:这一比率越低,表明企业的长期偿债能力越强,债权人权益保障程度越高,承担的风险越小。同时,该项指标反映由债权人提供的资金与投资者提供的资本的相对关系,反映企业基本财务结构是否稳定。产权比率高是高风险、高报酬的财务结构;产权比率低是低风险、低报酬的财务结构。所以企业在评价产权比率适度与否时,应从提高获利能力与增强偿债能力两方面综合进行分析,即在保障债务偿还安全的前提下,应尽可能地提高产权比率。

【例 10-4】 根据【例 10-3】,假设该旅游企业年初、年末所有者权益分别为 118 万元和 185 万元,则

$$年初产权比率 = \frac{210}{118} \times 100\% = 177.97\%$$

$$年末产权比率 = \frac{215}{185} \times 100\% = 116.22\%$$

产权比率在年末虽然较年初有所降低,但比例仍然较高,达 116.22%。这说明每116.22 元的债务仅有 100 元权益资本作为偿还的保证。

（三）利息保障倍数

利息保障倍数又称已获利息倍数,是企业息税前利润除以利息费用的比值。它反映企业获利能力对偿还债务利息的保证程度,其计算公式如下:

$$利息保障倍数 = \frac{息税前利润}{利息费用}$$

公式中的息税前利润是指利润表中未扣除利息费用和所得税之前的利润,它等于利润总额加上利息费用,或等于净利润加上利息费用加上所得税;利息费用是指支付的全部利息,包括财务费用中的利息费用和已资本化的利息费用两部分。

利息保障倍数分析:该指标反映企业经营收益为所需支付的债务利息的倍数。企业若要维持正常的偿债能力,从长期看,利息保障倍数应当大于 1,且比值越高,企业长期偿债能力越强;如果利息保障倍数过低,企业将面临亏损的风险,偿债的安全性与稳定性将下降。该指标只有与行业年平均水平或企业历史最低水平进行比较,才能评价该指标的合理性。

【例 10-5】 某旅游企业 2018 年利润表中年初、年末利润总额分别为 142 万元和179 万元,利息费用分别为 35 万元和 40 万元(假设财务费用全部为利息费用),则

$$年初利息保障倍数 = \frac{142 + 35}{35} = 5.06$$

$$年末利息保障倍数 = \frac{179 + 40}{40} = 5.48$$

利息保障倍数年末较年初有所上升。这表明企业的长期偿债能力有所增强,但还需要结合往年的情况和行业的特点进一步进行分析。

(四)现金债务总额比

现金债务总额比是指经营活动的现金流量净额与负债总额的比率,反映了企业通过日常经营活动获得的现金净流量偿还全部债务的能力。其计算公式如下:

$$现金债务总额比 = \frac{经营活动的现金流量净额}{负债总额}$$

这个比率越高,说明企业偿还长期债务的能力越强。

第三节　旅游企业营运能力的分析

企业营运能力是指企业经营管理、运用资金的能力。资金周转速度快慢,表明企业资金利用效率的高低和经营管理人员经营能力的强弱。营运能力的分析是对企业资金周转状况进行的分析,主要包括流动资产和固定资产周转的分析。

一、流动资产周转分析

流动资产周转分析指标主要有流动资产周转率、存货周转率、应收账款周转率等。

(一)流动资产周转率

流动资产周转率(次数)是年销售收入与全部流动资产的平均余额的比值,是指一定时期内流动资产可以周转的次数。其计算公式如下:

$$流动资产周转率(次数) = \frac{销售收入}{平均流动资产}$$

其中

$$平均流动资产 = \frac{年初流动资产 + 年末流动资产}{2}$$

在一定时期内(通常指一个年度),流动资产周转次数越多,表明以相同的流动资产完成的周转额越多,流动资产利用效果越好。

分析评价企业流动资产周转速度还可以利用流动资产周转期指标。流动资产周转期(天数)是指流动资产周转一次所需要的时间。其计算公式如下:

$$流动资产周转期(天数) = \frac{360}{流动资产周转率}$$

流动资产周转一次所需要的天数越少,说明流动资产周转速度越快,利用效果越好。

【例10-6】　根据【例10-1】,假定该旅游企业2018年年初流动资产为180万元,2017年销售收入为1400万元,2018年度销售收入1600万元,则

$$上年流动资产周转率（次数）=\frac{1400}{(180+185)\div 2}=7.67（次）$$

$$本年流动资产周转率（次数）=\frac{1600}{(185+210)\div 2}=8.10（次）$$

$$上年流动资产周转期（天数）=\frac{360}{7.67}=46.94（天）$$

$$本年流动资产周转期（天数）=\frac{360}{8.10}=44.44（天）$$

计算结果表明，旅游企业流动资产周转速度本年度较上年度有所加快，营运能力有所增强。

（二）存货周转率

在分析流动资产周转率、了解企业流动资产整体的周转速度的基础上，进一步分析流动资产中个别项目的周转速度，可以增强对企业营运能力的分析程度。存货是流动资产中最重要的组成部分，通常能达到流动资产总额的一半以上。因此，存货周转速度的快慢，对企业营运能力的影响很大。

存货周转率是反映企业供、产、销各环节管理状况的综合性指标。它是年销售成本与存货平均余额之比。其计算公式如下：

$$存货周转率（次数）=\frac{销售成本}{存货平均余额}$$

$$存货周转期（天数）=\frac{360}{存货周转率}$$

其中

$$平均存货余额=\frac{期初存货余额+期末存货余额}{2}$$

一定时期，存货周转次数越多，周转天数越少，则表明存货变现速度越快，企业销售能力和偿债能力越强，也反映出企业采购、生产、销售各环节管理工作状况越好。

在计算存货周转率时，应特别注意：存货计价的口径应一致，即只能用一种计价方法，不能随意更换，否则会掩盖销货成本的真相。

【例 10-7】 根据【例 10-3】，假定该旅游企业 2017 年年初存货为 95 万元，2017 年、2018 年的销售成本分别为 850 万元和 1000 万元，则

$$上年存货周转率（次数）=\frac{850}{(95+86)\div 2}=9.39（次）$$

$$本年存货周转率（次数）=\frac{1000}{(86+70)\div 2}=12.82（次）$$

$$上年存货周转期（天数）=\frac{360}{9.39}=38.34（天）$$

$$本年存货周转期（天数）=\frac{360}{12.82}=28.08（天）$$

该旅游企业本年的存货周转速度较快，表明旅游企业的销售能力和偿债能力有所提高，存货的管理工作得到了加强。

（三）应收账款周转率

应收账款也是企业流动资产的重要组成部分。反映应收账款周转速度的指标是应收账款周转率,它是一定时期（通常指一年）内赊销收入净额与应收账款年平均余额的比值。其计算公式如下:

$$应收账款周转率（次数）=\frac{赊销收入净额}{应收账款平均余额}$$

$$应收账款周转期（天数）=\frac{360}{应收账款周转率}$$

其中

$$赊销收入净额=销售收入-现销收入-销售折让-销售退回$$

$$应收账款平均余额=\frac{期初应收账款+期末应收账款}{2}$$

应收账款周转率反映了年度内的应收账款转为现金的平均次数。周转率高表明:企业收账迅速,应收账款管理效率高;应收账款变现速度快,企业短期偿债能力强;减少了收账费用和坏账损失,从而相对增加了企业的收益。在计算应收账款周转率时,应特别注意:公式中的应收账款应包括会计核算中的应收账款和应收票据等全部赊销账款在内,且其金额应为扣除坏账准备后的净额。

【例 10-8】　根据【例 10-6】,假定该旅游企业 2017 年年初应收账款余额 70 万元,2018 年年初、年末应收账款余额分别为 55 万元和 80 万元,则

$$上年应收账款周转率（次数）=\frac{1400}{(70+55)\div 2}=22.4（次）$$

$$本年应收账款周转率（次数）=\frac{1600}{(55+80)\div 2}=23.7（次）$$

$$上年应收账款周转期（天数）=\frac{360}{22.4}=16.07（天）$$

$$本年应收账款周转期（天数）=\frac{360}{23.7}=15.19（天）$$

该旅游企业本年应收账款的回收速度略快于上年度。

二、固定资产周转分析

固定资产是企业进行生产经营活动必不可少的物质基础,固定资产的利用效率,直接影响企业的营运能力。对固定资产周转的分析应着重分析它的使用情况、周转速度等,其分析指标主要有固定资产周转率和固定资产增长率。

（一）固定资产周转率

固定资产周转率（次数）是反映企业固定资产利用效率的指标,它是企业年销售收入与固定资产平均净值的比率。其计算公式如下:

$$固定资产周转率（次数）=\frac{销售收入}{固定资产平均净值}$$

固定资产周转率越高,表明企业利用固定资产创收的能力越强,固定资产的利用效

果就越好,企业的营运能力就越强。如果比率过低,说明企业的固定资产未得到充分利用,应将闲置的固定资产及时清理。另外,在利用这一指标进行企业自身纵向比较或与其他单位进行横向比较时,应注意折旧方法是否一致,否则指标间就不具有可比性。

$$固定资产平均净值=\frac{期初固定资产净值+期末固定资产净值}{2}$$

$$固定资产净值=固定资产原值-累计折旧$$

固定资产周转率越高,表明企业利用固定资产创收的能力越强,固定资产的利用效果就越显著,企业承包的营运能力就越强。如果比率过低,说明企业的固定资产未得到充分利用,应将闲置的固定资产及时清理。另外,在利用这一指标进行自身纵向比较或与其他单位进行横向比较时,应注意折旧方法是否一致,否则指标间就不具有可比性。

【例 10-9】 根据【例 10-6】,假定该旅游企业 2017 年年初固定资产净值为 100 万元,2018 年固定资产净值的年初、年末数分别为 115 万元和 120 万元,则

$$上年固定资产周转率(次数)=\frac{1400}{(100+115)\div2}=13.02(次)$$

$$本年固定资产周转率(次数)=\frac{1600}{(115+120)\div2}=13.62(次)$$

可见,该旅游企业本年度固定资产利用效率较上年度有所提高。

(二)固定资产增长率

固定资产增长率是指本期新增固定资产的原值除以期初固定资产原值的百分比。其计算公式如下:

$$固定资产增长率=\frac{期末固定资产原值-期初固定资产原值}{期初固定资产原值}\times100\%$$

该指标综合反映企业固定资产规模的扩大程度。该指标值越高,表明企业发展潜力越大,但固定资产增长率增加的同时,企业销售收入也应随之增加,否则会降低固定资产使用效率。因此,在分析这一指标时,应结合固定资产周转率来分析。

在对流动资产和固定资产的周转情况进行分析的基础上,还可进一步对总资产的周转情况进行分析。其分析指标主要是总资产周转率,计算公式如下:

$$总资产周转率(次数)=\frac{销售收入}{平均资产总额}$$

该指标反映企业总资产的周转速度,周转越快,企业销售能力越强。

第四节 旅游企业盈利能力的分析

盈利能力是指企业获取利润的能力。利润是企业内外各方都十分关心的,因此对企业盈利能力的分析尤为重要。

一、企业盈利的一般分析

反映企业盈利能力的指标很多,通常使用较多的主要有销售净利率、销售毛利率、

成本费用利润率、资产净利率和权益净利率等。

(一)销售净利率

销售净利率是指净利润与销售收入的百分比。其计算公式如下：

$$销售净利率 = \frac{净利润}{销售收入} \times 100\%$$

销售净利率反映每百元销售收入带来的净利润的多少，表示企业销售收入的盈利水平。

【例 10-10】　根据【例 10-6】，假定该旅游企业 2017 年实现净利润 88.54 万元，2018年实现净利润为 113.33 万元，则

$$上年销售净利润率 = \frac{88.54}{1400} \times 100\% = 6.32\%$$

$$本年销售净利润率 = \frac{113.33}{1600} \times 100\% = 7.08$$

可见，该旅游企业本年盈利能力较上年有所提高。

(二)销售毛利率

销售毛利率是毛利额占销售收入的百分比。其计算公式如下：

$$销售毛利 = \frac{毛利额}{销售收入} \times 100\%$$

其中

$$毛利额 = 销售收入 - 销售成本$$

销售毛利率表明企业每百元销售收入所实现的毛利额为多少。毛利额是各项费用开支以及利润形成的来源，没有足够高的销售毛利率，企业将面临破产。

【例 10-11】　依据【例 10-6】和【例 10-7】，可计算该旅游企业销售毛利率如下：

$$上年销售毛利率 = \frac{1400-850}{1400} \times 100\% = 39.29\%$$

$$本年销售毛利率 = \frac{1600-1000}{1600} \times 100\% = 37.5\%$$

由于本年销售成本上升的幅度小于销售收入上升的幅度，本年销售毛利率较去年有所下降。

(三)成本费用利润率

成本费用利润率是指企业利润总额与成本费用总额之间的百分比，它表示每百元的耗费所产生的收益，反映企业在生产经营过程中所费与所得之间的关系。其计算公式如下：

$$成本费用利润率 = \frac{利润总额}{成本费用总额} \times 100\%$$

其中

成本费用总额＝销售成本＋销售费用＋销售税金及附加＋管理费用＋财务费用

成本费用利润率越高，表明企业耗费所取得的收益越高。提高成本费用利润率的

途径是在增加销售收入的同时降低成本费用。

【例 10-12】 根据【例 10-5】,假定该旅游企业 2017 年、2018 年的成本费用总额分别为 1214 万元和 1362 万元,则

$$上年成本费用利润率 = \frac{142}{1214} \times 100\% = 11.70\%$$

$$本年成本费用利润率 = \frac{179}{1362} \times 100\% = 13.14\%$$

由于成本费用上升的幅度小于利润上升的幅度,旅游企业该年成本费用利润率上升。

(四)资产净利率

资产净利率又称投资报酬率,是指企业的净利润与平均资产总额的百分比,它反映企业运用全部资产的获利能力。其计算公式如下:

$$资产净利率 = \frac{净利润}{平均资产总额} \times 100\%$$

其中

$$平均资产总额 = \frac{期初资产总额 + 期末资产总额}{2}$$

资产净利率越高,表明企业资产利用效果越好,盈利能力越强,经营管理水平越高。资产净利率是一个综合性指标,影响该指标的因素很多,如产品的售价和单位成本、产品的产量和销售量、资金占用量等,在具体分析、评价这一指标时,可运用杜邦分析法。

【例 10-13】 依据【例 10-3】和【例 10-10】,假定该旅游企业 2017 年年初资产总额为 300 万元,则该旅游企业资产净利率如下:

$$上年资产净利率 = \frac{88.54}{(300+328) \div 2} \times 100\% = 28.20\%$$

$$本年资产净利率 = \frac{113.33}{(328+400) \div 2} \times 100\% = 31.13\%$$

计算结果表明,该旅游企业资产综合利用效率较高。

(五)权益净利率

权益净利率又称净值报酬率,是指净利润与平均所有者权益的百分比。其计算公式如下:

$$权益净利率 = \frac{净利润}{平均所有者权益} \times 100\%$$

其中

$$平均所有者权益 = \frac{期初所有者权益 + 期末所有者权益}{2}$$

权益净利率表明所有者权益所获取的报酬。该指标越高,说明投资者投入企业净资产的获利能力越强。

【例 10-14】 依据【例 10-4】和【例 10-10】,假定该旅游企业 2017 年年初所有者权益为 120 万元,则该旅游企业权益净利率如下:

$$上年权益净利率 = \frac{88.54}{(120+118) \div 2} \times 100\% = 74.40\%$$

$$本年权益净利率 = \frac{113.33}{(118+185) \div 2} \times 100\% = 74.81\%$$

二、股份公司盈利能力的分析

由于股份公司(特别是上市公司)的股东尤为关注公司的盈利能力,因此,股份公司的盈利能力分析主要是从普通股股东角度进行的,其分析指标主要有每股收益、市盈率、每股股利、股利支付率、股票获利率和每股净资产等。

(一)每股收益

每股收益又称每股盈余,是指普通股股东所获净利润与发行在外的普通股股数的比率,它反映股份公司的获利水平,其计算公式如下:

$$每股收益 = \frac{净利润 - 优先股股利}{平均发行在外的普通股股数}$$

其中

$$平均发行在外的普通股股数 = \sum(发行在外普通股股数 \times 发行在外月份数) \div 12$$

【例 10-15】　A 公司是一家旅游企业,为上市公司,其本年利润分配和年末股东收益的有关资料如表 10-1 所示。该公司当年净利润为 1800 万元,发行在外的普通股为3000 万股。

表 10-1　A 公司相关资料　　　　　　　　　　　　　　单位:万元

净利润	1800
加:年初未分配利润	720
可供分配利润	2520
减:提取法定盈余公积	180
提取任意盈余公积	90
可供股东分配的利润	2250
减:已分配优先股股利	0
已分配普通股股利	1200
未分配利润	1050
股本(每股面值 1 元,市价 7.2 元)	3000
资本公积	3120
盈余公积	1680
未分配公积	960
股东权益合计	8850

$$A 公司每股收益 = \frac{1800}{3000} = 0.60(元/股)$$

(二)市盈率

市盈率是普通股股东十分关注的指标,它是指普通股每股市价与每股收益的倍数,反映投资者对每 1 元净利润所愿意支付的价格。其计算公式如下:

$$市盈率(倍数) = \frac{普通股每股市价}{普通股每股收益}$$

【例 10-16】 根据【例 10-15】,A 公司的普通股每股收益为 0.60 元,每股市价为 7.20元,依上式计算可得

$$A 公司市盈率(倍数) = \frac{7.20}{0.60} = 12$$

市盈率越高,表明投资者对公司的未来充满信心,愿意为每 1 元收益付更高的价格。通常市盈率为 5 至 20 倍是比较正常的。

(三)每股股利

每股股利是股利总额与普通股股数的比率,它反映股份公司的获利能力。其计算公式如下:

$$每股股利 = \frac{股利总额}{普通股股数}$$

其中,股利总额指用于分配给普通股股东的现金股利的总额。

【例 10-17】 依据【例 10-15】,计算出

$$A 公司每股股利 = \frac{1200}{3000} = 0.40(元/股)$$

每股股利越高,公司获利能力越强。

(四)股利支付率

股利支付率为每股股利与每股盈余的百分比,它反映公司净收益中股利所占的比重。其计算公式如下:

$$股利支付率 = \frac{每股股利}{每股盈余} \times 100\%$$

【例 10-18】 依据【例 10-15】,可计算出

$$A 公司股利支付率 = \frac{0.40}{0.60} \times 100\% = 66.67\%$$

股利支付率越高,说明公司获利能力和支付股利的能力越强。同时,该指标说明提高股利支付率,必须降低公司留存盈利比率,从而对公司的筹资有一定的影响。

(五)普通股权益报酬率

普通股权益报酬率又称净资产收益率,反映普通股权益的获利水平。其计算公式如下:

$$普通股权益报酬率 = \frac{净利润 - 优先股股利}{平均普通股权益} \times 100\%$$

公式中平均普通股权益也可使用年末普通股权益来代替,这是因为股份公司在增

加股份时,新股东要超面值缴入资本并获得同股同权的地位,年末的股东对本年利润拥有同等权利。

【例10-19】　依据【例10-15】,计算出

$$A 公司普通股权益报酬率 = \frac{1800}{8850} \times 100\% \approx 20.34\%$$

（六）股票获利率

股票获利率为普通股每股股利与普通股每股市价的比率,它反映了以市价计算的股票投资获取现金的水平。其计算公式如下:

$$股票获利率 = \frac{普通股每股股利}{普通股每股市价} \times 100\%$$

股票获利率越高越好,当预期股价不能上涨时,这一指标便成为衡量股票投资价值的主要依据。

【例10-20】　依据【例10-15】,可计算出

$$A 公司股票获利率 = \frac{0.40}{7.20} \times 100\% = 5.56\%$$

（七）每股净资产

每股净资产是指期末净资产(股东权益)与平均发行在外的普通股股数的比值。其计算公式如下:

$$每股净资产 = \frac{年度末股东权益}{平均发行在外的普通股股数}$$

每股净资产越多,表明股东投资效益越好。

【例10-21】　依据【例10-14】,可计算出

$$A 公司的每股净资产 = \frac{8850}{3000} = 2.95(元/股)$$

第五节　财务比率综合分析

评价一个企业的财务状况是否良好,仅凭几个财务比率难以得出正确的结论,只有对各项财务指标加以综合分析,才能对企业的财务状况进行准确的判断与评价,以满足企业利益各方的不同财务信息的需要。

财务比率综合分析,是指先选定若干主要财务比率,按其重要程度给定重要性系数(其总和为1),然后将实际比率与标准比较,计算出每项指标的综合指数,最后求出综合指数合计数,并将其与重要性系数之和比较,借以判断财务状况的优劣。

一般而言,若综合指数合计数大于或接近于1,则表明企业财务状况基本上符合标准要求;若与1有较大差距,则表明财务状况不佳。现假定某企业本年选出九项财务比率,编制财务比率综合分析表如表10-2所示。

表10-2　财务比率综合分析表

指标/(%)	重要性系数	标准值	实际值	关系比率	综合指数
（甲）	（1）	（2）	（3）	（4）＝（3）÷（2）	（5）＝（1）×（4）
流动比率	0.15	2	2.2	1.1	0.165
速动比率	0.10	1	0.74	0.74	0.074
资产负债率	0.10	0.4	0.32	0.8	0.08
应收账款周转率	0.05	8次	5.25次	0.6563	0.0328
存货周转率	0.10	4次	2.50次	0.625	0.0625
固定资产周转率	0.15	1.8次	1.1次	0.6111	0.0917
销售净利率	0.10	13.5	12.24	0.9067	0.0907
成本费用利润率	0.10	20	14.75	0.7375	0.0738
权益报酬率	0.15	22	16	0.7273	0.1091
合计	1	—	—	—	0.7796

由表10-2可知,综合指数合计数为0.7796,与1有较大的差距。这反映出企业财务状况不佳,经营管理存在一定问题。从具体指标看,只有流动比率的关系比率大于1,其余均小于1,尤其是固定资产周转率的关系比率远小于1。这说明该企业营业能力很差,企业应加强资产的管理,提高资产的利用效率;增加销售收入,增强企业盈利能力;另外,还可适当提高负债比率。

本章小结　　旅游企业财务分析的目的、方法,旅游企业偿债能力分析、营运能力分析、盈利能力分析、趋势分析、综合分析等财务分析过程中财务指标的选取及其反映的经济业务内容。

重要概念

财务分析　财务指标　财务分析方法

思考题

1.什么是财务分析,其目的是什么?
2.财务分析的内容主要包括哪几个方面?
3.财务分析的方法有哪些?
4.偿债能力分析指标有哪些?如何分析企业偿债能力?
5.营运能力分析指标有哪些?如何分析企业营运能力?
6.获利能力分析指标有哪些?如何分析企业获利能力?

在线答题

Note

 计算题

某旅游企业20××年度财务报表的主要资料如下。

资产负债表(20××年12月31日) 单位:千元

资 产		负债及所有者权益	
现金(年初764)	310	应付账款	516
应收账款(年初1156)	1344	应付票据	336
存货(年初700)	966	其他流动负债	468
流动资产合计	2620	流动负债合计	1320
固定资产净额(年初1170)	1170	长期负债	1026
		实收资本	1444
资产总额(年初3790)	3790	负债及所有者权益	3790

损益表(20××年) 单位:千元

销售收入	6430
销售成本	5570
毛利	860
管理费用	580
利息费用	98
税前利润	182
所得税	72
净利润	110

要求:

(1)计算填列下表中该公司财务比率(天数计算结果取整)。

(2)与行业平均财务比率相比较,说明该公司经营管理可能存在的问题。

比率名称	本公司	行业平均数
流动比率		1.98
资产负债		62%
已获利息倍数		3.8
存货周转率		6次
平均收现期		35天
固定资产周转率(销售收入÷平均固定资产净额)		13次
总资产周转率		3次
销售净利率		1.3%
资产净利率		3.4%
权益净利率		8.3%

案例分析

华侨城的"收割"腾挪术

来源：中国房地产报　时间：2019-07-15　记者：卢泳志

曾经在文旅开发领域风生水起的华侨城集团有限公司（以下简称"华侨城"），如今却遭遇持续增长的负债和模式转型的尴尬，不得不采取"左手卖出、右手买进"的打法。

2019年7月1日，据北京产权交易所消息，云南华侨城实业有限公司拟转让全资控股子公司云南华侨城置业有限公司50%股权，转让底价为7.4亿元。值得注意的是，这是近一个月内华侨城第四次出让旗下项目股权。

华侨城官方对媒体回应，资产处置和股权转让主要是为了加快现金回流，提高整体资产周转效率，这是华侨城实施新战略的重要组成部分，是新的发展模式下实现企业高质量发展的重要路径。

"大规模扩张和投资难免会出现一些盈利较低甚至亏损的项目，华侨城剥离的应该主要是这部分资产。"一位从事文旅开发的业内人士指出。

在频繁出售旗下项目的同时，华侨城并没有放缓"跑马圈地"的步伐。7月10日，传来"华侨城7亿在深圳拿地"的消息。据不完全统计，2019年以来，华侨城接连宣布了多个投资新计划，其中文旅综合类占比超70%，涉及的文旅项目超15个，累计资金近1800亿元。

协纵策略管理集团联合创始人黄立冲接受《中国房地产报》记者采访时指出，大规模的战略布局以及持续不断的项目投资，必然会导致资金链紧张。抛售固定资产是一种快速回笼资金的手段，但不是长久之计，华侨城需要寻求一种良好的发展模式。

一、出售"回血"

从2015年以来，华侨城将原来以旅游地产为主的战略调整为"文化＋旅游＋新型城镇化"战略。从2017年开始，华侨城陆续签下超过30个项目，每个项目投资均在百亿元以上。

在新战略的影响下，华侨城的资产规模不断扩大，背后是持续走高的负债，其资金和债务压力正在加重。

据记者了解，华侨城主要财务问题集中于公司债务规模和经营性现金流问题上。2015—2018年，其负债率分别为63.41%、67.12%、69.89%、73.77%。截至2018年年末，华侨城总负债达到2170.05亿元，而2017年为1519.87亿元，负债总额一年增长了约650亿元。

此外，2017—2018年华侨城经营活动产生的现金流量净额连续两年为负，分别为－79.14亿元、－99.84亿元。同时，2018年华侨城投资活动现金净流出也达168.28亿元，同比增长80.27%。

华侨城2018年年报提到，2019年全力以赴抓回款，加快项目周转速度，加快现

金回流,除了加快项目开发销售,还要创新回款方式方法。据华侨城相关人士透露,这个方法包括股权转让。

事实上,从2018年10月份开始,华侨城开始频繁出售资产,据不完全统计,2018年华侨城转让18家子公司股权和1个资产包,是2017年的两倍有余。

华侨城相关负责人回应媒体表示,为加快项目落地实施,公司不断创新地产业务发展模式,与业内其他企业建立战略合作联盟,通过合作开发、股权转让、在建工程转让等多种方式实现项目快速周转。

亿翰智库首席研究员张化东对《中国房地产报》记者表示:"从整体市场来看股权转让是一个普遍现象,实际上这是一个加杠杆的过程,近期很多央企都在出售项目股权,其中多数处于亏损状态,有的项目甚至资不抵债。"

值得注意的是,从近期华侨城的负债情况来看,大规模出售资产并没有从根本上解决华侨城的资金问题。

截至2019年3月底,华侨城资产负债率、全部债务资本化比率和长期债务资本化比率分别为71.27％、60.71％和56.16％,相比年初分别增加2.64％、3.44％和4.16％,整体债务负担有所加重。

二、"收割"腾挪

记者发现,近年来华侨城出售的资产包括项目公司股权、土地、在建工程及金融资产等,其中以房地产项目为主,且大多处于亏损状态。

比如最近被挂牌的成都地润置业发展有限公司,成立于2008年11月24日,注册资本为4亿元。标的企业2018年度营业亏损为4300.75万元,净亏损4258.1万元。截至2019年5月31日,营业亏损1742.44万元,净亏损1742.16万元。

"这是一种清理不良资产的手段,同时也是对不同区域资产的整合。"同策咨询研究部总监张宏伟告诉《中国房地产报》记者,不同区域的项目都会存在一些不良资产,企业会将这些项目进行剥离,通过调仓和换仓优化企业布局,进而使企业的整体战略更加完善,提高资产的周转率和回报率。

对此,华侨城曾表示,将不赚钱、资源占用量大、短时间内难以变现的资产项目进行出售,采用资本减持的方式优化企业内部布局,将更多的资金放在公司主要业务上。

"收割"之间,华侨城正在将更多资源集中在优质文旅资产的投资上。近两年华侨城文旅项目投资总额超万亿元,在2018年拿下的82个项目中,旅游综合及房地产开发方面占54个项目,遍布国内50余个城市。

进入2019年,华侨城在文旅板块的动作更是高歌猛进。

黄立冲表示,华侨城如果想进一步加大文旅产业的投入,就必须套现更多固定资产,使公司有额外的资金。

三、转型受阻

华侨城凭借主题公园起家,早年以"旅游＋地产"的模式构建了"造城"的核心竞争力,地产项目反哺文旅业务的模式奠定了华侨城在主题公园领域的地位。

最近两年,华侨城开始强调去地产化,急于撕掉身上地产商的标签,凸显文旅开发商的分量,但其文旅业务的表现却不尽人意。

联合信用评级有限公司 2019 年 5 月发布的华侨城债券跟踪评级报告显示,华侨城面临着优质旅游资源稀缺且获取难度大,旅游市场竞争风险高,"旅游＋地产"模式推广具有不确定性,公司项目未来投资支出较大,存在一定资本支出压力等方面的问题。

就目前华侨城的表现看,房地产业务仍然占据着业绩主力地位。

年报数据显示,2018 年,华侨城实现营业收入 481.42 亿元,同比增长 13.7%。其中,房地产开发业务营收占比达 58.25%,较 2017 年增加 3.08 个百分点;旅游综合业务营收占比为 40.83%,较 2017 年减少 2.93 个百分点。

尽管近期的股权交易仍以地产项目为主,但华侨城董事会秘书处仍表示:转让股权只是单纯考虑产业布局和战略意义,不存在偏重某一板块产业之说。

由此看来,在转型过程中,如何在市场纷争中站稳脚跟,仍需谨慎布局。而眼下,华侨城采取转让股权、发行债券等方式能否加快资金运转、弥补高额且持续增长的负债,甚至最终平稳过渡到安全地带仍是个问题。

(收录时略有改动)

【思考题】

1.旅游企业偿债能力指标有哪些?如何降低负债风险?

2.加快现金回流对于旅游企业有哪些重要意义?

附　　录

附表 1　复利终值

期数	1%	2%	3%	4%	5%	6%	7%	8%	9%	10%
1	1.0100	1.0200	1.0300	1.0400	1.0500	1.0600	1.0700	1.0800	1.0900	1.1000
2	1.0201	1.0404	1.0609	1.0816	1.1025	1.1236	1.1449	1.1664	1.1881	1.2100
3	1.0303	1.0612	1.0927	1.1249	1.1576	1.1910	1.2250	1.2597	1.2950	1.3310
4	1.0406	1.0824	1.1255	1.1699	1.2155	1.2625	1.3108	1.3605	1.4116	1.4641
5	1.0510	1.1041	1.1593	1.2167	1.2763	1.3382	1.4026	1.4693	1.5386	1.6105
6	1.0615	1.1262	1.1941	1.2653	1.3401	1.4185	1.5007	1.5809	1.6771	1.7716
7	1.0721	1.1487	1.2299	1.3159	1.4071	1.5036	1.6058	1.7738	1.8280	1.9487
8	1.0829	1.1717	1.2668	1.3686	1.4775	1.5938	1.7182	1.8509	1.9926	2.1436
9	1.0937	1.1951	1.3048	1.4233	1.5513	1.6895	1.8385	1.9990	2.1719	2.3579
10	1.1046	1.2190	1.3439	1.4802	1.6289	1.7908	1.9672	2.1589	2.3674	2.5937
11	1.1157	1.2434	1.3842	1.5395	1.7103	1.8983	2.1049	2.3316	2.5804	2.8531
12	1.1268	1.2682	1.4258	1.6010	1.7959	2.0122	2.2522	2.5182	2.8127	3.1384
13	1.1381	1.2936	1.4685	1.6651	1.8856	2.1329	2.4098	2.7196	3.0658	3.4523
14	1.1495	1.3195	1.5126	1.7317	1.9799	2.2609	2.5785	2.9372	3.3417	3.7975
15	1.1610	1.3459	1.5580	1.8009	2.0789	2.3966	2.7590	3.1722	3.6425	4.1722
16	1.1726	1.3728	1.6047	1.8730	2.1829	2.5404	2.9522	3.4259	3.9703	4.5950
17	1.1843	1.4002	1.6528	1.9479	2.2920	2.6928	3.1588	3.7000	4.3276	5.0545
18	1.1961	1.4282	1.7024	2.0258	2.4066	2.8543	3.3799	3.9960	4.7171	5.5599
19	1.2081	1.4568	1.7535	2.1068	2.5270	3.0256	3.6165	4.3157	5.1417	6.1159
20	1.2202	1.4859	1.8061	2.1911	2.6533	3.2071	3.8697	4.6610	5.6044	6.7275
21	1.2324	1.5157	1.8603	2.2788	2.7860	3.3996	4.1406	5.0338	6.1088	7.4002
22	1.2447	1.5460	1.9161	2.3699	2.9253	3.6035	4.4304	5.4365	6.6586	8.1403
23	1.2572	1.5769	1.9736	2.4647	3.0715	3.8197	4.7405	5.8715	7.2579	8.2543
24	1.2697	1.6084	2.0328	2.5633	3.2251	4.0489	5.0724	6.3412	7.9111	9.8497
25	1.2824	1.6406	2.0938	2.6658	3.3864	4.2919	5.4274	6.8485	8.6231	10.835
26	1.2953	1.6734	2.1566	2.7725	3.5557	4.5494	5.8076	7.3964	9.3992	11.918
27	1.3082	1.7069	2.2213	2.8834	3.7335	4.8823	6.2139	7.9881	10.245	13.110
28	1.3213	1.7410	2.2879	2.9987	3.9201	5.1117	6.6488	8.6271	11.167	14.421
29	1.3345	1.7758	2.3566	3.1187	4.1161	5.4184	7.1143	9.3137	12.172	15.863
30	1.3478	1.8114	2.4273	3.2434	4.3219	5.7435	7.6123	10.063	13.268	17.449
40	1.4889	2.2080	3.2620	4.8010	7.0400	10.286	14.794	21.725	31.408	45.259

系数表

12%	14%	16%	18%	20%	24%	28%	32%	36%
1.1200	1.1400	1.1600	1.1800	1.2000	1.2400	1.2800	1.3200	1.3600
1.2544	1.2996	1.3456	1.3924	1.4400	1.5376	1.6384	1.7424	1.8496
1.4049	1.4815	1.5609	1.6430	1.7280	1.9066	2.0872	2.3000	2.5155
1.5735	1.6890	1.8106	1.9388	2.0736	2.3642	2.6844	3.0360	3.4210
1.7623	1.9254	2.1003	2.2878	2.4883	2.9316	3.4360	4.0075	4.6526
1.9738	2.1950	2.4364	2.6996	2.9860	3.6352	4.3980	5.2899	6.3275
2.2107	2.5023	2.8262	3.1855	3.5832	4.5077	5.6295	6.9826	8.6054
2.4760	2.8526	3.2784	3.7589	4.2998	5.5895	7.2508	9.2170	11.703
2.7731	3.2519	3.8030	4.4355	5.1598	6.9310	9.2234	12.167	15.917
3.1058	3.7072	4.4114	5.2338	6.1917	8.5944	11.806	16.060	21.647
3.4785	4.2262	5.1173	6.1759	7.4301	10.657	15.112	21.199	29.439
3.8960	4.8179	5.9360	7.2876	8.9161	13.215	19.343	27.983	40.037
4.3635	5.4924	6.8858	8.5994	10.699	16.386	24.759	36.937	54.451
4.8871	6.2613	7.9875	10.147	12.839	20.319	31.691	48.757	74.053
5.4736	7.1379	9.2655	11.974	15.407	25.196	40.565	64.359	100.71
6.1304	8.1372	10.748	14.129	18.488	31.243	51.923	84.954	136.97
6.8660	9.2765	12.468	16.672	22.186	38.741	66.461	112.14	186.28
7.6900	10.575	14.463	19.673	26.623	48.039	85.071	148.02	253.34
8.6128	12.056	16.777	23.214	31.948	59.568	108.89	195.39	344.54
9.6463	13.743	19.461	27.393	38.338	73.864	139.38	257.92	468.57
10.804	15.668	22.574	32.324	46.005	91.592	178.41	340.45	637.26
12.100	17.861	26.186	38.142	55.206	113.57	228.36	449.39	866.67
13.552	20.362	30.376	45.008	66.247	140.83	292.30	593.20	1178.7
15.179	23.212	35.236	53.109	79.497	174.63	374.14	783.02	1603.0
17.000	26.462	40.874	62.669	95.396	216.54	478.90	1033.6	2180.1
19.040	30.167	47.414	73.949	114.48	268.51	613.00	1364.3	2964.9
21.325	34.390	55.000	87.260	137.37	332.95	784.64	1800.9	4032.3
23.884	39.204	63.800	102.97	164.84	412.86	1004.3	2377.2	5483.9
26.750	44.693	74.009	121.50	197.81	511.95	1285.6	3137.9	7458.1
29.960	50.950	85.850	143.37	237.38	634.82	1645.5	4142.1	10143
93.051	188.83	378.72	750.38	1469.8	5455.9	19427	66521	*

附表 2　复利现值

期数	1%	2%	3%	4%	5%	6%	7%	8%	9%	10%
1	0.9901	0.9804	0.9709	0.9615	0.9524	0.9434	0.9346	0.9259	0.9174	0.9091
2	0.9803	0.9712	0.9426	0.9246	0.9070	0.8900	0.8734	0.8573	0.8417	0.8264
3	0.9706	0.9423	0.9151	0.8890	0.8638	0.8396	0.8163	0.7938	0.7722	0.7513
4	0.9610	0.9238	0.8885	0.8548	0.8227	0.7921	0.7629	0.7350	0.7084	0.6830
5	0.9515	0.9057	0.8626	0.8219	0.7835	0.7473	0.7130	0.6806	0.6499	0.6209
6	0.9420	0.8880	0.8375	0.7903	0.7462	0.7050	0.6663	0.6302	0.5963	0.5645
7	0.9327	0.8706	0.8131	0.7599	0.7107	0.6651	0.6227	0.5835	0.5470	0.5132
8	0.9235	0.8535	0.7874	0.7307	0.6768	0.6274	0.5820	0.5403	0.5019	0.4665
9	0.9143	0.8368	0.7664	0.7026	0.6446	0.5919	0.5439	0.5002	0.4604	0.4241
10	0.9053	0.8203	0.7441	0.6756	0.6139	0.5584	0.5083	0.4632	0.4224	0.3855
11	0.8963	0.8043	0.7224	0.6496	0.5847	0.5268	0.4751	0.4289	0.3875	0.3505
12	0.8874	0.7885	0.7014	0.6246	0.5568	0.4970	0.4440	0.3971	0.3555	0.3186
13	0.8787	0.7730	0.6810	0.6006	0.5303	0.4688	0.4150	0.3677	0.3262	0.2897
14	0.8700	0.7579	0.6611	0.5775	0.5051	0.4423	0.3878	0.3405	0.2992	0.2633
15	0.8613	0.7430	0.6419	0.5553	0.4810	0.4173	0.3624	0.3152	0.2745	0.2394
16	0.8528	0.7284	0.6232	0.5339	0.4581	0.3936	0.3387	0.2919	0.2519	0.2176
17	0.8444	0.7142	0.6050	0.5134	0.4363	0.3714	0.3166	0.2703	0.2311	0.1978
18	0.8360	0.7002	0.5874	0.4936	0.4155	0.3503	0.2959	0.2502	0.2120	0.1799
19	0.8277	0.6864	0.5703	0.4746	0.3957	0.3305	0.2765	0.2317	0.1945	0.1635
20	0.8195	0.6730	0.5537	0.4564	0.3769	0.3118	0.2584	0.2145	0.1784	0.1486
21	0.8114	0.6598	0.5375	0.4388	0.3589	0.2942	0.2415	0.1987	0.1637	0.1351
22	0.8034	0.6468	0.5219	0.4220	0.3418	0.2775	0.2257	0.1839	0.1502	0.1228
23	0.7954	0.6342	0.5067	0.4057	0.3256	0.2618	0.2109	0.1703	0.1378	0.1117
24	0.7876	0.6217	0.4919	0.3901	0.3101	0.2470	0.1971	0.1577	0.1264	0.1015
25	0.7798	0.6095	0.4776	0.3751	0.2953	0.2330	0.1842	0.1460	0.1160	0.0923
26	0.7720	0.5976	0.4637	0.3604	0.2812	0.2198	0.1722	0.1352	0.1064	0.0839
27	0.7644	0.5859	0.4502	0.3468	0.2678	0.2074	0.1609	0.1252	0.0976	0.0763
28	0.7568	0.5744	0.4371	0.3335	0.2551	0.1956	0.1504	0.1159	0.0895	0.0693
29	0.7493	0.5631	0.4243	0.3207	0.2429	0.1846	0.1406	0.1073	0.0822	0.0630
30	0.7419	0.5521	0.4120	0.3083	0.2314	0.1741	0.1314	0.0994	0.0754	0.0573
40	0.6717	0.4529	0.3066	0.2083	0.1420	0.0972	0.0668	0.0460	0.0318	0.0221

系数表

12%	14%	16%	18%	20%	24%	28%	32%	36%
0.8929	0.8772	0.8621	0.8475	0.8333	0.8065	0.7813	0.7576	0.7353
0.7972	0.7695	0.7432	0.7182	0.6944	0.6504	0.6104	0.5739	0.5407
0.7118	0.6750	0.6407	0.6086	0.5787	0.5245	0.4768	0.4348	0.3975
0.6355	0.5921	0.5523	0.5158	0.4823	0.4230	0.3725	0.3294	0.2923
0.5674	0.5194	0.4762	0.4371	0.4019	0.3411	0.2910	0.2495	0.2149
0.5066	0.4556	0.4104	0.3704	0.3349	0.2751	0.2274	0.1890	0.1580
0.4523	0.3996	0.3538	0.3139	0.2791	0.2218	0.1776	0.1432	0.1162
0.4039	0.3506	0.3050	0.2660	0.2326	0.1789	0.1388	0.1085	0.0854
0.3606	0.3075	0.2630	0.2255	0.1938	0.1443	0.1084	0.0822	0.0628
0.3220	0.2697	0.2267	0.1911	0.1615	0.1164	0.0847	0.0623	0.0462
0.2875	0.2366	0.1954	0.1619	0.1346	0.0938	0.0662	0.0472	0.0340
0.2567	0.2076	0.1685	0.1373	0.1122	0.0757	0.0517	0.0357	0.0250
0.2292	0.1821	0.1452	0.1163	0.0935	0.0610	0.0404	0.0271	0.0184
0.2046	0.1597	0.1252	0.0985	0.0779	0.0492	0.0316	0.0205	0.0135
0.1827	0.1401	0.1079	0.0825	0.0649	0.0397	0.0247	0.0155	0.0099
0.1631	0.1229	0.0930	0.0708	0.0540	0.0320	0.0193	0.0118	0.0073
0.1456	0.1078	0.0802	0.0600	0.0451	0.0258	0.0150	0.0089	0.0054
0.1300	0.0946	0.0691	0.0508	0.0376	0.0208	0.0118	0.0068	0.0039
0.1161	0.0829	0.0596	0.0431	0.0313	0.0168	0.0092	0.0051	0.0029
0.1037	0.0728	0.0514	0.0365	0.0261	0.0135	0.0072	0.0039	0.0021
0.0926	0.0638	0.0443	0.0309	0.0217	0.0109	0.0056	0.0029	0.0016
0.0826	0.0560	0.0382	0.0262	0.0181	0.0088	0.0044	0.0022	0.0012
0.0738	0.0491	0.0329	0.0222	0.0151	0.0071	0.0034	0.0017	0.0008
0.0659	0.0431	0.0284	0.0188	0.0126	0.0057	0.0027	0.0013	0.0006
0.0588	0.0378	0.0245	0.0160	0.0105	0.0046	0.0021	0.0010	0.0005
0.0525	0.0331	0.0211	0.0135	0.0087	0.0037	0.0016	0.0007	0.0003
0.0469	0.0291	0.0182	0.0115	0.0073	0.0030	0.0013	0.0006	0.0002
0.0419	0.0255	0.0157	0.0097	0.0061	0.0024	0.0010	0.0004	0.0002
0.0374	0.0224	0.0135	0.0082	0.0051	0.0020	0.0008	0.0003	0.0001
0.0334	0.0196	0.0116	0.0070	0.0042	0.0016	0.0006	0.0002	0.0001
0.0107	0.0053	0.0026	0.0013	0.0007	0.0002	0.0001	＊＊	＊＊

附表 3　年金终值

期数	1%	2%	3%	4%	5%	6%	7%	8%	9%	10%
1	1.0000	1.0000	1.0000	1.0000	1.0000	1.0000	1.0000	1.0000	1.0000	1.0000
2	2.0100	2.0200	2.0300	20.400	2.0500	2.0600	2.0700	2.0800	2.0800	2.1000
3	3.0301	3.0604	3.0909	3.1216	3.1525	3.1836	3.2149	3.2464	3.2781	3.3100
4	4.0604	4.1216	4.1836	4.2465	4.3101	4.3746	4.4399	4.5061	4.5731	4.6410
5	5.1010	5.2040	5.3091	5.4163	5.5256	5.6371	5.7507	5.8666	5.9847	6.1051
6	6.1520	6.3081	6.4684	6.6330	6.8019	6.9753	7.1533	7.3359	7.5233	7.7156
7	7.2135	7.4343	7.6625	7.8983	8.1420	8.3938	8.6540	8.9228	9.2004	9.4872
8	8.2857	8.5830	8.8923	9.2142	9.5491	9.8975	10.260	10.637	11.028	11.436
9	9.3685	9.7546	10.159	10.583	11.027	11.491	11.978	12.488	13.021	13.579
10	10.462	10.950	11.464	12.006	12.578	13.181	13.816	14.487	15.193	15.937
11	11.567	12.169	12.808	13.486	14.207	14.972	15.784	16.645	17.560	18.531
12	12.683	13.412	14.192	15.026	15.917	16.870	17.888	18.977	20.141	21.384
13	13.809	14.680	15.618	16.627	17.713	18.882	20.141	21.495	22.953	24.523
14	14.947	15.974	17.086	18.292	19.599	21.015	22.550	24.215	26.019	27.975
15	16.097	17.293	18.599	20.024	21.579	23.276	25.129	27.152	29.361	31.772
16	17.258	18.639	20.157	21.825	23.657	25.673	27.888	30.324	33.003	35.950
17	18.430	20.012	21.762	23.698	25.840	28.213	30.840	33.750	36.974	40.545
18	19.615	21.412	23.414	25.645	28.132	30.906	33.999	37.450	41.301	45.599
19	20.811	22.841	25.117	27.671	30.539	33.760	37.379	41.446	46.018	51.159
20	22.019	24.297	26.870	29.778	33.066	36.786	40.995	45.762	51.160	57.275
21	23.239	25.783	28.676	31.969	35.719	39.993	44.865	50.423	56.765	64.002
22	24.472	27.299	30.537	34.248	38.505	43.392	49.006	55.457	62.873	71.403
23	25.716	28.845	32.453	36.618	41.430	46.996	53.436	60.893	69.532	79.543
24	26.973	30.422	34.426	39.083	44.502	50.816	58.177	66.765	76.790	88.497
25	28.243	32.030	36.459	41.646	47.727	54.863	63.249	73.106	84.701	98.347
26	29.526	33.671	38.553	44.312	51.113	59.156	68.767	79.954	93.324	109.18
27	30.821	35.344	40.710	47.084	54.669	63.706	74.484	87.351	102.72	121.10
28	32.129	37.051	42.931	49.968	58.403	68.528	80.698	95.339	112.97	134.21
29	33.450	38.792	45.219	52.966	62.323	73.640	87.347	103.97	124.14	148.63
30	34.785	40.568	47.575	56.085	66.439	79.058	94.461	113.18	136.31	164.49
40	48.886	64.402	75.401	95.026	120.80	154.76	199.64	259.06	337.88	442.59

系数表

12%	14%	16%	18%	20%	24%	28%	32%	36%
1.0000	1.0000	1.0000	1.0000	1.0000	1.0000	1.0000	1.0000	1.0000
2.1200	2.1400	2.1600	2.1800	2.2000	2.2400	2.2800	2.3200	2.3600
3.3744	3.4396	3.5056	3.5724	3.6400	3.7776	3.9184	3.0624	3.2096
4.7793	4.9211	5.0665	5.2154	5.3680	5.6842	6.0156	6.3624	6.7251
6.3528	6.6101	6.8771	7.1542	7.4416	8.0484	8.6999	9.3983	10.146
8.1152	8.5355	8.9775	9.4420	9.9299	10.980	12.136	13.406	14.799
10.089	10.730	11.414	12.142	12.916	14.615	16.534	18.696	21.126
12.230	13.233	14.240	15.327	16.499	19.123	22.163	25.678	29.732
14.776	16.085	17.519	19.086	20.799	24.713	29.369	34.895	41.435
17.549	19.337	21.321	23.521	25.959	31.643	38.593	47.062	57.352
20.655	23.045	25.733	28.755	32.150	40.238	50.398	63.122	78.998
24.133	27.271	30.850	34.931	39.581	50.895	65.510	84.320	108.44
28.029	32.089	36.786	42.219	48.497	64.110	84.853	112.30	148.47
32.393	37.581	43.672	50.818	59.196	80.496	109.61	149.24	202.93
37.280	43.842	51.660	60.965	72.035	100.82	141.30	198.00	276.98
42.753	50.980	60.925	72.939	87.442	126.01	181.87	262.36	377.69
48.884	59.118	71.673	87.068	105.93	157.25	233.79	347.31	514.66
55.750	68.394	84.141	103.74	128.12	195.99	300.25	459.45	770.94
63.440	78.969	98.603	123.41	154.74	244.03	385.32	607.47	954.28
72.052	91.025	115.38	146.63	186.69	303.60	494.21	802.86	1298.8
81.699	104.77	134.84	174.02	225.03	377.46	633.59	1060.8	1767.1
92.503	120.44	157.41	206.34	271.03	469.06	812.00	1401.2	2404.7
104.60	138.30	183.60	244.49	326.24	582.63	1040.4	1850.6	3271.3
118.16	158.66	213.98	289.49	392.48	723.46	1332.7	2443.8	4450.0
133.33	181.87	249.21	342.60	471.98	898.09	1706.8	3226.8	6053.0
150.33	208.33	290.09	405.27	567.38	1114.6	2185.7	4260.4	8233.1
169.37	238.50	337.50	479.22	681.85	1383.1	2798.7	5624.8	11198.0
190.70	272.89	392.50	566.48	819.22	1716.1	3583.3	7425.7	15230.3
214.58	312.09	456.30	669.45	984.07	2129.0	4587.7	9802.9	20714.2
241.33	356.79	530.31	790.95	1181.9	2640.9	5873.2	12941	28172.3
767.09	1342.0	2360.8	4163.2	7343.2	27290	69377	**	**

期数	1%	2%	3%	4%	5%	6%	7%	8%	9%	10%
1	0.9901	0.9804	0.9709	0.9615	0.9524	0.9434	0.9346	0.9259	0.9174	0.9091
2	1.9704	1.9416	1.9135	1.8861	1.8594	1.8334	1.8080	1.7833	1.7591	1.7355
3	2.9410	2.8839	2.8286	2.7751	2.7232	2.6730	2.6243	2.5771	2.5313	2.4869
4	3.9020	3.8077	3.7171	3.6299	3.5460	3.4651	3.3872	3.3121	3.2397	3.1699
5	4.8534	4.7135	4.5797	4.4518	4.3295	4.2124	4.1002	3.9927	3.8897	3.7908
6	5.7955	5.6014	5.4172	5.2421	5.0757	4.9173	4.7665	4.6229	4.4859	4.3553
7	6.7282	6.4720	6.2303	6.0021	5.7864	5.5824	5.3893	5.2064	5.0330	4.8684
8	7.6517	7.3255	7.0197	6.7327	6.4632	6.2098	5.9713	5.7466	5.5348	5.3349
9	8.5660	8.1622	7.7861	7.4353	7.1078	6.8017	6.5152	6.2469	5.9952	5.7590
10	9.4713	8.9826	8.5302	8.1109	7.7217	7.3601	7.0236	6.7101	6.4177	6.1446
11	10.368	9.7868	9.2526	8.7605	8.3064	7.8869	7.4987	7.1390	6.8052	6.4951
12	11.255	10.575	9.9540	9.3850	8.8630	8.3838	7.9427	7.5361	7.1607	6.8137
13	12.134	11.348	10.635	9.9860	9.3936	8.8527	8.3577	7.9038	7.4869	7.1034
14	13.004	12.106	11.296	10.563	9.8986	9.2950	8.7455	8.2442	7.7862	7.3667
15	13.865	12.849	11.938	11.118	10.380	9.7122	9.1079	8.5595	8.0607	7.6061
16	14.718	13.578	12.561	11.652	10.838	10.106	9.4466	8.8514	8.3126	7.8237
17	15.562	14.292	13.166	12.166	11.274	10.477	9.7632	9.1216	8.5436	8.0216
18	16.398	14.992	13.754	12.690	11.690	10.828	10.059	9.3719	8.7556	8.2014
19	17.226	15.678	14.324	13.134	12.085	11.158	10.336	9.6036	8.9601	8.3649
20	18.046	16.351	14.877	13.590	12.462	11.470	10.594	9.8181	9.1285	8.5136
21	18.857	17.011	15.415	14.029	12.821	11.764	10.836	10.017	9.2922	8.6487
22	19.660	17.658	15.937	14.451	13.163	12.042	11.061	10.201	9.4424	8.7715
23	20.456	18.292	16.444	14.857	13.489	12.303	11.272	10.371	9.5802	8.8832
24	21.243	18.914	16.936	15.247	13.799	12.550	11.469	10.529	9.7066	8.9847
25	22.023	19.523	17.413	15.622	14.094	12.783	11.654	10.675	9.8226	9.0770
26	22.795	20.121	17.877	15.983	14.375	13.003	11.826	10.810	9.9290	9.1609
27	23.560	20.706	18.327	16.330	14.643	13.211	11.987	10.935	10.027	9.2372
28	24.316	21.281	18.764	16.663	14.898	13.406	12.137	11.051	10.116	9.3066
29	25.066	21.844	19.188	16.984	15.141	13.591	12.278	11.158	10.198	9.3696
30	25.808	22.396	19.600	17.292	15.372	13.765	12.409	11.258	10.274	9.4269
40	32.835	27.355	23.115	19.793	17.159	15.046	13.332	11.925	10.757	9.7791

（以上附表中＊表示该数值大于 99999，＊＊表示该数值小于 0.0001。）

系数表

12%	14%	16%	18%	20%	24%	28%	32%	36%
0.8929	0.8772	0.8621	0.8475	0.8333	0.8065	0.7813	0.7576	0.7353
1.6901	1.6467	1.6052	1.5656	1.5278	1.4568	1.3916	1.3315	1.2760
2.4018	2.3216	2.2459	2.1743	2.1065	1.9813	1.8684	1.7663	1.6735
3.0373	2.9173	2.7982	2.6901	2.5887	2.4043	2.2410	2.0957	1.9658
3.6048	3.4331	3.2743	3.1272	2.9906	2.7454	2.5320	2.3452	2.1807
4.1114	3.8887	3.6847	3.4976	3.3255	3.0205	2.7594	2.5342	2.3388
4.5638	4.2882	4.0386	3.8115	3.6046	3.2423	2.9370	2.6775	2.4550
4.9676	4.6389	4.3436	4.0776	3.8372	3.4212	3.0758	2.7860	2.5404
5.3282	4.9164	4.6065	4.3030	4.0310	3.5655	3.1842	2.8681	2.6033
5.6502	5.2161	4.8332	4.4941	4.1925	3.6819	3.2689	2.9304	2.6495
5.9377	5.4527	5.0286	4.6560	4.3271	3.7757	3.3351	2.9776	2.6834
6.1944	5.6603	5.1971	4.7932	4.4392	3.8514	3.3868	3.0133	2.7084
6.4235	5.8424	5.3423	4.9095	4.5327	3.9124	3.4272	3.0404	2.7268
6.6282	6.0021	5.4675	5.0081	4.6106	3.9616	3.4587	3.0609	2.7403
6.8109	6.1422	5.5755	5.0916	4.6755	4.0013	3.4834	3.0764	2.7502
6.9740	6.2651	5.6685	5.1624	4.7296	4.0333	3.5026	3.0882	2.7575
7.1196	6.3729	5.7487	5.2223	4.7746	4.0591	3.5177	3.0971	2.7629
7.2497	6.4674	5.8178	5.2732	4.8122	4.0799	3.5294	3.1039	2.7668
7.3658	6.5504	5.8775	5.3162	4.8435	4.0967	3.5386	3.1090	2.7697
7.4694	6.6231	5.9288	6.3527	4.8696	4.1103	3.5458	3.1129	2.7718
7.5620	6.6870	5.9731	5.3837	4.8913	4.1212	3.5514	3.1158	2.7734
7.6446	6.7429	6.0113	5.4099	4.9094	4.1300	3.5558	3.1180	2.7746
7.7184	6.7921	6.0442	5.4321	4.9245	4.1371	3.5592	3.1197	2.7754
7.7843	6.8351	6.0726	5.4509	4.9371	4.1428	3.5619	3.1210	2.7760
7.8431	6.8729	6.0971	5.4669	4.9476	4.1474	3.5640	3.1220	2.7765
7.8957	6.9061	6.1182	5.4804	4.9563	4.1511	3.5656	3.1227	2.7768
7.9426	6.9352	6.1364	5.4919	4.9636	4.1542	3.5669	3.1233	2.7771
7.9844	6.9607	6.1520	5.5016	4.9697	4.1566	3.5679	3.1237	2.7773
8.0218	6.9830	6.1656	5.5098	4.9747	4.1585	3.5687	3.1240	2.7774
8.0552	7.0027	6.1772	5.5168	4.9789	4.1601	3.5693	3.1242	2.7775
8.2438	7.1050	6.2335	5.5482	4.9966	4.1659	3.5712	3.1250	2.7778

参考文献
References

[1] 胡旭微,黄玉梅.财务管理[M].2 版.杭州:浙江大学出版社,2016.

[2] 张薇,刘美艳,高微.财务管理[M].北京:清华大学出版社,2015.

[3] 刘淑莲.财务管理[M].5 版.大连:东北财经大学出版社,2019.

[4] 荆新,王化成,刘俊彦.财务管理[M].8 版.北京:中国人民大学出版社,2018.

[5] 刘淑莲,张广宝,宋淑琴.财务管理习题与解析[M].5 版.北京:机械工业出版社,2017.

[6] 孙茂竹,范歆.财务管理学[M].3 版.北京:中国人民大学出版社,2012.

[7] 严碧蓉,方明.财务管理学[M].杭州:浙江大学出版社,2016.

[8] 徐虹,康晓梅.旅游企业财务管理[M].3 版.大连:东北财经大学出版社,2016.

[9] 徐虹,刘宇青.旅游饭店财务管理[M].5 版.天津:南开大学出版社,2018.

[10] 申思,何惠.旅游企业财务管理[M].郑州:郑州大学出版社,2006.

[11] 宋雪鸣.旅游企业财务管理[M].2 版.北京:高等教育出版社,2013.

[12] 马桂顺.酒店财务管理[M].3 版.北京:清华大学出版社,2018.

[13] 何建国,黄金曦.财务管理[M].3 版.北京:清华大学出版社,2020.

[14] 刘玉平,马海涛,李小荣.财务管理学[M].5 版.北京:中国人民大学出版社,2019.

[15] 李志宏.酒店财务管理[M].北京:北京理工大学出版社,2019.

教学支持说明

为了改善教学效果,提高教材的使用效率,满足高校授课教师的教学需求,本套教材备有与纸质教材配套的教学课件(PPT)和拓展资源(案例库、习题库等)。

为保证本教学课件及相关教学资料仅为教材使用者所得,我们将向使用本套教材的高校授课教师免费赠送教学课件或者相关教学资料,烦请授课教师通过电话、邮件或加入旅游专家俱乐部 QQ 群等方式与我们联系,获取"教学课件资源申请表"文档并认真准确填写后反馈给我们,我们的联系方式如下:

地址:湖北省武汉市东湖新技术开发区华工科技园华工园六路

邮编:430223

电话:027-81321911

传真:027-81321917

E-mail:lyzjjlb@163.com

旅游专家俱乐部 QQ 群号:758712998

旅游专家俱乐部 QQ 群二维码:

群名称:旅游专家俱乐部5群

群　号:758712998

电子资源申请表

填表时间：＿＿＿＿年＿＿月＿＿日

1. 以下内容请教师按实际情况填写，★为必填项。
2. 根据个人情况如实填写，可以酌情调整相关内容提交。

★姓名		★性别	□男 □女	出生 年月		★职务	
						★职称	□教授 □副教授 □讲师 □助教
★学校				★院/系			
★教研室				★专业			
★办公电话			家庭电话			★移动电话	
★E-mail						★QQ号/ 微信号	
★联系地址						★邮编	

★现在主授课程情况	学生人数	教材所属出版社	教材满意度
课程一			□满意 □一般 □不满意
课程二			□满意 □一般 □不满意
课程三			□满意 □一般 □不满意
其 他			□满意 □一般 □不满意

教 材 出 版 信 息		
方向一		□准备写 □写作中 □已成稿 □已出版待修订 □有讲义
方向二		□准备写 □写作中 □已成稿 □已出版待修订 □有讲义
方向三		□准备写 □写作中 □已成稿 □已出版待修订 □有讲义

请教师认真填写下列表格内容，提供申请教材配套课件的相关信息，我社根据每位教师填表信息的完整性、授课情况与申请课件的相关性，以及教材使用的情况赠送教材的配套课件及相关教学资源。

ISBN（书号）	书名	作者	申请课件简要说明	学生人数 （如选作教材）
			□教学 □参考	
			□教学 □参考	

★您对与课件配套的纸质教材的意见和建议有哪些，希望我们提供哪些配套教学资源：